U0070420

療癒之鄉

推開心靈的鐵窗

Houses of Healing
A Prisoner's Guide to Inner Power and Freedom

羅賓・葛薩姜（Robin Casarjian）◎著

祝家康◎譯　奇蹟翻譯小組◎校譯

目次

第二篇

第三篇

14 靈性覺醒：找回更大的力量／338

緣起與誌謝

《療癒之鄉》的緣起可以推溯到二〇〇七年的暑假，在雪士達山上，我和正在杜恆芬家作客的鄭瑞姝喝茶時，聊起一群在監獄帶領讀書會的心靈工作者苦無合適的心理成長教材。我推薦羅賓．葛薩姜（Robin Casarjian）專爲受刑人寫的*Houses of Healing*，而瑞姝則想到她的朋友祝家康是輔仁大學英國文學系學士，曾爲「光的課程」翻譯教學資料，可能願意義務翻譯此書。

果然，數月之後，家康在職場與家庭的多重責任下，毅然接下了這份重託，每天爲那些關在監牢與心牢裡的受刑人「擠出」一些時間，一點一點地完成了《療癒之鄉》的初譯稿。

當初我只是懷著出版「善書」的心情，沒把它當成一回事，對此書的品質也沒有太高的期待。很快地，我覺察到這種隨緣心態下面隱含的歧視。越是弱勢團體，我們越應學習尊

若水

重，何況此書可不是茶餘飯後的消遣文章。作者羅賓本人是一位資深奇蹟學員，她把《奇蹟課程》深奧又慈悲的教誨化爲一套具體的復健課程，消解受刑人埋藏心底的難言之痛，爲此，譯者必須深通奇蹟理念又具生花妙筆，才傳達得出本書的「理」深「情」重。

於是我向《奇蹟課程》網站的翻譯團隊求援，陳夢怡、魏佳芳、王敬偉、張紅雲、蔣雅竹、阮靖茹、程慧美、王淑珍等人竟然義不容辭地加入了「校閱」陣容，每人承擔一章或兩章，逐字審閱修訂，力求譯文通順又不離作者原意。然而，參與的校譯者眾多，很可能因爲用語習慣不同而導致全書的風格不一致。就在我們擔心之際，素昧平生的專業編輯鄧維華來到我們的團隊中，慨然應允爲我們編輯全書，統一風格。她投入了大半年的時間，將譯文修剪得風骨崢嶸。

維華每完成一章，就交回原來的校譯者重新檢查，確定與原文沒有出入。《療癒之鄉》就這樣在十個人的電子信箱裡往往返返地修訂了近一年，最後回到奇蹟資訊中心總編李安生與黃眞眞的手中。他們秉著豐富的出版閱歷，向我們提出不同的考量：一般受刑人及社會大眾未必消化得了這本文字簡約有如教科書的心理書籍。於是他們再度捲起袖子，聯袂執筆，重新爲這風骨崢嶸的教科書補上一些血肉，讓讀者易於感受到作者諄諄勸慰下的慈母心情。

終於，《療癒之鄉》轉交到責編陳夢怡的手中，進行最後的檢閱與校排事宜。夢怡與我共事翻譯多年，她也和我一樣，愈來愈難忍受「外國人講中國話」的句子，雖然字字都是中文，卻以英文的複句或套句結構呈現，中文讀者必須在腦海裡將那些字句重新排列組合，才能猜出作者「可能」想說的意思，還未必猜中！而那些句子通常都出現在全書最重要的理論部分。

於是，夢怡慨然挑起了「非責編」的本分，絞盡腦汁把含意模糊的長句重新排列，遇到「剪不斷理還亂」時，她把全書中曖昧不明的章節丟給了我，我們再次把糾結不清的句子梳理開來，總算貼近了我對此書的夙願：「不論內涵多深，我希望本書在文辭上至少達到高中程度可以理解的標準。」

就在翻譯即將殺青之際，印刷資金由天而降，台灣蘇荷兒童美術館館長林千鈴老師風聞我們的壯舉，隨喜讚嘆，慨然捐贈了此書編校排版及初刷印製的全部費用。

這就是《療癒之鄉》四年來的旅程，也是家康及奇蹟翻譯小組「聯袂探險」的成果。它不曾歷經滄桑，一路上見證的全是來自各方的善心、願力和祝福，故容我在此代表所有即將由此書獲益的朋友向這一群翻譯團隊獻上最高的敬意與感謝。

（若水寫於如客陵・星塵軒　二〇一一年四月）

中文版　作者序

羅賓・葛薩姜

二十多年前，我應邀舉辦了幾場「寬恕講座」，沒想到我在監獄中的工作就此展開了。當時，我正著手撰寫一本談論寬恕的書，這個議題我已有多年講授的經驗。我第一次對受刑人演講的地點，是一所中度安全等級的男子監獄。負責協調課程的心理師對我表示，他會在監獄四處張貼公告，宣傳這個即將舉行的講座。不過，他又提醒我，由於我的演講並不是獄方的長期團體課程，所以無法確定會有多少人參加。

演講當天早上，車子都已下了高速公路，我還弄不清到底會有多少人來聽我講「寬恕」。當時，那所監獄裡共有七百名受刑人，讓人意外的是，在我抵達演講會場時，已經有整整一百二十個人在那兒等待。

大夥兒的反應眞是讓我感動，他們提出來的問題很有深度，表達的看法深刻有力，既熱切又樂意跟我及大家分享彼此的經驗。尤其令我驚訝的是，演講都結束了，還有很多人留下來，期盼學到更多。

那一天，他們不僅深深打動了我，也給了我極大的鼓舞，我知道，自己還想繼續和獄友們共同探討憤怒、罪咎、悔恨、羞愧、寬恕他人、情緒療癒的本質、自我原諒等這類既困難又具挑戰性的議題。我相信，受刑人如果能得到指導和鼓勵，他們多半會欣然接受把服刑期間當作自我療癒的機會。

打從那一天到現在，我已經爲受刑人舉行過數百次的講座，也帶領了多次爲期十至十五堂的「情緒覺察與療癒課程」。這些課程已然成爲許多人生命裡的轉捩點。就像一名獄友說的：「這個課程給了我新的希望和方向，它是黑暗世界的轉化之光。」

然而，並不是每一個報名參加的人，都是衝著這個課程對他們有益而來的。有一回，我才講完課程引言，突然有個人跑到我面前說：「我會報名參加啦，不過，我只是要來證明你是錯的！」我回答說，歡迎加入。我只要求他抱著開放的態度前來。結果，到了最後一堂課，他很遺憾課程竟這麼快就要結束了。這門課程已幫他適應監獄的生活，覺得自己更有掌握能力，潰瘍不再發作，他和太太及孩子的關係也變得更友善、更眞誠。他找回了失去多年的精神生活的安慰。

對已準備妥當的人而言，這門課程能教導他們如何處理壓力，轉化服刑期間內心所產生的憤怒和沮喪。許多學員都是在這段課程期間首次感到安全、找到方向，並且開始認識、開始療癒那曾經刺激他們上癮、施暴和種種犯罪行爲的情緒創傷。他們學習關懷自己和他人，體會到原來自己是可以掌握人生的，也有不少學員從中體驗到心靈深處的自我眞相。

由於這門課程得到如此熱烈的迴響，於是我決定出版成書，並發起「受刑人情緒啓蒙計畫」，幫助更多受刑人覺察自己的情緒而獲得療癒。本書囊括了這一課程的基本要素——尊重與鼓勵的精神、介紹新理念、幫助讀者自我反省和探索的練習作業。至今，已有不少國家的監獄工作人員和志工根據本書的概念，爲無數的受刑人開辦這類課程。

這本書適合你嗎？

《療癒之鄉：推開心靈的鐵窗》這本書其實適合所有人閱讀。社會上大多數人和受刑人一樣，對「個人成長」或「心理療癒」課程的反應很不同，有些人意願缺缺，有些人壓根兒不屑一顧，還有不少人一副無可無不可的樣兒。然而，根據我在監獄授課二十年的經驗，看

到愈來愈多的人渴望指引，幫他們有效地利用服刑的時間。有些獄友雖不會主動追求情感和心靈的療癒，不過，只要獄方提供療癒課程，他們就願意參與。

或許你屬於懂得利用時間療傷止痛的那一群，透過閱讀或獄所提供的課程追求情感和靈性上的成長。如果你也跟很多正在服刑的人一樣踏上療癒之旅，希望本書能提供你更進一步的協助和啓發。不管如何，很高興你決定好好研讀這本《療癒之鄉》。

或許你以前從未看過這類書籍，也可能是因爲無聊或好奇心驅使才拿起這本書，這些都無妨。一旦打開書讀了幾頁，而且開始作練習，相信我，你將發現你的好奇心帶給你極大的回報。現在，歡迎加入新的冒險旅程！

我發現許多受刑人已經自暴自棄，放棄了求助或療癒的奢望，只因爲他們覺得自己不夠好，甚至認爲自己根本不配力爭上游。有位年輕的受刑人特伊曾說：「在我深入這門課程之初，我根本不想把自己變得更好，我從未欣賞過自己，也不喜歡自己的生活方式。」自我感覺不好的人通常會覺得自己不配擁有優質的生活，不值得爲自己投入任何努力。請記住！任何人都配得療癒，任何人都有資格追求更好的自我！如果你自認不配，希望你有朝一日明白，人的存在價值是無可置疑的。眞的，你的確值得擁有更積極、更光明、更多愛的人生。

如果你過去的學習經驗讓你受挫，導致你對閱讀或學習新事物畏縮不前，請務必明白：

「學習」與你拿過什麼文憑或有多少成就毫無關聯，它憑藉的是你當下眞正想要學習的「意願」，只要對自己多一點耐心，你一定能學會的。

許多人因爲過於「認命」而拒絕接受正面能量，「此生再試也枉然」之念牢不可拔，認爲無論自己如何努力，生命永遠也不會變好。就像朱立歐對自己的描述：「我總想找到一個能解釋自己爲何會受罪咎感折磨的原因，爲什麼會害怕去愛？爲什麼這些情感使我將自己封鎖在一個吸毒、坐牢和拒絕長大的模式裡？在上這門課之前，我早已認定自己是毫無價值的人，過去我千方百計地逃避責任，吸毒上癮之後更是認爲自己無法回頭了。現在，我總算找到自我療癒的方法了，……生命可以活得更有價值！」

倘若你此刻也感到自己似乎註定要過著跟以前一樣的生活，每天重複同樣的動作，做同樣的事，日復一日，年復一年；但願朱立歐的分享能讓你感到你可以過得更好，生命可以變得更美。即使你心裡仍想反駁：「這不是眞的！」「這傢伙根本不曉得她自己在講什麼！」請記住朱立歐的話：「生命可以活得更有價值！」

如果你正在獄中服刑，我希望這本指南能引導你、啓發你，幫你善用這段時間喚醒「眞實的自我」，發掘你的力量和尊嚴，重新認識你以前視而不見的生命泉源，不再讓入獄的經驗麻痹甚至壓垮你。之後，你會對這一段的人生歷練充滿感激，不再認爲自己已經被過去的

種種所定型。你會發現自己確實是有選擇的，逐漸理解自己可以擁有更快樂、更滿意的生活。不論監獄生活如何難捱，仍然可能將它轉化爲「療癒之鄉」。我看過太多這類例子，那些人原本也難以想像自己竟然可以活得如此不同。

我希望這本書除了給受刑人一些指引和啓發以外，還能消除一般大眾對受刑人的歧視和成見。在美國，媒體對於受刑人的描繪，和社會大眾的看法如出一轍，憑著主觀的刻板印象加以評斷。我們判定他們是可怕的、愚蠢的或不好的……，於是，他們就變成那樣！一旦透過這有色眼鏡，我們是不可能看見這人正在改變之中。受刑人和世間所有人一樣，都在變化中。他們不是正在穿越傷痛，就是踏上了成長、學習和療癒的旅程。

若要超越自己的成見，看見他人也有成長與治癒的空間，首先，我們必須覺察且承認自己對那個人或那一族群確有成見。我希望「把受刑人看作是正在改變中的人」這個理念能刺激社會學習以更人道、更明智的態度對待受刑人。我認識不少被判終身監禁和長期徒刑者，他們可說是我所接觸的人中最具深思能力、最成熟、最富同情心的了。他們當中有許多是殺人犯，年輕時犯下罪行，終其一生扛著罪咎和自責。如今，他們總算走出了過去的陰影，將自己重新塑造成更有洞察力、更慈悲的人。

請記住，你心內具備了健康的潛能與創造的活力，這正是我們的社會所需要的一股力量。每個人的生命都需要指引方向，你一樣也需要人引導你跨越錯誤的判斷、狹隘的自我觀和封閉心靈所構成的牢籠。唯有如此，你才能辨識並揀選正面而具有建設性的療癒管道。

我深信，假如你能耐心、坦誠且勇敢地反省書中的觀點，不斷練習「自我反思」的問題，你將會發現，監獄會在不知不覺間轉變爲你的「療癒之鄉」。是的，體驗內心的力量與自由，是你的選擇，也是你的權利！

＊＊＊

使用本書的幾點建議

打開這本書，你會發現書中除了一般的敘述解說以外，還有許多「自我反思」的練習，請你盡量放慢練習的速度，多投入一些時間深入體會。

我特別把這些反思練習加上「**暫停與思考**」的標題，它需要你花一些時間自問自答。你可以在心裡默默作答，也可以把答案寫下來，你所獲得的益處絕對超乎你的想像。

你會不時看到框在方格內的粗體字：「**意念的種子**」。那些觀念能啓發你，帶給你嶄新

的見解和意義。你不妨將每個意念寫在一張小卡片隨身帶著，或者放在你經常看得到的地方。你一看到它，就讓自己暫停片刻，想一想它的涵意。

此外，書中還有一些較長的**練習**和**觀想**。在進行這些練習之前，最好找個合適的場所，讓自己得以安心練習而不受干擾。

如果你深受此書的啓發而想跟他人分享，不妨發起一個小小讀書會，找幾個人陪你一起研讀，討論書中的觀念，分享彼此的經驗；你也可以把書中提到的概念和練習推薦給你目前正參與的團體。你若遇到有閱讀障礙的獄友，不妨念給他聽，你們兩人都會獲益匪淺的。

當你讀到受刑人的告白或分享時，請記得，這都是參與課程的受刑人親筆寫下的心聲。他們再也不願讓自己的痛苦、獄友的壓力、社會的冷漠以及深藏的恐懼，阻擋光明照亮他們的生命。透過這些受刑人的心路歷程，我們看見了，療癒的人如何跨越罪咎的深淵而自我轉化了。他們鮮活的見證，鼓舞著我們追求心靈的平安，重新展現人性的尊嚴。

致一般讀者

本書雖然是針對受刑人撰寫的，其實我們每一個人都是自己心中的褊狹信念與恐懼的囚犯，長年致力於監獄靈修課程的羅佐夫〔譯註〕的書名說得再貼切不過了：《我們都活在心牢裡》。療癒課程當然不僅只適用於受刑人，我們全都困在自己的心牢裡！不論你是受刑人的家屬或朋友、監獄的志工、監獄的工作人員……，希望這本「指南」對你也有所幫助。我們被鎖在心牢裡太久、太久了，我們早已成了自己的恐懼和無愛之感的俘虜，本書會幫你釋放自己，回歸心靈深處，與所有的人一起獲得真正的療癒。

＊＊＊

最後，我要對女性獄友或讀者致歉，雖然我曾在州立女子監獄教過這一課程，但與她們互動的機會十分有限，以至於本書中出自女性的分享相形之下少了很多，希望日後仍有補充的機會。

譯註　波．羅佐夫（Bo Lozoff）　早在一九七三年即與拉姆達斯（Ram Dass）合作推廣監獄課程，創立「仁愛基金會」（Human Kindness Foundation）在各地監獄開課，並製作各類教材分送世界各地的獄友，通訊服務對象超過四萬人。《我們都活在心牢裡》的原文書名為 *We're All Doing Time*，本書的書名為暫譯。

第一篇

1 鋃鐺入獄

此時此刻，看清你自己並不是個失敗者。
你只是耽誤了一些時間！

——韋克

不論你過去做了什麼事，犯了什麼錯，蹲了幾年苦牢，或者即將入獄服刑，你都不是個失敗者，除非你早已認定自己是人生敗將。事實上，只要你懂得善用獄中歲月，你根本就不可能是失敗者。

如果你已經在獄中待了一段時間，相信你應當知道監獄提供了不少管道，可以讓你充分運用獄中的光陰。譬如申請進修課程，透過自學取得高中同等學歷或大學文憑，來提升自己的教育程度；參加戒酒或戒毒會這類諮商團體，或者是接受職能訓練，甚至擔任志工，協助獄所推動關懷社區老人、邊緣青少年等社會服務計畫，或參與獄所各部門的行政庶務。即使在獄中，你仍然可以和家人維繫感情，與知交保持聯絡；也可以結交新朋友；你也有機會學習放鬆和冥想，紓解壓力，維持身心靈的平衡；閱讀書籍拓展新知、更深入了解自己。也許你還知道其他善用時間的方法，幫助你體驗內心的平安、尊嚴，拓展你的生命潛能。

獄中生涯的最大威脅，便是沒有好好把握時間，任由困頓的歲月平白消磨生活的意志。在獄中年復一年，甚至服刑了一二十年之後，才發現自己內在的生命仍然困囚在過去的渴求、焦慮、敵意、憤怒和自我懷疑當中。假如你懂得如何善用時間，便能打開內心的囚籠，學會「安然地度過獄中歲月」，並且從中獲得最大的利益。如同一位獄友寫的：「時間寶貴，要學會掌握及運用，千萬別任由歲月無情折騰。靜下心來，傾聽輕叩心門的聲音，如果你依舊聽不見，請關掉收音機或電視。」

我認識不少受刑人，他們都認爲，要不是入監服刑，他們不可能改變過去的思考和行爲模式。他們的想法和行爲之間的惡性循環，使自己一直活得不像人樣，身心不寧，且欲振乏力。聽起來有點兒諷刺，他們得從徹徹底底剝奪了他們自由權利的監獄，學習領會自由與力量的眞諦。眞的是這樣。不論你的境遇有多糟，你仍然能夠掌握自己的命運，體驗那無人能剝奪的力量與自由。

裘伊的告白

入獄前，我的生活就跟大多數的敗類沒兩樣，不是搶就是偷，茫茫然一天混過一天，毫無理想和目標。我把自己封閉起來，困守在獨自一人的小小世界，周遭的人事物和我一點關係也沒有，既不對未來抱持希望，也沒有令我懷念的美好回憶，每天都像個行屍走肉，活著，只是憑藉一股「適者生存」的動物本能。生命既然淪落到這般田地，我要如何改變呢？我還能夠改變嗎？我發現改變非常困難，我只不過是這個圈子裡另一個習慣如此過活的混混罷了，我從來沒有思索或尋求另一種生活模式，事實上，我認爲自己根本不可能改變。我現在唯一在意的，只是維持自己的男子氣概，好讓我繼續在這個圈子裡混下去。我覺得自己命中註定和周遭的敗類一樣——不是死於非命，就是鋃鐺入獄！

過去，我拚命抗拒改變，卻反而讓自己更加疲憊、更加痛苦。現在，我已經被迫脫離那逞凶鬥狠的圈子，改變勢在必行，也是我唯一的出路。我下定決心不要讓自己的生命就此悲慘地結束。如今，我將過去的一切都當作生命裡已經闔上的某一頁，嶄新的一章正要打開。我發現，當我敞開心胸，一個全新的世界便在眼前展

開。我終於了解，不論你認爲自己有多糟，你依舊擁有改變與療癒自我的能力。

危機變轉機

「危機」（crisis）這個字，在英語指的是遭逢巨大的危險或麻煩；中文則說「危機就是轉機」，兼具「危險」和「機會」雙重意涵，充滿了希望，意義自然大不相同。

對大多數人而言，入獄服刑是一個危機。表面看來，你的內心必將受盡混亂與衝擊的折磨，這個折磨可能延續數月、數年，甚至直到你老死。然而，即使不是因爲入獄服刑，你的心其實早已囚禁在恐懼、無力、絕望、內疚、羞愧、憤怒，和自慚形穢的重重牢籠裡，難以自拔。

這種心理狀態，可以從參與我們「情緒覺察與療癒課程」的個案當中發現：

鮑伯的父親是個酒鬼，一逮到機會就羞辱他，鮑伯的母親非常害怕他父親，所以從來就不敢挺身保護他。鮑伯入伍後在越南服役一年，退伍後，在電話公司工作。儘管外表看起來鮑伯過得很愜意，但他的內心卻被消沉、沮喪緊緊捆綁住，就像他自己所說的「爲了麻痺內心的痛苦及空虛」，他開始吸食古柯鹼。日漸增強的毒癮，逼得他走上毒品買賣一途。最後他被捕，判刑十年。

吉姆兩歲時父親就離家出走，只留下年輕的母親獨力扶養他們兄弟四人。十二歲以前，他從來沒有聽說過有關父親的任何消息。到十四歲爲止，他在校表現不錯，加上外型俊俏，頗有人緣。十五歲那年，他開始混幫派，對母親的苦口婆心，完全當作耳邊風。十七歲升格爲人父，同年，因爲聽不慣女友的前男友的風言風語，把他給殺了，最後被判無期徒刑。

羅爾的父母每天沉迷在酒精的世界裡，五歲時父親離家，母親因爲無力扶養，便把他們兄妹倆送往不同的寄養家庭，羅爾前後寄養在四個不同的家庭裡。六歲時，寄養父母開始對他性虐待，直到九歲他被帶離爲止。十四歲時，他開始性侵六到九歲的孩童；二十二歲，因爲在住家附近性侵兒童遭逮捕，判刑九年。

雖然史提夫和他的兩個姊妹都由父母親手帶大，但由於父母個性冷漠、控制欲強，所以家裡完全感受不到愛和關懷。史提夫在校時表現非常突出，也讀過大學，但最後中途輟學，進了一家大企業，爲了升遷，鎮日汲汲營營。到後來，史提夫滿腦子都是錢，只想一夕致富，因爲這是唯一讓他感到「好受」的事。後來，他因盜用一千多萬的公款，現在已經在牢中待了三年。

辛蒂由祖母一手帶大，八歲那年，她被叔叔性侵，直至十三歲。十六歲開始染上毒癮，淪爲妓女，不到十九歲就生了一個女兒。她在幾段不同的關係裡始終被凌虐著。二十歲時，因爲販售快克遭逮捕，判刑十二年。現在她是一個愛滋病帶原者。

許多人在未成年之前，生命就佈滿了荊棘，那種艱辛的生命歷程，讓他們只認得危機。爲了逃避現實，他們試圖用藥物和酒精麻痹自己，反而讓自己掉入更深、更沉重的桎梏裡。根據統計數字顯示，百分之六十六的受刑人曾濫用酒精和藥物，這些成癮者一輩子都處在危機當中，無法平衡，無法歇息，更看不到未來。

然而，不論你面對的處境有多麼險惡，你都能將它變成生命中的轉捩點。想一想，入獄服刑這段時光，不正是上天賜給你的「奇異恩典」？牢獄生活把你從「舊有模式」中抽離出來，使你不得不好好反省、評估自己的生命，給自己一個學習療癒的機會。即使你已經入獄多年，早已習慣了獄中的生活模式，但成長與改變的機緣永遠在你身邊。這個看似與成長和改變絕緣，而且又充斥著墮落和恐懼之地，其實給了你一個相當特別的契機，使你能夠提升自我、找回力量，恢復內心的平靜。

韋克的分享

直到我入獄、被迫獨處後，才有時間深入認識，透徹了解自己。對我而言，入獄服刑是上天的恩賜，因爲這是個大好機會，讓我可以掙脫自囚多年的心牢。

當然，並不是每個人都準備好接受內在的療癒，我們也無法強迫他人接受療癒。你是否有過類似的經驗，好心提供一些建議，對方卻一點也不領情？或許我們正是不領情的那人，事後才懊悔當初沒有接受他人的建議。有句話說，「你可以把馬牽到河邊，卻無法強迫牠喝水」，牠必須自己覺得口渴，才會喝水的。人也一樣，他也需感到那一點「飢渴」，感受到自己需要改變才行。當你拿起這本書時，表示你渴望改變與成長的機緣已到，眼前的處境絕對阻礙不了你的。

俗話說得好：「人生就像石磨，身在其中，你不是被磨得發亮，就是被碾得粉碎。」你的生命究竟會展現哪一面，完全掌握在你自己手中。只要你願善用時間，把握機緣，調整你的情緒，提升靈性，你就會磨得晶亮，變得堅強。即使身陷獄中，甚至永遠無法獲釋，你的自我感覺仍會日漸改善，你會發掘自己的可取之處，你的人生方向也會愈來愈明確而且透出亮光。

裘伊的分享

對大多數人而言，身陷牢獄無異於人生走到了盡頭。但事實絕非如此，因爲它也可以是另一個嶄新的起點。

2 你究竟是誰？

先前，我曾經把本章的初稿提供給一群大約已共修兩年的受刑人閱讀，他們讀完後，也傳給了其他有興趣的人。某一天早上，我正在和這群受刑人圍坐聚會時，門口出現了一位未曾謀面的年輕人，這年輕人問我們是否可以讓他加入共修，因爲他已經看過這篇文章，從中找到了他不斷追尋的解答。他說，過去兩年，他不停地問自己「我是誰？」卻始終找不到答案，這狀況令他非常沮喪，他甚至到處問朋友，是否知道他究竟是誰！

這名年輕人的疑問，比我們多數人的心態更爲超前。他所探索的，正是每個人都應該提出卻不曾靜下來自我反問的問題：「我究竟是誰？」你若細想一下，我們的「自我認知」對生活各個層面的影響，結果一定令你驚訝無比。我們對「自己」有何感受？我們如何對待別人？我們吸引什麼樣的朋友？我們如何利用時間？我們追尋什麼目標？我們作了什麼抉擇？

我們總以爲自己非常認識自己，了解自己，事實上，我們只是用種種外在特質來定義自己，或者聽信一群受害者不斷向我們輸送的負面訊息，在他們反覆吟唱的哀歌中暗自神傷。

從現在起，好好地探索眞正的自己吧！這絕對是值得你投入時間思索，也是生命中最重要的一件事。一旦你對自己有更深的了解，便會發覺自己愈來愈感到自由自在，愈來愈不被環境操控。發掘「眞我」的第一步，就是重新徹底思考目前你所認知的自己，以及對自己所抱持的信念是什麼。然而，對於自己是誰、能成爲什麼樣的人這類問題，大多數人往往被種種信念所局限，也因此，想要跳脫這種局限，就必須認眞檢視這些信念和想法。

暫停與思考

現在，假如有人問你「你是誰」，你會怎麼回答呢？

請完成以下的句子：

我是……………………………………。

我是……………………………………。

我是＿＿＿＿＿＿＿＿＿＿＿＿。

我是＿＿＿＿＿＿＿＿＿＿＿＿。

我是＿＿＿＿＿＿＿＿＿＿＿＿。

我是＿＿＿＿＿＿＿＿＿＿＿＿。

完成了所有問句後，想一想你所塡寫的答案：

＊它們透露了哪些訊息？

＊你如何看待自己？

＊對你而言，什麼是最關鍵的因素？

大部分的人是這樣認同自己的：

●透過生活中的角色或外在行爲——母親、父親、兒子、女兒、學生、受刑人；有前科、吸毒、幫派分子、敵人、朋友、好人、酷哥、辣妹；木匠、勞工、業務員……等等。

●依據文化傳統、性別或種族——男人、女人；義大利人、愛爾蘭人、亞洲人、西班牙人、非裔美國人。

●依據情緒狀態與人格特質——缺乏安全感、可靠、追求完美、無可救藥、勤奮工作、懶惰、憤怒，或充滿愛心。

不可諱言，這些標籤確實描繪出人性中的某些層面，也充分點出我們與外在世界互動時所習慣採用的角色和模式。然而，這些標籤是否眞的道出你的一切？它們是否表達出「眞正的你」？你可曾在內心經驗過比那些角色更深或更大的東西？不妨想想你陷入愛河或孩子出生的那一刻，或是你在教堂裡的感動，或僅僅是望著晨曦升起時內心的漾動。

即使只是驚鴻一瞥，但大多數的人在熟悉的自我角色之外，一定還體驗過「另一個眞實的我」。在這本書裡，我會用「眞我」來表示這個「更接近我們存在核心的我」，有時採用「自由的我」、「較高層次的自我」、「眞實的我」或「本我」。我們會一步一步幫你了解，這更深更廣的眞我才是你療癒和轉變的樞紐。在展開探索之旅前，讓我先說明一下如何才能活出眞實的我，也就是說，如何超越我們所認同的情緒、所戴的面具，和我們所扮演的所有角色。

爲了「活出自己」，我們不停地奮鬥，事實上，我們並不眞正了解「活出自己」的意義！打從出生人間，從還是個嬰兒起，我們就擁有各自獨特的性格和特徵，使得麥克之所以爲麥克、卡蘿之所以爲卡蘿；我是我、你是你。然而，人們投生這個世界時，同時還帶來了一個「自由的眞我」，它才是覺醒與創造意願的核心。它的任務是幫助我們活出眞正的天性，成爲眞正有自信、能自然流露愛與關懷，並充滿智慧的人。

一個理想的世界能夠提供給人一個安全的支持環境，激發我們的成長潛能，但是，現實世界顯然並非如此。在各個族群裡，我們看到無數在貧窮線下成長的兒童，殘酷的現實在他們的自尊上留下了一道又一道的傷痕。我們的社會往往把有色人種看成次等公民，少數族群的就業、居住、教育和從政的機會遠遠低於主流族群，而使得弱勢族群對自己的未來相當悲觀，深深打擊了他們的自我價值感。

倘若父母足夠成熟，懂得關愛孩子，教導孩子勇於面對負面的社會影響，孩子如果表現得不錯，能適時給予獎賞鼓勵，孩子便有力量應付上述的各種挑戰。可惜，擁有這種「理想父母」的幸運兒畢竟是少數。孩子爲了要在孤立無援的世界裡存活，必須隱藏起那個無拘無束的眞我，心靈的天賦創造力便從此走上了歧途，轉而用來發展各種虛假的自我面具，好跟這個世界一起浮沉。後天建立的角色和模式不僅就此取代了眞我，並且爲此付出慘痛的代價，犧牲掉天賦的智慧、喜悅和健康。

或許，童年的你曾受到關愛與支持，日子過得也不錯；或許你也曾享受過寧靜的日子，記得那種被愛與自由的滋味，然而好景不常，變故驟然來襲。父親離家，母親逝世，家人離散，你頓時失去了安全的容身之所；也許是某個晚上，酩酊大醉的叔叔偷偷地爬上你的床猥褻你；也許是一個對你極爲重要的人慘遭殺害；也許是你交友不慎，誤入歧途。不論發生什麼事，總之，你所熟悉的世界在一夕之間面目全非，你很快便學會了封閉自己，戴上一個虛假的自我面具，以便忍受這個世界的萬般折騰。

還沒離開童年，大多數人已經徹底遺忘了「自由的眞我」，爲了生存，你我不得不扮演某種角色，僞裝出某種身段。不知不覺中，我們誤以爲那些角色和身段就是自己。我們以爲自己是那個硬漢、紈袴子弟、女強人、老媽子，或是卑微的無名小卒。然而，即使歷盡滄桑，眞我永遠不會消失，它不會被剝奪，只可能被你遺忘。

四分五裂的自我（次人格）

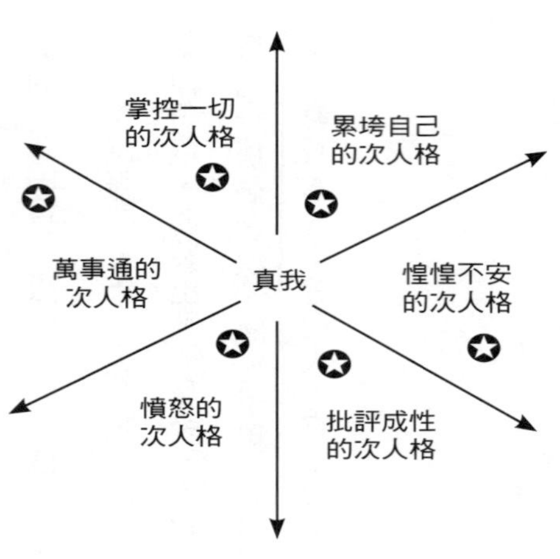

上圖的中心點代表你的「眞我」，眞我四周圍繞著四分五裂的種種自我，有些心理學家稱之爲「次人格」（原註）。大多數人都認爲自己只有一種人格，事實上，每個人在應付生活裡不同挑戰的過程中，會逐漸發展出各式各樣的次人格，每一種次人格又發展出不同的特性與目的。

嚴格說來，我們對某個次人格的認同程度有多強，我們就會多依賴這副「有色鏡片」（信念和觀點）來面對世界。

話說回來，健康的人格在成長過程中，也會發展出種種次人格，同樣會認同某些情緒感受、行爲舉止、角色及信念。**許多次人格是身心健全發展所絕對需要的，然而，如果過度認同某個次人格，反而會削弱、阻礙我們的成長。**

我們認同的次人格可能有一大籮筐，例如：憤怒、沮喪、痛苦、快樂、絕望……等等。有些人可能特別認同某種行爲或角色，像是幫派份子、救贖者、好女孩、惡毒的媽媽、受害者、兒童、吸毒者、性愛教主、操控者或批判者；或是認同某種信念，像是我絕不會成功、我不可能有出息；或是「我早就知道了」、「我是個失敗者」，或像「大勢已去、回天乏術」之類的次人格。

次人格也許源自過去的事實，但它們還是靠你的「行爲模式」才活得出來，例如：你確實是個「受害者」，但你更會因爲認同了自己是個受害者的角色，而活成一個如假包換的受害者。於是，每當你不願意改變現狀時，這個「受害者」的次人格就成了你爲自己欲振乏力辯解的藉口。

譬如說，在孩子的成長過程中你未曾陪伴過他們，就這個「事實」而言，你的確是個失職的父母。但如果你深深陷在「我是個失敗的父母」這個信念裡，一點也無心自拔，那麼一件已然過去的事實便成了你逃避責任的藉口。別忘了，就算你的孩子已經三四十歲了，你還是可以盡你所能地和他建立友誼。

原註　次人格、四分五裂的自我、假我、受制約的自我、局限的自我、小我等詞，在本書中經常交替使用。

也許，人生確實有讓你非憤怒不可的理由，而你大多數時間也確實都在生氣，不過，你眞的願意一直沉溺在憤怒的情緒裡嗎？你寧可將自己囚禁在憤怒的次人格裡嗎？除了憤怒，再也體會不到其他的感受也甘願嗎？你如此牢牢囚禁自己，成了憤怒的傀儡，說眞的，唯有充分領會到憤怒的情緒是如何左右你的人生的，你才有機會打開自己，釋放一切。

次人格在童年時期逐漸成形，和我們一起步入成年。童年的經歷越是不安、越是痛苦，成長後就越容易認同生氣、憤怒、不安、羞愧、罪惡、失望、無力感……等等這些源自「恐懼」的感受。要知道，這些獲得認同的感受不會隨著情緒的自然起落而消逝，而是在我們的思考與感覺裡落地生根。就這樣，我們挾著「不安的次人格」或「憤怒的次人格」，用那些既扭曲又狹隘的觀點與周遭的人和環境互動，久而久之，在失望或受傷時，也就只會大聲咆哮或斥責身邊的人。

每個孩子都需要愛、尊重及安全感，只要這些需求無法滿足，他們便會用其他有效的方式和行爲來保護自己，好讓自己覺得安全一點。可想而知，如果三歲的孩子藉著哭鬧不休、舉止頑劣，才能獲得他所需的關注，他很可能不自覺地就此認定，唯有操控別人，才是滿足自己的需求或渴望的不二法寶，如此一來，他便發展出「操控者」的次人格。

對三歲的孩子來說，哭鬧是他自創的合理反應，這一套也許到五歲或十歲都還管用，但如果已經年過二三十，或四五十歲了，卻依舊只會用咆哮、苛責來引人注目，只能以攻擊挑釁獲取他想得到的一切，這些手段非但毫無創意，而且根本不合時宜，肯定會構成種種障礙，最後使他遠離了幸福、友誼和愛。

雖然操控者一開始可以獲得他人的關注與愛，不過一再玩弄這個伎倆，最後只會招致對方的恐懼、困擾、憤怒和批評，甚至反擊。可以說，一時的角色成了不由自主的固定模式，一旦身陷其中，就再也無法以更積極、更成熟的方式來跟他人互動往來。至此，這一模式便成爲跟隨終身的人格特質，而不再是臨時配戴、可隨時卸下的面具了。

我們一旦把某個「次人格」或「假我」認定爲自己以後，就會開始以種種經驗、態度、信念、舉止去餵養這個角色，不斷強化，不斷鞏固這個假我。倘若我們自認爲是個「萬事通」，便可能認定他人不會有值得我們學習的寶貴經驗。假如認同了「我做不到」的次人格，一面臨新的環境，我們便會感到焦慮、無助，而越是焦慮，就越難理清思路，走穩下一步。我們越灰心，就越覺得自己一敗塗地，如此，便再次證實了自己根深柢固的信念：「我果然無此能力」。

這個假我是「受制約、受局限的自我」，它受制於自己熟悉的方式，只能用一種模式去觀察、感受、思考或行動。「假我」只能活在潛意識裡，好似一具機器人，一舉一動都身不由己。

當你覺察到自己的某些次人格時，千萬不要大肆批判！不論你是否相信，所有次人格的形成，都是針對童年期間感受到的「不夠好」、「不值得被愛」、「缺乏安全感」、「不受重視」而衍生的自我防衛措施；它們很可能是爲了應付某種畸形的家庭關係而產生的應對模式。換句話說，我們的態度、行爲和扮演的角色，通常是在成長過程之中，不自覺地由親人身上模仿來的。每一個次人格背後都有它不得不如此的苦衷。當你意識到這些次人格時，請務必記得，它們不足以代表你，切勿將它們和眞實的你混爲一談了！

如果我們已經入戲太深，根深柢固地認同了自己的次人格而無法自拔，就會忘了自己其實不僅僅是這齣人生大戲的演員，而且還是幕後的導演。

漢克的告白

我這一生幾乎都在演戲。我常跟一位朋友說：「我應該去當演員的。」之所以這樣說，是我老早就發現「我」不是外人看到的那個我。我明明有癮頭，還走上販毒這條路；我明明很窮，卻硬要裝闊；我明明害怕愛，卻假裝對愛不屑一顧；我明明不在乎別人，卻裝出非常關心的模樣。我現在二十二歲了，才發現我並不清楚自

己到底是什麼人，現在該是探索「我是誰」、想成爲什麼樣的人的時候了。

我們必須先覺察自己認同了哪些角色、情緒和信念，才能充分發揮潛能；必須超越表面的認同，認識眞正的自己，才能擁有自己的情緒、角色和信念，並且不再受到牽制。陷入固定的次人格，無異於作繭自縛。除非我們自甘漠視心靈的力量，否則誰能讓我們在心牢裡無限期地監禁下去？開啓心牢的鑰匙一直都在眞我手裡，而看守這牢籠的人，就是我們自己。

退一步想想

暫停與思考

現在是下午四點四十五分，你先前答應某個人四點半時會打電話給他，這通電話非常重要。平常四點的時候點名便結束，不過今天外頭大概出了點狀況，到現在還沒完成點名。你愈來愈焦躁，身體開始緊繃，怒火持續加溫，你知道自己不但無法依約準時打電話給對方，還得和其他獄友搶電話。現在，你開始對說好要等電話的那一方生起悶氣，開始想像失約沒撥成電話的最壞結果……。

慌亂中，有那麼一刻，你清楚地意識到，煩躁或憤怒都不會讓你更快抵達電話亭。冷靜分析後，你發現自己不論做什麼都已無濟於事，於是，你深深地吸了幾口氣，告訴自己放輕鬆、接受遲撥電話的事實。你心裡知道自己還是想盡快撥通這通電話，然而，同時你也決定放鬆一點，開始思考當電話接通時，該如何向對方解釋你遲撥的原因。你打開收音機，讓情緒更加舒緩並提醒自己，因應此狀況的決定權操之在己，你也告訴自己放鬆、再放鬆。所以，你躺了下來，再做幾次深呼吸，享受你最喜歡的電臺所播放的音樂。

此時，你不再身不由己地受制於這類狀況下油然升起的種種次人格，不再受「不耐煩的自我」、「焦慮的自我」、「憤怒的自我」所制約，轉而向「核心眞我」、「天賦本我」或「更大的自我」求助。這一部分的你知道還有其他應對的方式，而且會作出最明智、最具建設性的決定。

在發展爲一位情緒健全的成人的過程中，「自覺」能力必會逐漸增強。透過自我覺察，我們得以退開一步，正視那些正在興風作浪的次人格。例如，當你排隊等著打電話給親友時，你可以做這自我覺察的功課，觀察自己是如何被沮喪和憤怒所困，同時體驗一下，在同樣的場景中，你仍舊可作不同的選擇。這一選擇會讓你體驗到自己的生命絕不限於你此刻所感受到的情緒、角色或信念。千眞萬確地，你的生命絕不只有這些而已。體認到這一點，你對世界的心態便能由小我或次人格的狹隘眼光，擴展爲大我的寬廣視野。

退開一步，觀照那煩躁、焦慮的自己吧，選擇更清楚、明智、從容的反應方式，這是眞我與生俱來的能力。

真我：失落與重現

內在眞我尚未安頓妥當的人，無法了解人類與生俱來的價值和尊嚴，既看不到他人的價值，也不可能擁有眞正的自信。不幸的是，我們大部分的人即便成年了，依舊無法正確認識自己的價值。

我們往往受制於某一次人格，無法客觀認清當前的情境，其結果，不僅抑制了我們自由回應的能力，也堵塞了眞我與生俱來的天賦。唯有與眞我契合的那一刻，我們才得以體驗更高的智慧，逐漸對自己產生信心，感受到內心實實在在的力量、平安與勇氣。如此，我們才可能事事樂觀，充滿活力，輕鬆幽默，果敢負責，時時流露出慈悲與愛心。我們會愈來愈信任自己的直覺，做事更有效率，充滿信心和力量。

我們一旦與眞我相應，自然會體悟到心靈的純然本善。這與生俱來的善性是不受後天污染的，我們只是暫時與它「失聯」而已。試想，在充滿愛和安全感的環境下成長的孩子，性格會乖張嗎？若非生理失調或心智殘障，或因受虐和生活貧困而難以健全地成長，否則每個孩子都會散發出至善的光芒。進一步說，如果成長過程中，我們從未見過父母、師長或周遭的成人活出那本善的人性，便會與這善性愈來愈疏離而切斷了聯繫。於是，我們必須再度學習與眞我相通，獲得療癒，才能重新連上這個至善本源，找回我們內在的力量與平安。

在所謂的「文明」社會裡，與自己的眞我時時連結在一起的人愈來愈少，只有極少數的人能意識到眞我的存在。但是話說回來，無論你是否意識得到，眞我始終都跟我們同在。

過去，我們任由這些次人格透過制約、恐懼、自慚形穢來主宰自己的心靈，破壞內在的眞實力量，局限我們的人生；現在，這本書會幫你耐心且體諒地穿越這些次人格，一步一步地接近內在的眞我，與它連結，與它相應。

不過，我們需要先了解「情緒的療癒」，看看它跟眞我、次人格究竟有何關連。

何謂情緒的療癒？

療癒是「恢復生命的完整」，但「恢復生命的完整」又是什麼意思？韋克的親身經驗爲我們提供了有力的註解：「當我誠實地向內探索自我時，我看見所有的傷痛、否定、欺瞞、操縱、麻木、恐懼，我看到的全都是自慚形穢；但在同時，我也看到了一種無條件的愛，我看見眞我，它仁慈、善良，且深富耐心。這些全新感受猶如一線光明照進我的陰暗世界，爲我開啓心靈的那一扇門。」

「恢復生命的完整」指的是敞開心胸、接納自己人格的所有面向，接納黑暗面與光明面，接受小我和大我。我們必須懷有願心與勇氣，誠實面對自己的每一面向，這才算是對自己的眞相開放。這需要一些技巧性的引導。我們過去正是因爲「看走了眼」，才看不到小我之外的富饒。也許你認爲早已摸透了自己的底細，但請聽聽這位獄友怎麼說的：「我其實根本不了解自己，我從來不讓心裡某些感覺有表達出來的機會，可是以前我總認爲對自己一清二楚。」有時候我們不願向內看，是因爲我們認定那兒慘不忍睹，只會在那兒看到罪咎、傷痛、懊悔……種種負面經驗，我們害怕那代表了自己的一切，害怕除此之外沒有半點可取。

其實，療癒的過程會讓我們重新看見眞相，也就是每個人天生本具的善性與力量，它始終都在，只不過我們對它如此陌生，而所謂的療癒，不過是幫我們再次憶起那個眞實面目而已。

療癒需要勇氣，因爲我們必須先承認並且接納自己不斷抗拒的那一切。對韋克來說，他原先並不接納自欺、操縱、麻木不仁、恐懼和自慚形穢的感受，但療癒的過程讓他不得不正視自己長年嗑藥、酗酒所要逃避和否認的一切。選擇療癒，意味著他得誠實面對自己的過錯，並且不因此而苛責自己；也意味著他將看到自己所討厭的、有損他「好好先生」形象的某些性格。他必須面對封鎖已久的內在自我，而且必須正視潛藏在內心深處導致他上癮和犯罪的恐懼、痛苦和自卑。

當然，療癒也意味著他會逐漸發掘自己本性的美善。對受刑人而言，療癒過程中最困難的部分，莫過於要他們接受自己美好的一面。社會的眼光、切身的經歷以及多年來根深柢固的扭曲心態與不安全感，使他們愈來愈看不到自己也有美善的一面。

如同韋克所言：「當我打開心扉接納自己的好與壞、善與惡時，我感到重獲新生，同時也認識了自己和同伴們的自我價值。」我們一旦獲得治癒，就會明白，生命本身比小我所見的世界更爲豐富。

在眞正接受療癒以前，我們與自己的本性或靈性是斷線的，而療癒不過是爲我們重新連線而已。但連線的方式並非往外尋求，而是向內探索。如果你的眼睛老是盯著外面的世界，看錯了方向，很難恢復這一連線，更難以重建你的價值、肯定你的本善。你的價值與善良是天生註定的，而且絕不是外在的表相世界所能局限的。

第二篇

3 從童年到監獄的滄桑

要了解眞實的自我，必須回顧過往，看看你怎麼成了今天這副模樣。對多數人而言，回溯童年的經歷是件艱困又椎心刺骨的差事；面對童年，你反應的方式形塑了你的個性，對你的影響亦無法計量。

朗恩的經歷

我和六個姐妹及兩個兄弟成長於「城郊救貧計畫」的社區，那是個弱肉強食的世界。爸爸成天在外工作，回到家時總是爛醉如泥，和媽媽爭吵不休。媽媽個性冷淡，難以親近，她管教的方式不是摑我耳光，就是拿棍子猛抽我的背和腿，要是我眞不聽話，她會隨手拿衣架或掃帚狠狠修理我。我老覺得沒有安全感、總要處處提

防，我覺得沒有人愛我，沒有親人關心、支持我。我感到自己的存在是一個極大的錯誤，我一無是處，也不可能有變好的一天。

12歲：父親被警察帶走；
13歲：被成年友人性侵；
15歲：因犯罪移送少年輔導機構接受感化教育；
17歲：女友懷孕，搬到佛羅里達州；
14到35歲：酗酒、嗑藥，惡習隨著年紀增長而變本加厲；
14至28歲：在街頭行騙、跟同性援交；
19歲：從軍，前往越南；
20歲：由越南返美；
23歲：因持械鬥毆被捕；
33歲：因持械鬥毆被捕；
37歲：涉嫌謀殺被捕，被判終身監禁。

胡安的經歷

我在波多黎各出生。母親懷著我時不僅喝酒，更經常被父親毆打。

5歲之前：打從有記憶以來，我老挨揍；

6歲：六歲起，我就得在家裡和甘蔗田裡工作，只要偷懶、玩耍，就是一頓毒打；

8歲：偷了祖母五塊錢，整整被媽媽打了五天；

9歲：爛醉的父親痛打母親，打完她後開始打我。他把我抬高，像扔擲紙飛機般地把我丟出去，讓我摔了個狗吃屎，直到現在，身上還留著當年的傷疤。待我年紀稍長後，他改用皮帶抽我；

12歲：被叔叔性侵；

14歲：退學後，到花場工作，做些農事幫忙維持家計；

15歲：母親過世；

15至18歲：和其他農民一起工作，下工後還得爲爸爸和弟妹煮飯；

18歲：搬到紐約州，與大哥同住、工作；

19歲：第一次吸大麻，開始混幫派、酗酒；

21歲：與女友同居，我待她的方式和老爸當年對待媽媽的方式如出一轍。感謝老天，三年後我終於不再對她動粗；

23至28歲：吸食海洛因；

24歲：生平頭兩遭吃上官司。第一次是夜闖肉舖，結果我在鎮上的看守所關了五十天；第二次則是買賣古柯鹼時被逮，我那時手上有五包古柯鹼，一包兩塊美金，這場官司我沒出庭。爲了滿足我的毒癮，我不再工作，開始販賣海洛因；

25至26歲：吸食古柯鹼，一度因爲擾亂社會秩序被捕。我曾住院戒毒，那時最需要的是諮商輔導，但院方卻只給我美沙酮〔譯註〕解癮，最後我選擇離開醫院；

26歲：因涉嫌謀殺及持有海洛因遭逮捕，以冷血蓄意殺人罪起訴，判處無期徒刑。

史丹的告白

爸媽在我三歲以前便已離異，我只記得父親總是醉醺醺地和母親吵個沒完。我從不敢奢望自己能擁有幸福的人生，而我以爲所有的家庭都像我家一樣，也只該這

譯註　美沙酮（methadone）係政策性的毒品代用品，病人服用後，能減低對海洛因的依賴。不過，後來發現美沙酮的成癮性更高，不少年輕的吸毒者在轉用美沙酮後，雖然不再吸食海洛因，卻開始依賴美沙酮。

麼過。我以爲別人家都跟我家一樣，每天過著地獄般的生活，而全天下所有的父親（和繼父）一定會打老婆和小孩。在我心中，家庭生活就是等著爸爸從酒吧回家，並在心裡默默祈禱他回家時心情很好。我當眞以爲大家都是這麼過活的，然而，那樣不是眞的活著，而是在不知不覺中一點一點地死去。

韋克的告白

我只見過爸媽吵過一次架，不過我連那次吵架的記憶都已模糊不清。我爸媽既不酗酒也不嗑藥，他倆表面上看來幸福洋溢，但我卻不曾見過他們對彼此眞情流露。他們不僅分房睡，對我也非常冷漠，在家中我們不曾擁抱、親吻彼此。住在樓下的叔叔老是喝得爛醉，不只打我，也打他的小孩，在他面前不論我如何做都不對。

回想求學歷程，我第一個想到的老師就是瑪格麗特修女，她臉上長了好多大肉瘤，整張臉坑坑疤疤的。她老愛挑我的毛病。我記得好幾次她把我拎到教室前，拿椅子腳打我手心，打完還不讓我走，直叨唸著天主教學校比公立學校的素質好太多了。那兩年，我眼睜睜看著身邊的朋友一直在進步，只有我好似不停地退步。

羅夫的告白

十歲以前，我完全相信自己不只是壞，而且一點兒也不可愛，更糟糕的是，我痛恨那個「讓媽媽不得不遺棄」的自己。在感化院裡，我不只挨打，還被強暴，我以為這一切是我的報應，所以從不質疑這些事的對與錯。

凌虐和忽視是大多數受刑人童年經驗的主軸。以參與「情緒覺察與療癒課程」的受刑人來說，即使我只簡述他們童年受虐的故事，就足夠讓這本書變成兩倍厚。多數受刑人在成長過程並未和父母同住。美國司法統計局公布的數據指出，百分之二十五以上的受刑人，父母不是嗑藥就是酗酒。而我所見過的謀殺犯，大多童年時曾遭受性侵。多數人在寄養家庭中長大，不然就是長年待在青少年矯正機構。許多身陷囹圄的人都是在貧窮的環境中長大的，家中往往缺乏情緒健康、富責任感的成人楷模供他們學習。

只有少數人會認爲自己之所以入獄與童年經驗完全無關，也許你就是這麼認爲的。參與「情緒覺察課程」的受刑人當中，的確有少部分人是這麼認爲；另外有些人則是在青少年時期或成年以前遭逢親人死亡或參加越戰……等巨大變故，因而陷入困頓。

有的人雖然在充滿愛與安全的童年中歡度、成長，青春期卻在充滿混亂與挑釁的校園裡迷失了，他們不顧父母的勸告，掉入不良少年的圈子裡。尤其是在貧窮線下長大的孩子，幫派是他們唯一能接觸到的團體。如果你認爲自己的青少年與後來鋃鐺入獄並沒有太大的關聯，希望你敞開心胸繼續閱讀下去。我遇到不少人，原本認爲童年生活與目前的處境完全無關，經過持續地回顧與省思，塵封已久的往事逐漸浮現腦海，爲他帶來全新的領悟。

我經常遇見童年歷經嚴重虐待的受刑人，他們竟然不知道自己其實是受虐，也不了解童年如何影響了他們日後的選擇、如何發展成目前的模樣。胡安就是一個典型的例子。回顧一下胡安的生命歷程（請參見p.54），你會發現他根本沒有童年，謾罵毒打是家常便飯。幾年前在我尚未認識胡安時，他曾經塡過一份調查報告，描述自己出自一個正派而體面的家庭，他眞的以爲自己的童年是快樂的。在這種環境中成長的人，很可能把毆打和虐待視爲稀鬆平常的事。倘若痛毆和凌虐是這個孩子從小所見、所知的一切，日後他當然會認爲這些舉止是合情合理也合法的。事實上，虐待兒童不僅違法，也絕不合理，孩子如果被虐待，絕對不是孩子的錯。你會在本書中看到，那些不尊重、忽視、辱罵……等等行徑對人格所產生的負面影響有多大，它會大到讓一個人身陷囹圄。

認清生命歷程的負面影響，不是要你找藉口迴避自己的行爲責任，而是要你敞開心門，

接納內在的療癒和創造力，如此才能讓未來的人生走出過去的陰影。毫無例外的，每個人的童年幾乎都經歷過創傷，也都需要療癒。

暫停與思考

回想本章一開始述及的人們和他們的生命歷程，你的人生是否和其中某個人相似？

＊小時候，當你和某些人在一起時，是否感到不舒服或害怕？

＊小時候是否受過精神、身體或性方面的凌虐？

＊幼年和青春期，是否有愛你、尊重你、支持你的成年人，讓你覺得可以依靠？

＊成長歷程中，當你需要保護時，是否可以倚賴你爸媽或任何照顧你的人？

＊無論在情感或身體上，你是否感到安心？

＊是否有你能信賴的人指引你人生、成長的方向？

上一章我說明了人生之初，不僅本性良善，而且能跟自由自在的眞我相契相應。可是，人生的旅程既然是由脆弱而必須仰賴他人照顧的孩子開始的，爲了生存，在情感上當然需要忠實的愛和安全感。倘若這類情感的需要無法滿足，孩子只好黯然深鎖那份開朗、信任、愉快的童心，保護自己不受傷害。卡帕席恩在《內在孩童復甦》〔譯註〕一書提到：「內在孩童雖然不再成長，卻也未曾離開，它只是隱藏起來，等待釋放。未曾滿足基本需求的孩子，光憑著內心的恐懼和孤立，怎麼可能開創快樂幸福的人生？」

幼小的時候，我們在生活上只能仰賴成年人的照顧，但如果這些成年人根本無法愛我們、尊重我們，雖然我們的身體會繼續成長茁壯，情感上的發展卻會停滯不前，甚至完全退化。那份渴望信任他人、主動關愛他人的意願會轉而潛藏心底，內在孩童的周圍從此築起了一重又一重的高牆，以避免再度受傷。這些高牆，無論是強悍之牆、麻木不仁之牆、憤怒與挑釁之牆……，全是爲了保護那個惹人憐愛卻脆弱無比的內在孩童，他靜靜地守在那兒，心中滿滿的恐懼、痛心與憤怒。

我們需要忠實的愛、安慰與安全感，這些需求若無法滿足，內在孩童會感到焦慮、恐懼、羞愧、憤怒、情感疏離和沮喪，這些感受將伴隨我們進入成年期。受傷的內在孩童會試圖吸引我們的注意，成年後的上癮問題、不斷反覆出現的情緒、疾病……等等徵兆，其實都

有跡可循。即使內在孩童依舊擔心害怕，但他仍然期待重拾那失落已久的愛和安全感。我們若想獲得療癒，就不能忽視內在的這個部分。有個道理，乍看之下很不可思議，那就是：若想成爲身心健全的人，便需關注內在孩童，擁抱他，學習像父母一樣撫慰他，用過去渴望卻求而不得的同情心和耐心來陪伴我們自己、支持我們自己。

當我在監獄上課提出「與受傷的內在孩童相遇」這個概念時，一開始有些人十分遲疑。要知道，監獄是個無法讓人安心地敞開內心的地方。在獄裡，人們會爲了生存而設下更多的心防，同時也會啓動更強的防衛機制，以確認各項防衛措施的確牢牢固固，足以自保。

遊走於社會邊緣的受刑人，比如因販毒或重傷害而入獄的獄友，他們吸毒就是想要逃避內在的感受，他們非常害怕參與我們的練習，深恐勾起他們一直想要壓下去的記憶。他們擔心回溯過去會把他們寧可忘記的事情全部都挖出來，因而他們很可能在回溯過去時，開始抱怨時間不對或地點不合適……，我很理解也尊重他們對練習的排斥和抗拒。事實上，某些抗拒是潛意識的保護機制，很可能反映出，此刻引出他們的內在孩童之舉，在時間或環境上可能尚未成熟（即使只是在心中回想，或和諮商師、牧師或感到可信賴的團體分享）。不過，我

譯註　露西雅．卡帕席恩（Lucia Capacchione）　心理學博士，以藝術治療與教育訓練見長，是藝術治療領域多本暢銷權威書籍的作者，著有《內在孩童復甦》（*Recovery of Your Inner Child*）等書。

發現大多數有心參加課程（或是研讀本書）的人，都能順利地進行這類練習，從中獲得極大的助益。

長期以來，我留意到幾個現象有助於安心接受「內在孩童對話練習」。首先，我們冥冥中其實知道自己在某一階段能夠承受多少，因此不至於把自己無法面對的東西抬上意識層面；其次，你若眞的願意碰觸並陪伴內在孩童，你所獲得的益處遠大於所冒的風險。從另一方面來說，童年受過創傷的人如果未曾察覺此一創傷，也從未獲得協助與指導，埋藏在內心深處那個內在孩童會繼續干擾此人現階段的生活。不少和我一起練習的受刑人都感受到「療癒內在孩童練習」的經驗爲他們帶來一線光明，使他們更深刻地認識自我，明白自己這一生究竟是怎麼回事。可以說，他們在情緒上所獲得的療癒，是他們連做夢都想像不到的。

如果你覺得自己尚未準備就緒，沒有足夠的安全感進行本章後半段的練習，沒關係，你只需讀完本章便能幫助你更加了解自己。畢竟，要兒時受虐的人回溯那段不堪回首的痛苦往事，這樣的練習的確吃力萬般，而且需要極大的勇氣。

約瑟的分享

現在，我對自己的了解和剛開始上課時不太一樣了。療癒內在孩童的練習以我

料想不到的方式改變了我。進行練習後，我挖掘出許多原本隱而不見、卻對我的生活有極大形塑力量的因素。如今，我對自己為何成為今日的我，以及如何造就未來的我有了更深的理解。

安迪的分享

接觸「內在孩童」開啟我緊閉的心門，我曾經以為它會永遠緊鎖，現在，我有滿腔的勇氣與尊嚴來面對過去。

為何需要回顧過去？

以下是我的朋友凱蒂寫給她哥哥班恩的一封信，當時他染上毒癮，正在接受勒戒。她的信以及班恩的回覆，讓我們得以了解，如何將回溯童年所產生的領悟與療癒帶進現階段的生命。

親愛的班恩：

這封信寫的是我自己，但卻是為你而寫的。

我是個四十一歲的女人，我的心裡住了個傷痕累累的內在小女孩，她躲了起來，不願意見任何人，包括我自己，她好痛、好痛。

住在我心裡的這個內在小女孩打從孩提時，就受傷了。她渴望愛，渴望擁抱，渴望成爲他人心中特別的人。然而，小女孩的母親心裡也住了個傷痕累累的內在小女孩，所以，這個母親無法表達愛，尤其無法透過肢體傳達她的愛，她不會擁抱孩子，或許是因爲她的內在小女孩從未被擁抱的關係。於是，我的內在小女孩相信自己不可能被愛。

孩提時，小女孩渴望被接納、重視、讚賞。但是，撫養小女孩成長的爸爸心裡也有個傷痕累累的小男孩，總認爲自己愚蠢、不夠好。無論小女孩說什麼，他總是潑她冷水、百般質疑，事實上，他希望小女孩能因此學會獨立思考，成爲一個優秀的孩子。但小女孩學到的卻是：不論我說什麼、想什麼、相信什麼都是錯的。她認定自己是個蠢蛋。

小女孩想把事情做「對」，想變得「完美」，想成爲最好的，但因爲她父母內心裡住了個認爲自己永遠不夠好的內在孩童，因此，總是百般挑剔他們孩子所做的每一件事，即使孩子已竭盡所能地把事情做得盡善盡美，他們總能在雞蛋裡挑出骨頭，要是做不好，那更是孩子的問題（天生蠢材，無藥可救），對孩子極盡吹毛求疵之能事。最後，這個孩子學到的是：她永遠不夠好！

小女孩活得很痛苦，又無法滿足被愛的需求，她變得暴躁易怒。但在她家，宣洩憤怒需付出極具毀滅性與無盡痛楚的代價，因爲她父母心裡也藏了個憤怒的內在孩童，只會透過肢體或發怒來宣洩情緒，這種發洩方式不僅危險，更讓心靈受盡折磨。尖酸刻薄的批評、僵持不下的爭執、粗聲惡氣的對待，粉碎了孩子內心深處的情感，留下影響終生的後遺症。孩子學會讓自己成爲一個無聲無息的人，因爲表達憤怒只會帶來災厄，面對憤怒，她只能像塊海棉般默默吸收，以免事態一發不可收拾。

小女孩心裡明白她需要愛，但無奈的是，她感受不到愛，也無法表達愛，愛已經在世代傳承的傷害和痛苦銷聲匿跡了，小女孩發現自己困在沒有愛的生命裡，欲振乏力。

小女孩學會將傷害及眞實的自己一起往內裡「塞」，塞得越深越好。她刻意讓自己過著極爲忙碌的生活，沒日沒夜地工作，像顆陀螺般轉個不停，永無止息。她不願休息，嚴格說起來，她根本不敢休息，因爲她深怕自己一停止轉動，那難以承受的痛苦就會找上門來。雖然如此，心中的苦楚早已轉化成身體的病痛，長期地折磨她，她無法承受這痛苦，只想自我了結（與其說是自殺，不如說是想徹底除去身體的疼痛），她用盡各種方法，服用鎮定劑、抗憂鬱藥來麻痺身體的疼痛，即使她知道酒精是最好的止痛劑，但因爲小女孩的父母酗酒，所以，她雖然害怕疼痛，卻更怕酒精中毒，所以她大部分的時間強迫自己滴酒不沾。小女孩感到好累、好疲倦。

班恩，我說了，這封信寫的是我自己的故事，但我是爲你而寫的。我們同樣被內心承受傷痛而不自覺地傷害我們的父母所撫養，你的內心也藏了個受傷的小男孩。也許小男孩「學到」的經驗與小女孩不盡相同，但我確定小男孩過去所學到的都不是眞的。班恩，我由衷希望你能感受到我對你的愛；我想安慰你、支持你，幫助你承受那份痛苦，直到痛苦減輕的那一天。我想，目前我所能做的就是寫這封信給你，跟你分享我的體會，希望你明白你心底的傷痛其來有自。我也知道你這一生不斷尋求對治及紓解痛苦的方法。希望你出獄後持續接受治療，你可以把這封信轉交你的諮商師，然後與他一同探討內在孩童在過去學會的那一套，讓內在孩童的傷痛有機會獲得療癒。

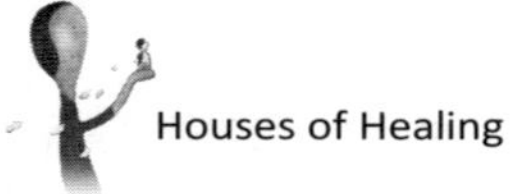

我對你內在的那個小男孩，有很清晰的印象，他非常可愛，藍色的眼睛裡閃爍著頑皮的光芒，我願用心底全部的愛擁抱他。

班恩，無論你在何方，不管你遭遇到任何事，我永遠愛你。我會持續關注著你，任何時候，只要你需要我，請隨時打電話給我。

愛你的凱蒂

班恩的回信

親愛的凱蒂：

我心裡不斷地掙扎著要不要回信或打電話給妳，這份遲疑折騰了我整整一個星期。今天是我在勒戒所的最後一天，所以我決定回信給妳。

我一直無法再次捧讀妳的信，我想，必須等我有足夠的勇氣時，我會再把信拿起來。妳知道嗎，我每讀一句都得花上十五分鐘……，因爲，眼裡的淚水已教我幾乎看不清妳的字。

在我進勒戒所前，妳說的這些對我來說是沒有意義的。然而，我現在比較能接受了，我獲得了我是誰、我爲什麼是這樣的一個人的深刻啓示。我這輩子第一次覺得或許我眞的能了解自己，至少，我知道有人了解我。我一定會再讀一次妳的信，因爲讀著它時我多半在哭，連跑操場時還哭個不停，我就這樣一連哭了四十五分鐘。哭著哭著，心中沉積的壓力好似也一併釋放了。

回顧自己這輩子所作的重大決定，以及自己爲何一直走錯方向，似乎在這一刻看出一些端倪。我作過的決定即使表面上看來正確，卻多半出於錯誤的理由。

我還可以不停地寫下去，不過，凱蒂，此刻我只想告訴妳，我非常愛妳，妳的信對我意義非凡，我無法用筆墨形容。

愛妳的班恩

如果我們不願療癒受傷的內在小孩，那深藏的創傷仍會不斷地滲漏出來，毒害我們的生命。過去十年，身兼作家、治療師，同時也是極受歡迎的研習會帶領人布雷蕭〔譯註〕已讓眾人明白「療癒內在孩童練習」的重要性。在《走出成長的迷思：回歸內在》一書中，布雷蕭表示：「內在孩童如果被漠視、被忽略，不被疼愛，又未療癒，必然會影響成年後的生活。」當你閱讀本章和下一章時，請試著回想你的生命歷程，並對照書上的內容和你的眞實生活，看看有沒有相同或類似之處。

若不放慢腳步向內探求，耐心親切地關照自己的內在孩童，我們會下意識地發展出一套強迫機制，再三重複同一自暴自棄的行爲模式，直到徹底搞砸自己的人生爲止。心理學家榮格提過一項心理學的原則：「壓在潛意識下的心態必會外顯爲我們的宿命。」假如我們內在有一個自己沒有意識到的傷痛，不論是因爲我們害怕面對或麻木不仁，我們會發現自己長年困在痛苦中，難以自拔，不僅自己飽受折磨，也帶給他人更大的痛苦。

曾經被父親暴力相向或目睹母親被父親痛毆的女孩，如果未能妥善處理昔日的傷痛，她可能會發現即使換過一個又一個男伴，卻終究難以擺脫施暴、辱罵的對待關係。當然，施虐的男性必須爲施暴負責；但既然她已經成年了，便有能力決定是否選擇另一種生活，跳脫過去的受虐模式。不管如何，在她的療癒過程，必須體認到：無論她做過什麼，暴力既違法也絕不合理。

一個未曾享受過母親疼惜和關愛的男孩，可能會發現自己娶了個總是不支持他的妻子。

譯註　約翰．布雷蕭（John Bradshaw）　著名的心理輔導者，暢銷書《家庭會傷人》的作者，美國公共電視曾播放他的「內在孩童」演講，影響深遠，另著有《走出成長的迷思：回歸內在》（*Homecoming: Reclaiming and Championing Your Inner Child*）。

一個痛恨父母有癮頭的人，會發現自己也是個成癮者。無論我們喜不喜歡，若不正視內在孩童所承受的苦痛，讓生命不斷輪迴的戲碼就永遠不會落幕。

當我們遇見了那被關在角落裡的內在孩童，試圖幫助他們從痛苦的囚牢中解脫，便展開了自我療癒過程，也開啓了生命的意義與展望。一個從小被父親施暴的女孩，她的內在小女孩雖然惹人疼愛，卻飽受驚嚇與傷害，需要加倍的憐憫和耐心，聆聽她的心聲。男人也同樣需要抱持很深的同理心和很大的耐心，聆聽自己內在小男孩的心聲。這可愛的孩子多年來承受了那麼大的痛苦、恐懼和悲傷，他和所有孩子一樣，需要母親的包容與憐愛。尤其是長期受人忽略或遺棄的內在孩童，通常連最基本的愛與安全感都不敢要求，認爲自己不配，他們其實是最需要我們的聆聽和安慰的。

若想療癒自己的情緒，必須同時兼顧內在孩童和成人之我的需求，把自己受到忽略、藐視和凌辱的感受化暗爲明才行。這些「回溯童年創傷」的練習，能幫你收拾過去，讓你更加尊重自己，重新走出來，開啓創新的能力，如此，你才可能昂首闊步地繼續生命的旅程。

童年形成的羞愧感

布雷蕭把人們在童年所受的忽視和凌虐，稱之為「病態羞愧感」，它所造成的傷害極具毀滅性，有別於因為做錯事，比如偷竊、欺騙、說謊被抓到而產生的愧疚。「病態羞愧感」源自於人心「認定」自己卑劣、不配之感，好像光是活著就對不起天下人似的。兒時覺得自己不受世界歡迎、認定自己是別人的包袱，這種感覺一點一滴累積成了「病態羞愧感」。然而事實上，每個人生來都希望被愛，渴求安全感，期盼他人保護與關心，但病態羞愧感和它衍生的「毒性教條」讓這些與生俱來的基本需求不但成了奢求，而且還讓人感到無地自容。

孩子的理解能力有限，在感受不到愛與尊重的環境裡成長，自然認定那是因為「我不好」、「我不值得愛」、「我比較醜、比較差勁」。病態羞愧感不是因為我們做了什麼，而是因為我們認定自己是那種貨色。在這扭曲的自我觀念下，讓我們連做自己都覺得羞愧萬分。在這種環境下長大的孩子，分辨不出「這個環境有問題」，只會認為「我有問題」；孩子不會明白「我所依賴的人現在還沒有能力愛人」，而誤以為「我不值得人愛」。缺乏愛的管教方式，根本無法讓孩子了解，他之所以被處罰，只是因為「犯了一個錯」，它會讓孩子感到「我這個人本身就是一個錯誤」。我們若不挖出這個信念，並徹底化解的話，由它所產生的毒性教條將會緊緊跟隨我們一輩子。

孩子在身體、情感或性方面遭受虐待，他們要不是責怪自己，認爲這全是自己的錯，就是認爲自己該想辦法解決問題。然而，孩子受到凌虐絕對不是他們的錯。如果你童年曾經受虐，你要知道，錯不在你！

暫停與思考

現在，請靜下心來，深呼吸幾下，盡量放輕鬆，開始回想你的童年。你現在回到了小時候住的地方和住家附近，回想一下，你是否曾因爲大人對你的忽略、傷害、不尊重而責怪自己？如果是的話，請靜默一會兒，定定地看著當年那個爲了某事而感到羞愧的內在孩童，請想像自己打開全部心房接納他，告訴他那不是他的錯，一次又一次地，告訴他那不是他的錯。

你若認爲兒時被人忽視、受人凌虐是你的錯，這種想法是錯覺，是幻想！就算你小時候不聽話、經歷某種遭遇，例如被性侵……，也都不是你的錯。是的，這一刻是你放下錯覺的時候了，讓童年的羞愧和罪惡感浮現，跟你內在的大我之慈悲和智慧相見。你心裡若還藏有任何令你難堪的兒時秘密，試著訴說給一個深富同理心、値得信賴的人聽；對信任的人傾訴秘密，有助於療傷止痛，走出羞愧。你會在坦率地陳述往事、接受別人同理之際，展開你的康復過程。長年鎖在心底、說不出口的秘密，只會痲痹我們的心靈，阻礙情感的交流與心靈的療癒。說出眞話，才能恢復心靈的生機，否則你和內在小孩都會繼續自我譴責下去。要知道，鎖在心底的秘密只會讓你自慚形穢，讓你無法欣賞自己與生俱來的純眞美善，身心終生不得安頓。

由羞愧感衍生的毒性教條，不只是在家庭傳遞著，我們的社會文化也常常會強化這種羞愧感。例如，我們的文化十分擅長羞辱，讓人因爲是少數民族、貧窮、學習障礙、無端受害、犯錯、失敗而感到丟臉。在這樣的環境裡成長，很多人將自己看作是一個失敗者，入獄服刑更讓這層羞愧感雪上加霜。除非有人愛你、支持你，或擁有豐富的心靈生活，我們通常很難覺得自己「夠好」，同樣也很難脫離長期羞愧的苦境。幸而許多心理學家和心靈教師多年來用心關注這個議題，並且也描繪出通往復原和療癒的清晰路徑，接下來的章節會一步步指引你踏上這段旅程。

4 由童年創傷走上療癒之路

過去，我們內在孩童的渴求很少得到滿足，此刻是我們滿足他們需求的時候了。只要有所行動，永遠都不嫌遲！首先，我們從四個層面來說明受傷的內在孩童對生命所造成的影響，以及「他」如何造就了現在的你。

受困的內在孩童如何侵蝕你的生活

一、攻擊行為

布雷蕭曾表示：「通常，我們以爲內在孩童受傷的人都是善良、溫和的，實際上，受傷的內在孩童反而應該爲世上諸多暴力、殘酷的行爲負責。」幼年時期遭受的身心虐待和性侵

害，讓孩子學會了攻擊；而未曾療傷止痛的憤怒、悲傷、罪咎和羞愧，則爲日後的攻擊行爲提供了源源不絕的動力。你們也許聽說過，性犯罪者當中有極高的比例，自身在小時候也曾經遭受性侵；另一方面，許多施虐者不僅是早年家庭暴力的受害者，他其實更是當年父母暴力相向的目擊者。

受虐兒總覺得自己是無能的、脆弱的。即使其間的心路歷程十分曲折，終究而言，這個受創至深的人還是選擇了讓自己成爲加害者，而這種由受虐者變成施虐者的機轉，正是他爲了對抗內心深沉的無力感所使然。**假如你是因為傷害罪入獄，進行療癒時，你必須先試著觸碰自己的受害經驗**。只要你鼓起勇氣，對自我不加批判，全然地接納自己，就等於替自身的痛苦經歷打開了一扇門，讓內心的痛楚得到抒發，你會因此變得更堅強更有力量。有了這股力量，你會愈來愈有能力陪伴內心那個受害甚深，且極度渴求你疼愛的孩童。

試著找個讓你信任的朋友談談自己受虐的經驗，說出你的故事，告訴上天，告訴你至高的眞我，或者告訴諮商師。寫出曾經發生過的一切，也寫下內在孩童看待這些經歷的感受，就算寫完後把它撕碎揉掉都好。盡量給予內在孩童一個充分體驗的機會，放寬心去感受那些痛苦、恐懼、憤怒和悲傷，如此，他攻擊的衝動或需求自然會開始消退，內心的傷痛也會逐漸獲得治癒。

二、鬱於中，形於外：行為的外顯與內化

我們可以這樣說，凡是行爲粗魯、不懂體恤他人、卑鄙惡劣、處處叛逆的人，都可能是飽受創傷的內在孩童表達痛苦的一種方式。你不妨環顧周遭那些愛現的、被修理得很慘的、老愛恐嚇其他獄友的、舉止招搖的、惹人生厭的、自我中心的，或者是幼稚無比的人，請設法體諒他們，因爲他們受傷的內在孩童正在腐蝕他們的生活和人際關係。碰到這樣的人，你很清楚，全是因爲他們的內在孩童受傷了，他們才會變成那樣。越是行徑惡劣的人，他們童年受虐情形往往也越嚴重，受傷的程度越深切。

即使你看得見這些行爲下面有一個受傷的內在孩童，這並不表示你不能用常態的方式去處理這些惡劣行爲。不過，如果能夠用更成熟的觀點來看待眼前這些人生戲碼，或許能協助你適度地抽離，不至於讓自己入戲太深。

有些受傷的孩童不知道如何向外發洩痛苦，而採取自殘的行徑，或不斷批判貶抑自己，把痛苦深深埋藏到心底。一個曾經受虐或遭羞辱的孩子，不知不覺中會把虐待他的父母師長的行爲，或鄙視他的社會眼光吸收爲自己的一部分。長大之後，用不著別人來罵他妓女、惡棍，說他愚蠢、卑劣、一無是處，他早已在潛意識中狠狠地羞辱自己了。內在孩童心中的痛

苦，如果不以健康的方式加以紓解，通常會轉化成自我打擊、自我厭惡或自慚形穢，並且長年沉浸在空虛和沮喪的感受裡。自己的善性不曾受到肯定的孩子，會裝出虛假的面目來應付社會，與眞實的自己愈來愈脫節，最後連自己是什麼都不知道了。

如果我們能在心中開拓一個安全的秘密花園，讓內在孩童感到安心，全然放鬆，坦然吐露所有受苦的實情，我們自身的痛苦也會開始療癒，超越過去那些讓我們深信不疑的，卻又處處設限的負面信念。

三、上癮與強迫行為

科學研究指出，對酒精或藥物的依賴可能跟遺傳有關，但遺傳因子本身絕對不是讓人拿起酒瓶（或其他癮頭）的唯一理由，受傷的內在孩童很可能才是所有上癮症和成癮行爲的問題根源。除非內在孩童獲得了長年渴求的愛與關心，所有酗酒、吸毒……等等上癮症是不可能停得下來的，所不同的，只是從一種形式換成另一種而已。例如有的人雖然不喝酒，卻像是被迫般地一天得看上十個小時的電視；雖然沒有吸毒，一天卻工作十四個小時；沒有性愛上癮症，卻胖了十五公斤，而且一逮到機會就賭博；或雖然已戒賭，卻沉迷於宗教活動，藉以轉移內在的痛苦和空虛，而不是眞心尋求內心的安詳和自在。正由於成癮問題的核心多半源自內在孩童追求愛與關懷的那份渴望，因此，若要治癒成癮症，首先要滿足內在孩童的需求。歸根究柢，戒除癮頭的目的是爲了重獲自由，而不是在內心製造更多的糾結。

四、「依附共存」的關係

問題家庭各式各樣的荒唐事件可謂層出不窮，然而，在事情發生之際，家庭成員卻往往噤聲不語，沒有人敢去揭開瘡疤，也沒有人懂得處理問題的眞正癥結。沒有人喝斥貪杯的母親，讓她知道她的行爲已嚴重毀滅了孩子；也沒有人制止施暴的父親，或至少挺身保護孩子，避免孩子遭受波及。那些孩子早就從中學會了自己是無依無靠的，也以爲自己的需求和感覺並不重要。即使每個人都冀望擁有美好的事物，不幸的是，你獲得的美好事物既遠遠不足，又承受了太多的負面情緒，不知不覺中，這些未被滿足的需求就成了日後你生命裡的障礙。自尊低落、內心飽受痛苦的孩子，長大後便和眞實的自我切割，成爲一個企圖向外尋求滿足的人，將自我的認同和價值完全交由外在的人事物來決定，例如金錢、好工作、哈雷、進口車、人際關係、傲人的身材、是否夠格加入特殊社團，甚至成爲幫派份子。少了這些外在的東西，他們對自我的認同及自我價值便微乎其微，甚至於蕩然無存。我們經常看到社會新聞中，男女爲了另一半的離開而企圖自殺，這正是依附共存關係走到極端的一個例子。長期漠視眞實的自己，讓他們以爲伴侶離開後，自己便一無所有，只剩下難以忍受的空虛。

國際知名的「戒癮十二步驟」曾說，「依存關係」中的人，通常會以縱容其他酗酒或嗑藥者的形式來逃避自己的癮頭問題。這些依附共存者並不能協助他們的同伴解決困境，只會幫著撒謊，過著否認事實、隱瞞眞相的生活。這種以愛爲名的「依存式協助」，全是出自恐懼和依賴的心理。依附共存的人寧可維持著一段有害的關係，也不願坦然面對自己「應該劃清界線、正視問題」的恐懼。依附共存的人老早就學會了自己的需求並不重要，他們不懂得尊重自己，而且願意做任何事情來換取他人的喜愛及接納，極盡所能的，就是絕不能讓自己依附之人離開；爲了守住這個人，他們什麼事都做得出來。

依附共存呈現的另一種典型徵狀，就是自覺匱乏，進而需索無度，但是心中沒有一絲感激或寬容。在健全的相互依賴關係中，人們會知道什麼時候該接受、什麼時候該拒絕，懂得體貼和尊重彼此的需求，但活在依附共存關係的人很難體會到這些。

請試著認眞回想，在所有親密關係中，你是否注意並尊重了自己的需求？你老是爲了別人而犧牲自己想要的一切嗎（而且連理由都找好了）？你經常討好別人來博取他們的認同嗎？你會捍衛正義，並在必要時劃清界線嗎？你作決定時會用心考量他人的利益嗎？

當我們尚未進行內在療癒，重新成爲自己內在孩童的父母時，往往會尋找一個能爲我們做到這一點的伴侶，然而，這是行不通的。最常見到的是，我們也會吸引到一個內在孩童一樣受傷的伴侶，彼此都在尋找能夠成爲完美的父親或母親的對象，其結果，雙方的需求往往因爲互相牴觸而終至落空。

一旦你跟內在孩童及他的眞實感受產生了連結，你會發覺自己和眞我更加契合，跟人相處也更輕鬆自在了。你的內在孩童需要你！溫柔地對待自己，當你準備就緒，請讓你的內在孩童知道，他們擁有一位眞正的朋友。

與內在孩童相會

如今，你已成年，覺得自己都已經傷得這樣深了，要你對內在孩童付出他所渴求的愛、慈悲，給他安全感，眞是談何容易？說不定你根本瞧不起「他」，或是你對他怕得要命。假如你發現自己眞的無法面對「他」，不妨先在腦海裡召請一位智慧、慈悲的長者，或是內在靈性的象徵（上帝、耶穌、聖母瑪麗亞、天使、佛陀、觀音或阿拉，只要是合乎你內在孩童此刻所需的特質即可）。剛開始你也許感到有些彆扭，但請相信，這方法相當有用。只要你願意敞開自己，你會發現，想像出來的這些智慧和靈性「存有」，能夠喚醒你內在的力量，爲你打開平安、啓發和療癒之源。

現在，你已成年了，能夠「回到過去」，給那膽怯的內在孩童未曾擁有的尊重、愛、安全感和慰藉。這小小的一步，有時能讓人當下感到如釋重負，有時則需要付出更多的耐心，才能獲得內在孩童的信任，慢慢接近它始終不敢碰觸的痛苦，讓你有機會深入重重的感受——首先浮現的可能是恐懼，其次是憤怒，接著是悲傷和羞愧。

如果作完了本章的練習，你仍然無法觸及自己的內在孩童（可能是時機或地點不對，或因你不願嘗試，或者這種內在療癒的方式並不適合你），無論如何，都請記得感謝自己願意讀完並思考本章內容。單單只是思索這些概念，就足以增強你對自我的理解。

裘伊的分享

起初，我對「療癒內在孩童練習」充滿了懷疑，因爲我早就認定自己絕對無法和內在孩童連結。但是，當觀想的過程一開始，我卻立即回到過去，來到一段孤單難捱的時期。雖然我只能回溯到十三歲，不過能如此快速地回到那個年紀似乎是個不錯的開始。觀想時，我可以跟十三歲的自己對談，彷彿兩個廝混在一起的哥兒們。我們確實混在一塊兒，彼此作伴，我坐在內在孩童身邊，輕摟著他，聊著他的感受。他對我訴說了許多心事，我告訴他我可以體會他的感受，只要我做得到的，我一定卯足全力。他跟我提及過去他所作的決定從未得到認同，他多麼希望得到更多的支持。我回答他，從現在開始，只要他需要，我會永遠摟著他給他依靠。就在這一刻，我們彼此都覺得好過多了。

我持續和內在孩童保持接觸，我們的對談似乎愈來愈輕鬆。一開始，內在孩童和我像極了兩個陌生人，完全不知如何交談。不過，現在我們已相當了解彼此的感受，可以更輕鬆更自在地談心了。過去的緊張關係已經紓緩，現在我們只要其中一個人講話，另一個人幾乎可以把他尚未講完的話完整地說出來。我終於明白，真正打開心扉的內在孩童正在教導我，無需大動肝火，我也可以跟別人坦誠相對。我正在學習如何讓自己過得更好。

重新做你內在孩童的父母

想要重新當你內在孩童的父母，必須先與你內在健全的成人連結。但遺憾的是，就像多數人一樣，你根本沒見過一個真正健全的成人楷模。

暫停與思考

雖然你可能找不到一個健全的成人楷模，但請先靜下心來，試著想像一個身心健全且深富愛心的成人，她（他）會具備哪些特質？這些特質或許包含了耐心、幽默感、溫暖、非關男女情慾的愛、關懷、敏銳、保護、尊重、力量、情感的支持、風趣、仁慈、同理心、同情心、溫柔。

練習

療癒你的內在孩童

以下的觀想能幫助你療癒內在孩童，練習一開始，最重要的是放輕鬆。找個安妥的位置，輕鬆地閉上眼睛，接著做四五次平緩、深沉、放鬆的深呼吸。吐氣時，感覺自己全身都放鬆下來，感受生活裡的種種問題、需求、重擔全都從肩膀輕輕滑落。

倘若你很難放鬆，建議你直接翻到第九章，讀一讀有關如何放鬆的說明。請記住，放鬆是時時刻刻都需要練習的。

然後，想像自己受邀到一個讓你感到全然安全的地方，這個地方因人而異。它可能在戶外，讓你可以跟大自然接觸，或是小時候一個值得信賴的親友家裡，也可能是一間確實存在或你假想的教堂、廟宇，或是一處你自創的私密空間，裡面滿溢著你所渴求的舒適與安全。作這個練習時，觀想的安全空間可以每次都不同，當然也可以一成不變。

如果你有錄音機，你可以緩緩地唸出以下的冥想內容，錄完後再反覆聆聽。倘若你正在參加情緒療癒團體，不妨請諮商師或團體帶領者為大家朗讀這篇冥想文。假如沒法子錄音，也沒人能幫你唸，那就多讀幾次冥想文，然後閉上眼睛，讓自己放鬆，盡量回想記得的部分就好。或者你也可以閱讀三四行的內容之後，就閉起眼睛，盡量放鬆自己，任由自己融入內心世界。

這種療癒內在的練習難免會激發強烈的情緒。倘若實在無法一次便完成冥想，也要對自己溫柔點，只要讀過冥想文就行了。等到你覺得準備得更好，再來作這個練習，多給自己一些時間和空間進入那更深的情感層面。總之，做你覺得舒服的事就好。

你也可以先從近幾年開始回溯，而無需馬上回到早年的童年記憶。

這項療癒內在孩童的練習，是要讓你知道，現在有這麼一個人，可以讓你安心地分享你的痛苦與純真的感受。這個人就是你內在那個健全的成人。

開始冥想前，先找一個不受干擾的地方，舒服地坐下，放鬆身體，再做三四個深呼吸，全然釋放自己。吸氣時，想像自己吸進了柔軟安詳的能量；吐氣時，感受自己已不再緊繃，愈來愈放鬆……。接著，再一次吸進平安寧靜的能量，吐出所有的緊張與壓力。隨著每一次的呼吸，愈來愈放鬆愈自在。

現在，請觀想自己來到了想像中那個最安全的地方。那可以是你以前去過的地方，也可以是你在心中為自己準備的秘密花園。

觀想自己就在這個地方……，想像你的氣息經由心輪吸入再吐出（心輪是靠近心臟，位於胸腔中央的一個能量中心點）。每次吸氣時，觀想自己吸進了一道溫柔燦爛的光芒流通心輪。吸進這道光芒時，試著感受這寧靜的光輝在身體裡擴展，延伸；吐氣時，感受這光芒擴展到你所在的這個地方。當你繼續心輪的吐納時，敞開自己，感受那內在的溫柔與愛……，感受你內在深處的力量，感受那一股溫柔的能量，以及你個人內在的力量。不論發生什麼事，請記住，毋需批判，只要盡量敞開自己就好。

倘若你認為自己還無法給予內在孩童這份安全感，或就算有能力，但你覺得自己需要更多的愛與支持來幫你面對他，你不妨打開自己的意識和想像力，觀想一個充滿愛心的「象徵」陪伴著你。它也許代表你內在的更高力量、你敬重的心靈導師，或任何讓你感受到愛、慈悲、保護的對象；讓這個愛的象徵在你心中與你結合。

現在，請試著回想小時候覺得害怕、沒人愛你的一段時光，一段你想要得到安全感、慰藉，卻沒有人在身旁陪伴你的時光，把這段時光帶入你的意識中。你當時在哪裡？再次觀想那個地方，有其他人在場嗎？如果有，那個人是誰？看一看當時只是個孩子的自己，觀察一下那時你幾歲了？那時候你覺得世界看起來像什麼？

想像你正和這個膽怯的孩子在一起，觀想自己以溫柔的愛迎接他，讓已經成年且具備了知識、智慧和力量的你陪伴你的內在孩童，給他過去無法獲得的尊重、慰藉和安全感，他知道此時此刻他是被愛的，是安全的。

想像一下你和內在孩童是怎麼互動的，從他那兒找出一點線索，了解他的渴望和需求。也許，你的內在孩童僅僅需要一個擁抱，或是大哭一場，或者他需要肯定；他也許只是想放聲大叫，或是向你傾吐他的遭遇，或許他只想好好地玩一場。請打開你的心，以慈悲、智慧和全然的愛，回應他的需求，告訴他他真正想聽到的話，讓他知道你會保護他，他是安全的，讓他明白過去動盪不安的日子已經結束了，從現在開始，你會永遠陪伴他。

現在，想像自己看著內在孩童那閃耀著光芒的雙眼，讓他知道，他永遠值得被愛。

（到此，你想要結束，或持續更深入的冥想，都請信任你的直覺）

如果你的內在孩童想要跟你分享他的恐懼和痛苦，請靜靜地聽他訴說吧。無論他用什麼方式和你溝通，都請仔細聆聽他所經驗過的種種，那些真實的感受和痛苦的回憶……。

安慰他吧！以溫柔、耐心和真誠的愛安慰他，讓他知道你會永遠與他同在。當內在孩童因為你的陪伴而漸漸放鬆，漸漸感受到溫暖與安全時，記得再觀察他的反應。

現在，觀想你送給內在孩童一件特別的禮物，好讓他記得你的愛與關懷。這份禮物可能是一隻晚上可以抱著入睡的玩具動物，一條用來擦乾眼淚的魔術手帕，一個供他發洩的出氣袋，任何東西都好，即使那禮物超乎你意料之外。看著他接到禮物時開心的模樣，繼續想像內在孩童也回送你一件禮物，感受一下你們此刻的連結，一種建立在愛與寬恕的連結。

再次看著內在孩童的雙眼，讓他知道，在他成為強壯而閃耀光芒的成人之前，你會一直陪伴他。答應自己，也承諾內在孩童你會花時間陪他，無條件地愛他。和他一起計畫你們每天共享的時刻，即便只有短暫的幾分鐘。現在，想像內在孩童愈來愈小，小到可以擺進你心裡，小到你們可以合而為一。現在，請停留片刻，回想你們之間全新的連結。請記得，此刻在你心裡的內在孩童是安全無虞的。

只要你從容做到這些，你可以隨時結束觀想。如果想多停留一會兒，或者繼續觀想，任由你自己決定。

你若願意，除了這個冥想，每天還可以再多花些時間放鬆自己，繼續跟那個充滿知識、智慧和力量的成年之我對話。把這些智慧與力量和內在孩童分享，彌補他所缺乏的尊重、安慰和安全感。哪怕只有短短幾分鐘，你也要撥出時間，用心傾聽，用心滋養。

寫信給你的內在孩童

不論是實際進行觀想，或只是用回想的方式，完成之後都一定要花些時間寫封信給你的內在孩童，和他分享你的看法。

湯姆的告白

親愛的內在孩童：

我一直以爲自己的童年過得挺好！爲了知道一些和我們過去有關的線索，於是我接觸了你。相處一段時日後，你開始告訴我小時候你受過的創傷，那些經歷讓我非常驚訝。請原諒我遺忘了這些往事，我把它們藏在內心深處很多很多年，因爲我只想記住美好的事物。你告訴我，當你還很小的時候，有一次你感冒，咳得很兇，媽媽把你抱到沒有暖氣的客房，放到搖籃裡，隨後就關上門，把你獨自留在那兒，如此，她才能一夜好眠。你的心好痛，噢！好痛。你又哭、又鬧，大叫著說：「不要走，不要把我一個人丟在這裡，我好害怕！」

接著你又告訴我，有一次你的表哥羅素用力推了你一把，害你撞到一個正燒得滾燙的垃圾桶，可是，當你跑上樓去找媽媽時，正在吃晚餐的她看都不看你一眼，繼續埋頭吃飯。然後，你又跟我說，有一次你溜鞦韆弄傷了脖子，那次，你不敢直接跑上樓找媽媽，給她看你的傷口，反而在鄰居的門口坐了一個多小時，直到鼓足了勇氣，才上樓告訴媽媽事情發生的經過。這麼多年了，我一點兒也不知道這些事情仍舊困擾著你，我甚至不記得曾經發生過這些事。

不過，從現在開始，這一切都會變得不一樣了。從現在起，我會當你的媽媽。當你哭泣時，我會跑進那冷冰冰的房間緊緊擁抱你，跟你說：「媽媽來了！媽媽在這裡。」你再也不會感到寒冷、孤單，再也不需要哭泣了，因爲我會永遠愛你，我不會讓這樣的事情重演。當你摀著肚皮那燙傷的傷口來找我時，我會擱下食物，把你擁到懷裡撫慰你。我不會責怪你貪玩受傷，飯回頭再吃就好，這一刻，沒有任何事情比你更重要。我會一再地告訴你，我有多麼愛你，知道你受了傷，我有多難過。

當我望著窗外，卻看不到你在後院時，我會馬上出去找你。發現你坐在隔壁鄰居的門口，我會輕聲問你到底發生了什麼事讓你這樣難過？當你跟我說，你很害怕上樓告訴我發生什麼事時，我會跟你說不必害怕，脖子受傷並不是你的錯，然後，我會把你再次擁入懷裡，告訴你我有多麼愛你。

你再也不用害怕了，因爲我就在這裡，我完全感受到你的痛苦。我會減輕你的痛苦、安慰你。我會經常擁抱、親吻你，每天告訴你我有多麼愛你，你對我有多麼

重要，沒有你我活不下去。現在，我會在這裡保護你，不再讓你受到任何傷害，你再也不孤單了。

致上全心全意的愛

湯姆

湯姆對自己內在孩童的看法

過去幾天，「我們倆」都非常忙碌。我找回了一個從沒好好認識過的朋友——我自己。剛開始，我根本不認爲有「內在孩童」這種東西，不過，等我意識到「他」的確存在時，我才明白他一直就在那裡，只不過是我忽略了他。他有很多話想訴說，我也專心地聆聽。他比我想像的更有智慧。現在我已經夠成熟了，我可以作他想要成爲的那種人。自從我們比較熟悉後，我注意到了一件很有趣的事，我發現以前每當我在收音機裡聽到情歌時，我就會轉台，那是因爲我的生命裡根本沒有讓我覺得特別的人，那些情歌充其量只會帶來悲傷、悔恨。我有過兩次失敗的婚姻，我的內在孩童盡了最大的努力，讓我理解爲什麼這樣的悲劇會一再發生。他帶我回到過去，讓我看見了自己小時候未曾得到媽媽的關愛，於是，我試著拿這種情形和我成年後的人際關係做比較。

最明顯的例子，就是我和我第二任太太之間所發生的事。我的膝蓋在手術後發生嚴重感染，疼痛萬分。醫生告訴我，那感染幾乎要了我的命，沒想到感染竟會突然好轉。我總共住院二十一天，我太太只來醫院看過我兩次！她的理由是她不想請褓母，所以必須留在家裡照顧孩子。從此之後，我們的關係急轉直下。我太太的作爲就如同小時候我媽把我丟在那個冷冰冰的房間裡，不管我的死活，只要我不煩她就好。

再回過頭來談情歌這件事。當我今天又聽見那些情歌時，我把它唱給我的內在孩童聽，他也唱給我聽，頓時，我感受到愛在我們之間流動。我的生命裡確實有個非常非常特別的人存在，那是個我能夠去愛，而他也愛我的人。我彷彿走入嶄新的生活，沒錯，全新的生活就此開始。

安迪的告白

親愛的內在孩童：

我大半輩子都在躲你。每當你想要表達自己的時候，我就喝酒，要不然就嗑藥，好把你關在外頭，故意忽視你，如此一來，你就是出現了，我也不會感到恐懼、憤怒或羞愧。我用喝酒或嗑藥來麻痺自己、擺脫你，但這樣做卻只是讓我一再觸犯法律，惹來一身麻煩；我想從女人堆裡索求關愛和安定感好逃避你，卻一點效果也沒有。看來我根本是不斷在傷害自己。潛意識裡，我一直知道你的存在，只是我並不清楚自己在躲避你。現在，我得爲自己的行爲負責了，我明白自己必須好好面對你。我想幫助你，也想更了解你，如此我們才能同心協力，共同解決我們所面臨的情感問題，讓我們合而爲一，一起拓展我們的生活吧！

跟你的內在孩童對話

另一個和內在孩童互動的練習是用「雙手」寫下你和內在孩童的對話。用你慣用的那隻手（也就是你經常用來寫字的那隻手）記錄的是成人的你；用另一隻手書寫的則代表你的內在孩童。用非慣用的手寫字一定會感到笨拙，但是你不妨試試看，那可以幫助你連結「無意識」，而那個部分是你在使用慣用的手書寫時難以碰觸的。開始和內在孩童對話時，你可以先告訴他你很想認識他，如此你才能把他照顧得更好。先請問他叫什麼名字，想不想說說關於他自己的事，比方他的年紀、感覺、喜歡或討厭的東西、想從你這裡得到什麼，以及你該如何支持他……等等。

你的內在孩童與你自己的小孩

有些人就算從未獲得父母的愛，依舊能以愛來支持自己的孩子，不過這應該是少數的例外，大多數未曾享受過父母關愛的人，往往也不懂得如何對孩子表達眞正的情感。以還沒戒毒的人爲例，即使口口聲聲說多愛孩子、只爲子女著想，但只要癮頭一發作，孩子就被拋到腦後了。

最令我驚訝的是，當人們開始進行療癒內在孩童的練習，嘗試陪伴他們的內在孩童之後，竟然也開始懂得陪伴及支持自己的孩子，甚至一些早已和孩子斷絕關係多年的人，不可思議地，也開始主動付出愛與關懷。

麥克就是其中一個例子。麥克十歲時，母親把他交給俄亥俄州的少年觀護所監管。雖然她的經濟狀況並不錯，但她不希望麥克干擾到她的生活，她從未到觀護所探望過麥克，她徹

底遺棄了他。十八歲時，麥克離開了觀護所，他找了份工作，結了婚，生了一個孩子。

麥克在女兒十歲時離開了太太，也拋棄了孩子——他是在拿自己十歲時的遭遇來對待女兒。現在，他女兒就快滿十九歲了，麥克必須等到自己懂得如何陪伴並支持他的內在孩童後，才能成熟地和女兒相處。自從他能坦然面對內在孩童的憤怒之後（而不像往常一樣保持沉默），他才感到自己有足夠的力量和勇氣接受女兒的憤怒，而不再一味替自己辯解。當他開始耐心去做自我療癒的功課時，他對女兒的耐心也增強了，他進而投入好幾個月，甚至是好幾年的時光，終於掙回了女兒對他的信任。他必須先照顧好自己的內在孩童，他才可能成爲他女兒所需要的父親。

有些人並沒有參與「療癒內在孩童練習」的經驗，但他們願意用愛心、耐心和同理心來對待孩子，或一些需要成人關愛和陪伴的兒童。透過這種方式，他們自然而然地展開了治癒內在孩童傷痛的歷程，療癒自己的內在孩童，同時也成爲慈愛的父母。

如果你是一位癮君子，你耽溺在癮頭的那一刻，等於遺棄了眞我，同時遺棄了你的內在孩童以及你關心的每一個人。你其實是在用別人對待你的態度對待自己。

請以慈悲而溫暖的心陪伴你的內在孩童，也陪伴那些塵封多年的情緒，這一刻終止了你過去缺乏愛的惡性循環，這一刻成了你新的起點。在這新的覺知下，你不再遺棄自己，不再重演你的親友對你的遺棄，重新以慈悲、耐心、溫柔和尊重接納自己。你會由此得到釋放而尋回眞正的力量！

朗恩的分享

過去的經驗告訴我，我一無是處，而且這輩子根本不可能變好。那些記憶痛苦得讓人不願回想。但至少現在我能夠接受「應當對自己慈悲」的想法，也能接受我內在有個被忽略的、渴望愛的內在孩童的想法。

因爲參加了療癒工作坊，我已開始看見自己和他人內在的美，儘管我眼中的新世界還不那麼鮮明，但對我而言，這個發現比我目前或未來可能擁有的一切意義更大。過去，我所見到的一切盡是黑暗，現在，我已經能夠看見自己和他人內在的光明了。

5 憤怒與怨恨：力量的迷思

要是在童年或青春期，有人願意用愛心來指引我們，教我們如何妥善處理自己的憤怒，相信這個世界便不會有這麼多受刑人，也不需要蓋這麼多監獄。

憤怒本身並沒有錯，這種情緒人人都有。憤怒有時還能激發正面的功效，提醒我們周遭發生了危險或不義之事，並在必要時爲自己或他人挺身而出。然而，我們經常在無需發怒的情況下大動肝火，而且往往抓著怒氣不放，不讓它即時退場。

我們都知道，憤怒是一種具有爆炸性的情緒。當我們滿腔怒火卻又不知如何妥善處理時，通常會採用三種方式應對。第一種是發洩，化憤怒爲攻擊、侵犯、諷刺，更極端的則是暴怒、惡罵、操控他人。第二種是壓抑，憤怒內化成沮喪消沉、欲振乏力、自我虐待，或自

我憎惡。最後，憤怒也常會化身爲「消極的攻擊」，例如時而熱情時而冷漠、固執己見、毫不妥協、習慣性的遲到、疏忽或健忘；又如勾起伴侶的性慾，火速滿足自己的慾望後便不再溫存，切斷情感的交流。這類行爲模式好似痛賞自己和對方一個耳光，它只是把某種隱藏的憤怒嫁禍於眼前的人事物而已。

外在事件觸發的憤怒

緊接著，我們來看看一些可能惹你生氣的情形，以及你會如何回應。

例如：排隊時，有人硬要插到你前面；打籃球時，有人莫名其妙地威脅、推擠你；獄規因爲一個可笑的理由而改變，縮短了放風時間；答應爲你攜帶東西的親友因爲太忙，已經第三次把這事給忘了。很顯然地，外在世界總會發生一些既非你所願、更非你挑起的事情，動不動就惹火你，而且往往讓你火冒三丈。其實，只要你仍需和他人互動（監獄裡的互動更容易擦槍走火），這類情形原本就是在所難免的。

無論是生悶氣或勃然大怒，還是誓不低頭、抗爭到底，你的憤怒反應都跟你自己「情緒引線」的長短有關。你越懂得回歸自己的存在核心，情緒引線就能拉得越長，如此，你才有機會看清眼前的狀況，例如史蒂夫又在耍「惡棍」的老把戲了、貝絲又在上演她的「控制戲碼」了。

看清正在上演的事件，並不表示你絲毫不會動怒。而是你不再一觸即發，同時能清醒地看見自己可以有不同的選擇：你想跟他們繼續耗下去嗎？你想在不捲入是非的情況下指責那挑起事端的罪魁禍首嗎？你想打架嗎？你可能被關禁閉，平白損失一段快樂時光，或失去三小時後跟孩子會面的機會，你値得冒這種險嗎？你想離開現場，還是放下憤怒，繼續打球？你和眞我的連結越強，情緒引線就越長，也越能作出妥當而不後悔的抉擇。

本書的第八、九、十章，講述了重新詮釋、放鬆和冥想的方法，這些寶貴的方法多少可以延長，甚至大幅增加你情緒引線的長度。

未抒發的憤怒

當你讀到「發怒前，可以選擇退一步想想看」之時，你可能覺得這是說給別人聽的，對你而言根本不切實際，甚至荒唐可笑。此刻回想起那些惹你生氣的事情，你眼中也許只有熊熊怒火，根本就看不到什麼其他選擇。

動不動就發怒的人往往認爲自己只是針對眼前的事件而生氣，其實不然，他更可能是在傾洩壓抑多年，甚至是這輩子以來都未曾釋放過的某個傷害、憤怒或悲傷。

倘若你是在酗酒、對你不顧死活或動輒打罵的問題家庭長大的，只要昔日的傷害和憤怒未曾妥善處理，舊有的憤怒情緒就會反覆上演。要知道，充滿爭鬥和沮喪的成長環境，必然會造就出這樣的結果。

一觸即發又難以控制的爆烈性憤怒，很少只是針對眼前事件的反應。想一想，你是否曾遇到過類似情形：有人只罵了你一句，你卻立刻暴跳如雷？這種反應很可能源自內在鬱積已久的憤怒。打個比方，你父親曾摑你耳光，用皮帶抽你、羞辱你，你卻毫無招架之力，只能默默忍受。如今只要一被冤枉或鄙視，往日無法向父親表達的憤怒就會再度浮現。或許你完全意識不到這一點，但只要過去的事情還隱隱牽累著你，此刻責備你的人就活該遭殃。壓抑的怒氣就像一個引線很短的炸彈，極易被點燃、引爆。但如果內在的憤怒尚未沸騰，你可能會生氣，但不至於反應過度，也比較容易放下。

成長過程中，他人如何對待你，以及你從他人身上學到處理憤怒的方式，都深深影響你現在對憤怒的反應。

暫停與思考

花點時間思考下列每一個問題（願意的話，你可以寫下來）：

*你的母親如何表達她的憤怒？她生氣時如何反應？

*你的父親如何表達他的憤怒？他生氣時如何反應？

*你生命中其他重要的成人（祖父母、叔伯阿姨、老師及其他兄弟姊妹），生氣時如何反應？

*你處理憤怒的方式，跟他們相似嗎？

*小時候，父母如何管教你？如何懲罰你？

*你曾經感受到死亡的威脅嗎？

*幼年及青少年時期，你如何表達憤怒呢？生氣時，你都做些什麼？

*他人如何回應你的憤怒？他們關心你的感受嗎？他們會安慰你嗎？還是會打你、排斥你、羞辱你呢？

*你曾經隱約感到父親會殺害或痛毆母親嗎？你有罪惡感嗎？你如何應付這種情形呢？

*父母是否以他們覺得安全的方式表達憤怒呢？
*你覺得自己內心裡埋藏了許多憤怒嗎？
*生氣時，你都做些什麼？
*你生氣時所做的事情都能妥善解決問題嗎？還是引發了更多的問題？
*你是否緊抓著憤怒久久都不願放下呢？
*現在你對過去所受的傷害感覺如何呢？

這些問題或許不容易回答，你在答覆時很可能激起內心的反彈。此刻，請盡量誠實地面對自己，諒解而不批判地觀察自己的反應。誠實面對自身的感受，能幫你從過去的負面經驗解脫，獲得自由；你一旦察覺背後牽制你的情緒，你就不會下意識地反彈了，就是那些你意識不到的情緒破壞了你內在平安與眞實的力量。

赫特的告白

在我成長過程中，父母教我不要憤怒。任何時候，只要一有生氣的苗頭，我一定挨揍。所以我很識相地把憤怒壓抑在心裡，從不談論它。爲了發洩憤怒，我暗地裡詛咒父母，有時候也把怒氣發在我兄弟或表兄弟身上。長大後，一遇到困難便逃之夭夭，跟所有人保持距離，經常藉由嗑藥緩和心中的憤怒。

憤怒下面的感受

事實上，憤怒只是一種表層情緒。說它表層，並不表示它不重要或毫無意義。我的意思是，憤怒不過是冰山一角。很多時候，我們把所有精力都集中在憤怒上，卻不知道憤怒之下同時也湧動著許多其他的感受。由於憤怒通常是聲音最大、消耗最多能量的情緒，經常會吸引我們（以及其他人）全部的注意力。

暫停與思考

暫停幾分鐘，回想一次生氣的經歷，盡量回到當時的情景和感受。倘若你現在正在生氣，請暫停片刻，覺察自己此刻的感受。

深呼吸，進入更深層的內在，看看憤怒底下還藏有哪些感受？你感到害怕、傷心、不安、無助、無力、受傷或被遺棄嗎？你有過期望和夢想無法實現的失落感嗎？

現在，讓我們進入更深層的內在，在恐懼、失望或悲傷的下面，你是否渴望某個人真心聆聽或關注你呢？你是否有意無意地呼求尊重、認可、安全感、關懷和愛呢？

一旦迷失在怒火中，你就再也聽不到內心深層的感受了。治療憤怒需要從傾聽開始，開啓心扉去探觸更深的想法和感受。唯有如此，才能在怒火爆發之前找出憤怒的眞正根源。大多時候，我們在發怒之前已經先害怕、傷心或痛苦得難以忍受了。

下次發怒時，看看自己是否能察覺憤怒來臨前潛藏在盛怒底下的感受。如果生氣的當下你無法煞車，那就事後再回想當時的體驗。你也可以嘗試「暫停與思考」的練習。如果能夠以尊重（而非貶抑）的態度面對這些感受，你可以因而更誠實地應對這些情況，讓自己不再重蹈覆轍。

若干時候，憤怒可能是事發之初最安全的回應方式，但你若就此久久停頓在憤怒裡頭，便看不清事情的眞相。我們需要好好抽絲剝繭，試著釐清強烈情緒背後的原因。反之，任由自己完全陷入憤怒或其他強烈的情緒裡，我們便無法清晰地思考與判斷。

未經化解的憤怒經常會悄悄潛入內在，化身爲不斷浮現的綿綿哀怨；怨恨是一種令人生氣的事件早已結束卻仍陰魂不散的不滿或憎惡，這種感覺可以頑強到你氣憤的對象死後仍然餘火不滅。你會對好幾個月，甚至好幾年前發生過的事件耿耿於懷、憤恨不已；更糟的是，你甚至會怨恨自己在想像中揑造的、從未發生過的事。怨恨就像手握火把，想要丟向他人，最後卻燒到自己。

擁抱自己的憤怒

許多人並不害怕發怒，相反地，他們習慣將憤怒表達得淋漓盡致，成爲不折不扣的「憤怒上癮者」，他們毫不尊重他人，不合時宜地大發雷霆。然而，也有一些人雖然懷有極大的憤怒，自己卻渾然不覺；即使他們知道自己有怒氣，也會硬生生地壓在心頭。可以說，爲了恢復健康的心理狀態，「憤怒壓抑者」所需處理的憤怒一點也不比「憤怒上癮者」少。

如果你很少生氣，可能是因爲：

(1) 兒時，你就學會了不生氣，因爲你的成長環境不允許生氣。爲了保護自己，你只好忍氣吞聲；

(2) 憤怒嚴重破壞了你的家庭，它挾帶的巨大創痛讓你（也許是潛意識裡）對自己發誓，以後絕對不能生氣；

(3) 你根本沒見過健康地表達憤怒的榜樣。

所以，你首先要做的是，允許自己感受那些曾被壓抑和否定的憤怒，而在釋放憤怒和痛苦之前，你必須要學會毫不批判地面對它們。

如果你心頭明明有憤怒，卻不願坦誠面對，你是無法穿越它的。但這並不表示你現在就該生氣，痛快地藉機「洩憤」一番；也不是鼓勵你馬上去找傷害你或對你不公的人算帳；除非你覺得這是應該而合理的反應。我要說的是，我們必須給予長久以來被噤語的憤怒或痛苦一個發聲的機會。它需要被傾聽，需要一位可靠的見證人。這位見證人可以是諮商師、牧師、一位好朋友，或是你的眞我。倘若你能與神明或其他更高層次的力量連結，也是很好的選擇。

相較於憤怒，有些人更容易感到悲傷、沮喪和麻木。如果你正是這一類型，可能是因爲從來沒有一個信賴的人願意傾聽你的感受，所以不得不將自己的情緒強壓下去。或者過去你憤怒時，曾經招來父母或其他大人更大的憤怒。憤怒會勾起恐懼、痛苦的記憶，爲了逃避痛苦，很多人用藥物「治療」憤怒，他們抽大麻、酗酒、吸毒，試圖讓自己好過一點。問題是，一旦你這麼做，憤怒和痛苦並未獲得認眞的傾聽，因此它們根本不會消失。就和刻意壓抑一樣，在藥物的暫時麻痹之後，它們往往會轉化爲消沉、沮喪或歇斯底里的怒火反撲回來，最終傷害的是我們自己、關心我們的人，甚至還波及素不相識的人。

去感受憤怒，可以給你力量保護自己，保護那個過去無法自保的內在孩童。如果你以前習慣了壓抑自己的眞實感受，現在的你去好好感受憤怒，可以幫你找回保護自己的勇氣和力

量。因爲你終於知道了，必要時你絕對有權利憤怒，有權利維護自身權益。那些生長在受虐關係的人往往不懂得憤怒，也不知道如何維護自身權益。假如你童年曾遭受身體或性虐待，如今的你，想要找回身體的主權、維護個人的權利和界線，就必須先學會感受憤怒。

請記住，只有先去感受憤怒，而後才能健康地化解它。

釋放憤怒

有些人之所以無法直接面對憤怒，是害怕會像其他人一樣失控。他們感受得到內在強烈的憤怒，卻唯恐一去觸碰便會毀掉整個世界，因此他們緊緊鎖住憤怒的閥門。然而，這種憤怒其實積聚了巨大的能量，剛開始，刻意忽略或壓抑也許還能夠奏效，但維持不了多久就不管用了。如果你有滿腔的怒火，一定要用各種健康穩當的方法來疏導這股能量。

現在就爲你介紹抒發憤怒的幾種方法。首先是「運動釋放法」，例如跑步、舉重。倘若你有拳擊沙包，用力捶打它。任何形式的運動，只要能消耗大量能量，比如練習短柄牆球或籃球等，都是釋放怒氣的絕佳途徑。假如活動空間有限，你也可以做仰臥起坐、伏地挺身，甚至只是拿著一條毛巾，使勁地擰。

另外，你可以一邊跑步、舉重、擊打沙包或擰毛巾，一邊不停地說「我很生氣，我很生氣」，如此重複三到四分鐘。當你這麼做時，千萬記得不要落入讓你生氣的事件經過，也不要說「我很氣某某人」，你只需不斷重複「我很生氣」就好。承認你的憤怒，然後把這股能量釋放出去。

第二，寫出你的憤怒，給它一個發言的機會。寫下所有讓你惱火的事情，一直不停地寫，直到你所有的感受和想法全都呈現在紙上爲止。

第三，找一個值得信賴的人談談你的憤怒。跟一個讓你放心、毫不批判地聆聽你的人分享你眞正的感受。

總之，你可以用安全、不會傷人傷己的方式釋放這股能量。

光是處理某些憤怒就可能花上你幾天、幾個星期，甚至好幾個月的時間。當你邁出這重要的一步時，請對自己溫柔一些，尊重自己的需求。此外，處理憤怒的同時還需要深入覺察，這樣才不會落入憤怒的陷阱。沒錯，當我們心懷怒氣時，唯有先感受它，才能釋放它，但這絕不意味著應該沉溺於憤怒，或必須用憤怒跟人劃清界線。要知道，感受憤怒能讓你獲得療癒的力量，而沉溺憤怒只會削弱你的力量，阻礙你的療癒。

緊抓著憤怒不放，你得到了什麼？

很多人其實並不想處理自己的憤怒或怨恨，因爲他們還不想放棄憤怒或怨恨帶給自己的優勢及好處，例如：我們常利用憤怒來控制別人，憤怒時所釋放的高能量與激增的腎上腺素也會讓我們感到有力。即使我們心中也有幾分衝動想釋放憤怒，或者多少也明白如果能放下憤怒，自己心裡會好過得多，然而，只要怒火沒有發出，我們便感受不到力量，無法掌控現況。我們也可能不知如何心平氣和地堅持自己的立場、表明自己的見解；如此一來，憤怒在我們心中仍然是最穩當的靠山或防衛手段。大抵而言，怒氣至少讓我們感到安全，在尚未找到更好的回應方式以前，我們免不了還會反覆使用憤怒這個「法寶」。

暫停與思考

反省一下，你是否曾經用下列的方式，利用憤怒和怨恨來達到某些目的？

＊你是否為了可以讓自己感覺更有力量、更能掌控一切而發洩怒氣呢？

憤怒可能是你自我保護的工具。如果你從小就被虐待、被戲弄，發脾氣可能成了你保持力量的唯一辦法。當獄中有人恐嚇或試探你時，確實有必要藉著憤怒展現力量；這種時候的憤怒，的確可以表達你正在保護自己，堅定立場。也有些時候，你覺得憤怒是對方唯一能理解的語言，毫無疑問地，這種時候你有理由表達「義怒」。

不過，更常見的情況是，我們之所以使出「憤怒」的招數，純粹是因爲我們尙未學會和眞實的自己站在同一陣線，看不清事態背後的眞正原因，不敢有話直說，也不曉得如何從愈演愈烈的小我戰局中脫身。我前面說了，在你學習本書的功課以前，憤怒也許是你最熟悉的一種展現權力、力量、決心或個人尊嚴的最佳方式，更何況這個招數對你而言，截至目前爲止，還頗爲見效的。

實際上，憤怒與怨恨往往只是一副面具，想要遮掩隱藏在後面的恐懼、無助、失望和不安；大部分的人只是借用憤怒與怨恨來壯大聲勢，充當自己眞正的力量。

隨著你的心智逐漸清明，覺察能力越加敏銳，雖然你依舊會發脾氣，但你也開始發現自己其實無需動怒，你的「眞我」本身就有「威武不能屈」的力量。

火冒三丈之際，請對自己溫柔一些。等到情緒平穩之後，再回頭思索可以從中

學到什麼。假設再有類似情況發生，你會選擇哪些不同的因應方式呢？有沒有辦法讓你不必動怒就能維護自己的權利？

＊你是否把憤怒當作完成任務的原動力呢？

有些人認爲不動怒就無法捍衛自己的權益，或無法達成社會或政治的某些改革。顯然，憤怒不僅能夠，往往也確實是推動改革的積極力量之一。當一個人必須跳脫受虐關係、捍衛自己的需求時，憤怒可能正是他的原動力。同理，正因爲受刑人遭受到不人道待遇，群體憤而抵抗，監獄才得以完成許多改革。「反對酒後駕車母親協會」〔譯註〕便是由一位憤怒的母親所發起的，這位母親對她孩子的意外死亡感到異常憤怒，認爲自己必須做點什麼來杜絕相同的事再度發生。其他諸如兒童勞動法、爭取投票權，以及許多正面的社會變革得以實現，多半源於人們對違反公理正義之事的憤慨之情。

然而，憤怒絕非推動改革的唯一或主要動力。如果我們能夠跟自己的眞實本質同在，光是憑著我們的同理心，以及與生俱來的公平正義感，我們就能滿懷熱情而

譯註　全名是 Mothers Against Drunk Driving, MADD，這個協會透過媒體與教育的宣導，督促駕駛人終止酒駕行為，提供酒駕車禍受害者訴訟方面的協助，並致力減少未成年人的飲酒問題。

且信心十足地採取行動了。倘若把憤怒當作推動變革的主要動力，必然會同時激起我們對改變的恐懼和排斥。最後，我們不但沒有善用憤怒，而且還經常被它利用了。

＊你是否利用憤怒控制他人呢？

很明顯地，我們可以利用敵意、爭鬥和憤怒，使他人感到害怕或內疚，從而控制和操弄他們。一旦如此，你必須付出更高的代價才能得到那些「好處」。相較於受到控制的人們而言，運用這種手法的人不過是把自己的價值貶得更低，力量削得更弱。這種方法帶來的只是力量膨脹的幻覺而已。唯有感到失控或無力的人（就算表面看來並非如此），才會使用這種手段。

倘若你習慣用憤怒控制他人，首先一定要承認這個事實，但也請勿因此自責。回顧你的生命歷程，回想自己曾經被威脅、受憤怒控制的日子，試著和當時的感受連結，具體地回想當時的實況。然後，做一個深呼吸，進入你的內在，看看目前的人際關係中，是否有更好的途徑可以讓你如實地表達自己，而無需再用憤怒去操控他人。

＊你利用憤怒逃避溝通嗎？

如果你不敢與人坦誠相對，害怕真誠交流可能帶來的後果，你很可能會利用憤怒來逃避真相。憤怒可以拉開人跟人之間的距離，而且比起親密關係和真誠溝通，它常常讓人感到「更安全」。想想那些讓你生氣的人，深思一下，如果坦誠面對自己和面對別人，究竟會有什麼風險呢？

假如你對某人始終心懷怨憤，你們之間是不可能坦誠以對的，雙方都缺乏一種安全感去觸碰或說出冰山一角下的感受。因此，你不一定非得面對一段其實已經結束的關係（就算這段關係表面上還維持著），也不必非得挖出自己的怨憤。你只要想想那個讓你怨憤的人，然後進入心靈深處，深深體會一下你對這個人的所有想法和感受。再想一想，如果你跟他講出自己的真實想法和感受，情況會怎樣呢？你若覺得可以一試，不妨找個機會跟他說吧！

＊你是否利用憤怒尋求安全感來保護自己呢？

當你將怒氣擲向他人時，通常對方會閃開。年少時，藉著憤怒保護自己也許是一個必要也頗具創意的方法。假如你正面臨極度的威脅，憤怒肯定是合理，甚至是必要的反應。我要再次說明，如果憤怒是唯一可以讓對方有所反應的溝通方式，你就必須表達憤怒。但是，對成年人而言，多數情況下，大可不必藉由挑起怒火來劃清界線。首先你必須清楚自己可以接受什麼、不能接受什麼，然後你才能學習對那些剝奪或操控你的人設定界線。如果你曾經被人操縱，就有必要學習有效地維護自己的權益。

＊你是否利用憤怒辯稱你是「對」的？

看到這個問題時，你可能正在想：「我明明是對的，他是錯的。你最好相信這一點！」釋放憤怒並非要你在此時此刻證明你是對的或他是錯的，而是要學會看出「還有另一種看待世界的方式」。你只需如實地承認事實眞相即可。歸根究柢，如果一個人錯了，他就錯了，你無需刻意以憤怒或痛苦來證明。

＊你是否利用憤怒讓他人內疚呢？

怒火中燒時，你可能忍不住想懲罰惹你生氣的人；而藉著憤怒來加深他們的罪惡感，似乎可以讓你達到目的。然而，這種手段也會帶來問題，因爲如此一來，我們可能在不知不覺當中也同時加深了自己的內疚和痛苦。

＊你用憤怒遮掩深藏其下的感受嗎？

前面提過，感受憤怒比感受潛藏於它下面的恐懼或悲傷要容易得多。如果我們已經習慣了否認自己的感受，現在要你承認憤怒下面其實另有其他的感覺，可能令你萬分痛苦；然而，也只有穿越痛苦，才能眞正獲得解脫與平安。

當然，如果碰到十分極端的情況，譬如說，一個人長期遭受不公平的待遇或嚴重的人身攻擊，也許是被強暴，也許是親人慘遭謀殺……。這種情況，除非當事人已經獲得更大的自主權，並有充裕的時間與空間進行療癒，否則，仍然可以藉由憤怒幫助自己避免陷入更深的絕望和沮喪。

＊你利用憤怒來守住一段特殊關係嗎？

只要你還死抓著憤怒不放，你就跟惹惱你的人繼續保持著這份關係。要明白，憤怒是一種承諾，怨恨也一樣。如果你還在生氣，問問自己，這眞的是你想做的承諾嗎？人們離婚多半是爲了離開配偶，然而，只要他們依舊心存怨懟，就仍然被自己所怨的人束縛著。

在多數人的感覺裡，緊守著怨恨會比放掉它更安全，因爲釋放之後的孤寂或恐慌之感似乎更令人難以忍受。對大部分受刑人而言，這種感受特別眞切，因爲受刑人在獄中跟異性建立新關係的機會微乎其微，故也更容易緊抓著對過去伴侶的怨懟之感。然而，心懷怨恨的人彷彿拿著一副手銬，一邊銬住自己，另一邊銬住你所怨的人。其實，鎖住他人的同時，你自己也被鎖住了。

＊你怨恨不已，是因為不想為生活中發生的事情及自己的感受負責嗎？

也許這是緊守怨恨的最大好處。只要心懷怨恨，我們便能拿自己的不幸責怪他人，宣稱「一切都是他們的錯」。這並不表示他人就沒有過失，也不表示他們不會影響我們的快樂或痛苦，但就算我們的確是受害的一方，最終還是必須對自己的感受負責。耽溺在周而復始的怨恨之中，無異於放棄了自我作主，故而也無從找回內在的平安。

慣性的憤怒只會轉移注意力，讓我們無法認清：不管我們與惹怒我們的人現在的關係究竟如何，只要我們還抓著當初的憤怒不放，就必須作出選擇，到底是繼續沉溺在憤怒之中，還是就此放手，展開新的生活？

＊想一想惹你生氣或怨恨的情境或人物。停下來問問自己：「我到底從緊抓著憤怒或怨恨中得到了什麼？」然後，請完成下列的句子：

緊抓著憤怒，我所得到的是＿＿＿＿＿＿＿＿＿＿＿＿。

緊抓著憤怒，我所得到的是＿＿＿＿＿＿＿＿。

緊抓著憤怒，我還得到了＿＿＿＿＿＿＿＿。

緊抓著怨恨，我得到的是＿＿＿＿＿＿＿＿。

緊抓著怨恨，我還得到了＿＿＿＿＿＿＿＿。

緊抓著憤怒，我放棄了＿＿＿＿＿＿＿＿。

緊抓著憤怒，我還放棄了＿＿＿＿＿＿＿。

緊抓著憤怒，我另外還放棄了＿＿＿＿＿＿。

緊抓著憤怒不放，看似有所得，其實失去更多，你放棄了快樂、平安和自由。最重要的是，你放棄了愛。也許你會覺得我說的這套方法在監獄裡根本行不通，就算出了監獄也一樣不管用。要知道，這種想法只是小我之聲以及一般人的見解在左右你罷了。這些負面聲音不停地聒噪，想要吸引你的注意。然而，只要你下定決心，願意認識自己投射出的次人格，誠實面對內在眞正的感受，靜靜地聆聽眞我之音，你一定會發現，平安、自由和愛時時刻刻與我們同在。

請回顧一下

1. 憤怒是正常的，有時還能發揮正面作用。
2. 憤怒會變成暴君，支配我們各式各樣的感受，操弄我們的生命，限制我們的人生選擇。
3. 我們必須打破「憤怒即力量」的迷思，才能喚醒眞實與自由的力量。必須超越過去的憤怒與怨恨，更敏銳地覺察它們在目前的生活中所扮演的角色。
4. 我們應該坦然面對憤怒及隱藏在憤怒背後的感受。
5. 然後，健康地化解憤怒。
6. 最後，如果我們想要過寧靜平安的生活，就必須徹底地釋放憤怒。

我們將在第十二章探討最具破壞性的憤怒——對自己的憤怒所造成的傷害及其療癒之道；並在第十三章探索如何透過寬恕，釋放對他人的憤怒。

6 失落之痛：說不出口的痛

入獄服刑，不僅奪走了你的生活，而且幾乎讓你失去一切。現在，讓我們一起想想，入獄之後你失去了什麼？

*失去入獄前的自由。

*失去每天上百次各種選擇的自由：無法自己決定去哪裡？何時才能四處活動？吃什麼？和誰碰面？何時可以打電話？到哪裡服勞役？做哪種工作？在某些情況下，甚至連上洗手間的自由都沒有。

*不能跟家人朋友聯繫。

*無法再像以前一樣，和好友分享生活點滴。

*大多數受刑人沒有機會認識獄所外的朋友。

*失去陪伴孩子成長、參與孩子生活點滴的機會。

*無法在特殊的節日（假期、生日、週年紀念日、親友婚慶、畢業典禮、喪禮）陪伴家人或朋友。

*沒有性生活。

*獄中結識的朋友轉獄或出獄時，留在原處的你，再次失去朋友。

*不能自己選擇醫師和牙醫（當然也無法奢求如何的醫療品質）。

*失去身外之物。

*失去隱私。

*失去僅存的自尊，「我」的存在被徹底抹殺（尤其第一次入獄時）。

*失去夢想。

*在美國有愈來愈多的受刑人被判死刑，喪失了生命權。

說起來，我們的社會願意留給受刑人的同情可謂所剩無幾，多數人認爲受刑人的痛苦原來就是罪有應得的；在這樣的社會氣氛下，很難讓人們正視入獄所引發的悲傷和失落感。受刑人多半也不置可否地認爲，自己走到這一步，已經失去了爲「誤入歧途」而悲哀的權利。在這樣的心境之下，要去學習面對人生的失落感，的確需要專業輔導人員的協助。我們能夠預期也可以理解，即使受刑人鼓起勇氣面對社會，得到的通常不是溫情和諒解，而是「你活該」，或「你早該想到會有這種下場」諸如此類的對待。可以說，入獄本身就足以讓受刑人被社會唾棄了。

但是，爲了療癒這顆受傷的心，就算沒有人在乎你內心的感受，你仍然必須認眞地面對入獄時的失落感。試試看，也許會有好心人願意聽你訴說。倘若你找不到能夠深談的人，把這些感受寫下來，寫的時候，盡可能溫柔地看待自己。

在這趟「情緒療癒之旅」，一路上，你絕對需要勇氣才能面對內心的悲慟和失落。過去，我們往往寧願戴上面具，掩飾這些令人難受的感覺，也不願面對心裡的悲哀和失落。我們在失去正常功能的家庭，面對人間的慘痛和心碎之時，也只能漠然以對，彷彿一切從未發生過，久而久之，我們也學會了以若無其事的淡漠反應來否認內心的悲慟。

我們的文化寧願不要看見悲傷，殺人命案不過是提高收視率的新聞話題，至於一個活生生的人被害，這件事對他的家人、親友造成的傷害則絕口不談。單親家庭的家長每天工作長

達十四個小時，能養家活口就不錯了，哪裡還顧得到孩子一人留在家中的焦慮、孤獨和難過？失去親人的家屬，如果能表現得好似什麼事都未曾發生，大家會說他們「調適良好」；倘若他們哭個不停，這個社會反而會認爲他們「適應不良」。

爲自己的失落難過而形成巨大的悲慟之感，原本是合情合理的情緒表現。就如同手指頭割傷了會流血，失去重要的人事物，人們自然也會感到哀傷或悲痛，這是遭遇失落再自然不過的感受。

和所有的情緒障礙一樣，無論我們是否有意爲之，那些被刻意否認或阻斷的傷痛，一定會以另一種形式滲透出去：也許透過身體的各類症狀，也許透過憂鬱、習慣性發怒、憤世嫉俗、病態的羞愧感、內疚等等的情緒症狀，或是轉化成各式各樣的癮頭，甚至是扭曲爲冷漠和「不在乎」的性格。

有些人從未意識到自己遭遇過多麼巨大的人生危機和失落，父親很早就離家遠走，沒有人跟孩子談過這是怎麼回事；失去婚姻的人只想趕快恢復正常生活，靠著藥物、每星期工作九十小時、火速投入下一段親密關係；幫派份子一入獄，沒了舊時同夥，立即投靠新的一夥人。面臨失落之痛，大多數人不想面對內心眞正的感受，寧願無聲地嚥下痛楚，只求和「平常」一樣地過日子，表面上悲傷好像消失了，但其實隱藏著巨大而有待療癒的傷痛。

暫停與思考

入獄之後，你失去了什麼？請試著一一寫下來，深呼吸幾分鐘，記得對自己溫柔一點。安下心來，慢慢發掘失落所引發的情緒和感受。倘若你願意，將這些感受寫出來，或將心中浮現的影像畫出來。

寫完以後，仔細回顧你寫下的事件和感受，這些都是你和他人（父母、子女、愛人、老友、受害人）之間還沒了結的事，也是你此生未了的一些心願。試著想一想，有沒有哪些事是你做得到而且能重新圓滿這些緣份、癒合這段關係的呢？假如有，而且你也覺得自己已經準備妥當了，就去做吧，了卻你眞正的心願。在嘗試的過程中，別忘了溫柔地對待自己，做自己的好朋友。

人生的失落

假如你在受虐或缺乏安全感的環境長大，即使你從未意識到，但其實你已經承受了許多的傷痛和失落，包括：

*沒有幸福童年。

*不曾擁有孩子般的天眞性情。

*對自己的善良本質失去信心。

*失去自尊。

*不信任任何人事物，認爲世界危機四伏。

*不知如何開創美好人生。

以及下列的狀況：

*社會基於偏見，讓你得不到起碼的尊重，也失去了某些機會。

*死亡帶走了你的朋友和家人。

＊和重要的人關係惡劣，和親友疏離。

＊失去工作機會，鬱鬱不得志。

＊失去身外之物。

＊失去身體的健康，欲振乏力。

＊如果你正在勒戒，你還失去了能解解癮頭的東西。

治療失落之痛的四個步驟

悲傷諮詢專家沃登博士〔譯註〕提出了「哀悼的四個功課」，作爲治療失落之痛的四個步驟，這些步驟對自我療癒很有幫助，讓我們想一想，如何將它們融入眼前生活之中。

第一步：接受失落的事實

治療失落之痛的第一步，就是承認自己的失落，坦然接受這項事實，看清自己究竟失去了什麼，清楚說出來，有助於我們接納失落的事實，認清覆水已經難收，而人死也不再能復生。喪親之痛，大多時候令人心碎，但是，過世的人若是折磨過你的那個人，這種失落對你反倒是一種解脫。

遭遇令人心碎的失落，一開始，我們可能寧願生氣、否認心碎的感受，以便逃避事實，可以說，我們內心深處的某個角落，一點也不想去感受或接受事實，寧可裝作「一切從未發生過」。

羅夫的告白

入獄這件事，是我不得不接受的第一個失落，可是我對這件事完全無能爲力。我花了四年多才願意接受自己「非入獄不可」的現實；這段期間，我有兩年潛逃在外，兩年打官司，另外還在州立醫院待了將近一年。

就和羅夫一樣，爲了邁開人生的下一步，我們必須先接受失落的事實，認出失落的意義，接受「凡是有失落，必然難以挽回」的現實。然後，我們才可能心甘情願地懷著愛心和期待，全心療傷，穿越一部分的痛楚，如果情況許可，也許我們能穿越所有的痛苦。

譯註　威廉・沃登博士（Dr. William Worden）　悲傷治療領域的大師，研究重病和自毀行為的治療長達四十年，是美國生死學教育和安寧照護的推手，著有《悲傷輔導與悲傷治療：心理衛生實務工作者手冊》（*Grief Counseling and Grief Therapy: A Handbook for the Mental Health Practitioner*），台灣已出版第三版的中譯本。

第二步：哀悼失落

哀悼失落，便是找出失落在我們心中所引發的種種感受，然後溫柔、開放而且誠實地面對它們。在心靈療癒的路上，我們要保留一些溫情給自己，坦誠地回顧眞相，並且好好地接納自己。

哀悼與傷慟是一個化解重重心結、接納傷心、接納內心種種深刻情感的漫長過程。在哀悼失落之初，我們第一次正視失落，發現到自己原來那麼茫然無助，而且世上竟然有這麼多我們無法掌控的事情。這種發現，不僅讓人心痛，也讓人感到恐懼。這個過程可能激起內心種種感受，包括憤怒、內疚、羞愧、失望、愛、溫情，或其他的激烈情緒。作家依斯特斯〔譯註〕說過：「叩訪心門，不是為了把心敲碎，而是請它為你敞開。」坦然地撤掉心防，然後打開心房，這樣做，縱然會感受到隔絕已久的痛苦，卻也可以讓人如釋重負，重獲新生。

爲失落而哀悼不見得一定要哭泣，只是，當我們敞開心房，眞正碰觸到內心最深的失落感之際，淚水是再自然不過的反應。在監獄高牆外的自由世界裡，別說男兒有淚不輕彈，就連女人爲了生存也要學會世故與堅強，不能任意落淚。從小，我們便被灌輸哭泣是軟弱無能

的行爲，比如：「再哭！我就給你點顏色瞧瞧，讓你哭個夠」，或「沒用的傢伙才哭」，或是「不准哭，要像個男子漢」。這些話語不都在教我們要刻意忽略內心眞實的感受嗎？除了極少數的例外，哭，在監獄裡仍然是個禁忌，只要你在獄中流露出一點兒脆弱，便是軟弱無能的象徵；這是人人都心知肚明的，所以你無論如何不能哭。即使在安全的輔導團體中，仍然有人擔心哭泣會被當作軟腳蝦或笨蛋，向來被認定「要堅強」、「有淚不輕彈」的男人更是如此。不過無論如何，獄中還是有能讓人安心落淚的角落，情況許可時，我們也可以盡量維護這樣的氛圍。

試一試，找一個能讓你安然表達自己的輔導環境或團體，陪你走過哀慟的過程。若是悲從中來，卻沒有人在身邊陪伴你，請克制「故作堅強」的習慣反應，請溫柔地對待自己，給自己一點空間去感受心裡的百感交集。也許你會需要抱著枕頭，好好痛哭一場。有句話是這麼說的：「哭不出來的人，心碎無法癒合。」

譯註　克萊麗莎・品寇拉・依斯特斯（Clarisa Pinkola Estes）　美國詩人、心理分析家暨精神創傷專家，引言出自她的著作*Women Who Run With the Wolves: Myths and Stories of the Wild Woman Archetype*（暫譯《與狼奔跑的女人》）。

喬治的告白

因爲某些緣故，以前的我從不哭泣，我根本哭不出來。不過，自從上了這門課後，我至少哭了三四次。我承受過許多傷害，只是我把受傷的感受強壓了下來，我發現好多人也是如此。特別是剛開始接觸內心的感受時，那眞是痛徹心扉，管制眼淚的水龍頭一開就不可收拾，可是在眞正接觸這些感覺，眞正面對它們之後，你會覺得舒坦許多。

一個十七歲的少年上談話節目，主持人問他爲什麼凌虐女友，他說道：「有些人哭得出來，我哭不出來，我只會一拳揮出。」如果你壓抑自己眞實的感受，這些感覺便會伺機反撲，從其他管道宣洩出來，也許你會開始有意無意地指責或虐待他人，將自己的痛苦傾倒在他人身上。我敢保證，倘若男人（還有女人）願意流淚，我們的社會不至於有這麼多成癮和暴力的問題。強忍淚水，絕不可能使心靈變得堅強。流淚可以釋放我們內心深處的情緒，在哭泣之後，我們會獲得新的眼光和力量。我們的心想爲失去的一切哭泣，想要爲我們的遭遇悲傷。連一滴淚都流不出來的血肉之心，承載了太多難以啓齒的哀傷，除了用拳頭出氣之

外，這顆心超載的傷慟還會化身爲抑鬱、失眠、情感麻痺、潰瘍……等其他身體症狀。

暫停與思考

如果你願意全心體驗失落所引發的種種痛苦，你覺得你會怎麼做？你會有什麼感受？

如果你選擇鎖住悲傷的感受，很可能是因爲你覺得這麼做才安全。喬治在「情緒覺察與療癒課程」的課堂上落淚了，這麼多年來，這是他第一次哭泣。當我們容許自己去感受失落或傷害的痛苦後，大多數人會像喬治一樣，感覺好多了。

允許悲傷，能開啓埋藏在我們內心深處的力量；而沉溺於悲傷，只會回頭削弱我們。假如我們無法止住哀傷，放任自己愈來愈消沉，例如在離婚多年後，依舊走不出失婚的失落與悲傷，久久無法振作，這表示我們需要他人的協助，解開這個失落的層層糾纏。

比較健康的哀悼方式，未必能讓我們從此不再心痛。有些失落之苦是如此的沉重，例如被宣判無期徒刑、痛失愛子、童年受虐……，那種苦是一輩子也哀悼不完的。然而，哀悼的過程仍能釋放情緒，將人導向療癒。令人心碎的痛苦不再那麼頻繁地煩擾我們，爲痛苦所擾的時間也會愈來愈短。隨著我們的心漸趨柔軟，埋藏在內心深處的悲傷會逐漸浮出意識的門檻跟我們相見，那時，你唯一能爲自己做的，就是對自己仁慈一點，坦然接受自己人性脆弱的一面。

泰德邦在《穿越傷慟的勇氣》〔譯註〕一書中寫道：「傷慟，正是內心需要關懷、需要細心照料的一道道傷口。要穿越完整的哀悼過程，必須敞開心胸，誠實地面對自己的感受，完整地表達這些感受，然後輕輕釋放。不論內心的傷口需要花多少時間才能眞正癒合，好好包容和接納內心的感受都是絕對必要的。過去我們總是害怕，以爲承認內心的傷痛，我們就會被打垮。事實上，唯有我們充分理解內心的悲痛，才有機會化解這些傷悲；反之，沒有機會表白的傷痛，必會如影隨形，跟隨我們一世一生。」

暫停與思考

倘若你敞開心胸，誠實地面對此生的失落之痛，心中會浮現什麼感受呢？當你承認這些感受時，請記得溫柔地對待自己，感謝自己願意勇敢地回顧自己的人生。

第三步：調整自己，適應新的處境

只要我們願意看見自己的失落，誠實且溫柔地面對它們在心中引發的眞實感受，我們就已經在茫然的人生旅程中爲自己努力理出一條路，也準備好適應新的處境了。是的，新的人生角色、新的身分，原本就是療癒過程的一部分。比如說，因吸毒入獄的人可以將刑期當作一段自我療癒的過程，看清一生的失落之後，安然放下過去「吸毒者」的角色，成爲一個

譯註　茱蒂．泰德邦（Judy Tatelbaum）臨床社工、心理治療師，幫助許多人面對傷慟、失落，走過生活劇變，也是著名的作家和講師，著有《穿越傷慟的勇氣》（*The Courage to Grieve*）和 *You Don't Have to Suffer*（暫譯《無需受苦》）。

「只是需要治療」的人。說眞的，身處獄中並不妨礙你尋找內心的自由，你大可重新開始，遠眺未來，思考未來種種的可能性，讓生命重拾你內心眞實的力量。

羅夫的告白

接下來，我必須面對妻離子散，親人遠去。過去，我總認爲要是失去他們就活不下去，這樣的想法讓我的情緒和健康逐漸衰退。到最後，我總算接受了「失去他們，我也能活下去」的事實。原來，在我內心深處還有一個人，他是可以獨立生活、獲得療癒，而且最終也一定會獲得幸福的。

第四步：全力投入新目標

你的失落之痛經過了這一路的療癒，終於進入第四步了。在最後這一步裡，你必須把你的心力由你失落或放棄的人事物之上抽回，轉而將它投入新的目標。有些人誤以爲入獄等於宣告了人生的終結，決定不再花心思在自我療癒和其他有意義的目標上。也許你認定自己這輩子只會惹麻煩，哪有資格奢望幸福美滿的人生；也許你認爲乾脆切斷別人的關懷，比較省事一點，也少添些痛苦。我知道，倘若你尚未體驗到眞實自我的力量，不知人生意義何在，

要你投入新的人生目標，是多麼不容易的事。但縱然如此，也請你千萬不要放棄。就算你是正在等候槍決的死刑犯，也不要輕言放棄活下去的力量，不要提早埋葬自己。只要你獲得一點療癒，療癒的絕對不只是你一個人；你的療癒會促成他人的療癒。所以，給自己一個機會，把你的生命力投資在一些有意義的事情上。

宣告刑期是令人痛苦難當的一大失落，然而也可以轉變成即將重拾人生意義的一大機緣。在未曾經歷人生的重大失落之前，大多數的人不會想到要將生命導回正軌。一位受刑人曾這麼說：「過去的我，過得既荒唐又墮落，而且無力改變這種生活。要不是被迫失去這一切，我怎麼可能願意放慢腳步，療癒內心的傷痛！」他投入所有心力，勇敢地面對失落，療癒童年夢魘帶來的痛苦，對他而言，監獄雖然是他「最難忍受也最痛苦的一件事」，但也是「此生最大的一份禮物」。

只要你決心面對失落之痛，必能打開你封閉已久的心靈，讓那仁慈和智慧的能量流出，轉化你當前的處境。

向內心的失落感致敬，並釋放它們

現在，請調整一個舒服的姿勢，做五次深沉而放鬆的深呼吸，隨著呼吸的韻律釋放一切。吐氣時，提醒自己放鬆。想像自己在一個十分安全的地方，那裡有一道光照耀著你，保護著你，讓你的內心滿溢平安和寧靜。此刻，讓那些早已成為過去但在你心中尚未了結的人事物來到心中（也許是某個已離世的人，也許是依然健在者，也許是入獄前的自由生活，也許是讓你成癮的東西，也許，就是過去的你）。

將心中生起的一切感受，不管是生氣、傷害、悔恨、了解、感謝……，全都盡情表達出來。

你可以在心中正式向某人道別，想像他們能聽見你心頭的話。記得保持深呼吸，讓自己沐浴在內在的光明之中。如果傷慟的情緒湧出，請容許自己接觸這個感受，盡量對自己保持開放。

冥想結束之後，再次問問自己，是不是真的願意跟這個人或這件事告別？是不是願意放手讓它們離開？當你準備就緒時，在心裡看著這個人或這件事離開你所在的安全之處。感受內心的光明，放鬆地沐浴在這片光明中，讓它融化你內在的障礙。慢慢深呼

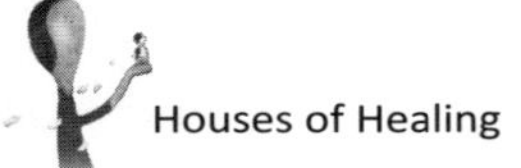

吸，感受你內在的圓滿無缺。在這種感受裡多待一會兒，等到你準備妥當，再慢慢地回到你平常的意識。

我建議你多作這個練習，它能幫助你面對過去的經歷以及不可知的未來。有些失落很容易療癒，有些失落則需要相當長的時間，不管歷程多久，在療癒的過程中，盡可能對自己保持耐心。

請回顧一下

療癒失落之痛的四個步驟是：

(1)接受失落的事實；

(2)哀悼失落，找出心中引發的各種感受，以開放的心，誠實而溫柔地面對所有感受；

(3)在能力所及範圍內，盡力調整自己，適應新的處境；

(4)允許自己用正向的態度、全新的方式，全力投入新目標。

活在人間，無可避免地，我們會再三經歷失落。請記住，每當你看清自己為失落所苦，願意真實體驗內心的悲哀與傷慟，不再逃避，不再掩飾，你就已經走上療癒之路了。在療癒失落之痛的路上，你必須時時刻刻保有你的勇氣、力量和仁慈，這是條漫漫長路，引領你重新發現自己，認識自己。只要敞開心胸，面對真實的感受與經歷，你會發現你的心還活著，而且你看得見希望。你只需誠實面對人生的失落，有意識地穿越內心的傷痛，人生的路便會為你展開，向你透露生命的意義何在。

第三篇

7 無分別心的寬恕：學會「真正看見」

我們已經花了很多篇幅探索過去的經驗及個人的感受，現在，我們可以放下那些滄桑，學習一種嶄新的生活的方式，這套方法非常有用，我稱之爲「無分別心的寬恕」，也可說成「眞正的看見」。不過，這兒的「寬恕」或「看見」，跟世俗的說法全然不同。一般人提到「寬恕」，心裡通常會想到我該原諒某個惹我生氣的傢伙，而我說的「寬恕」，角度則迥然不同。

好，現在請注意聽，所謂「無分別心的寬恕」，這個寬恕的對象必須是沒有惹你生氣，或是你從未見過的人。你一定會納悶，「既然這樣，我要原諒他們什麼？」是的，就我們過去所理解的寬恕而言，你這麼想一點也沒錯。

我在教導寬恕的時候，都會讓學員從下面這個方法開始。現在，我們先暫停片刻，靜下心來，然後再一同作練習。

首先，想像你把手伸進腦袋裡，把所有和寬恕有關的觀念輕輕地拉出來，擱在一邊，用騰出的空間接納新方法，學習如何把寬恕應用在日常生活中。至於那些被擱在一旁的舊觀念，請擺在安全的地方，以備你萬一需要還能拿出來用。

我在第二章提過，每個人都有一個「眞我」，那一部分的我是清明、寧靜、智慧和有愛心的；然而，每個小我也有自己的人格特質，小我的天性就是不斷批判，活像一台不斷吐出批判的機器。只要一碰到人，小我便開始活躍起來，依據對方的相貌、行爲，或僅僅是某段和他有關的傳聞加以評鑑，把他歸類爲酷哥、傻瓜、混蛋或是＿＿＿＿＿＿（請自行塡寫）。我們就這樣神不知鬼不覺地披上法袍，充當起大法官了。

你是否留意過每當自己經過會客室或在操場運動時，總會不自覺地評斷某些你根本不認識的人？或者你會忙著爲初次見面的人分門別類，而且還評定高低？

對於剛認識的人，不消幾分鐘，小我通常已經果斷地決定該不該喜歡他，接著，便依據這個決定去看待他、跟他互動。一旦被小我框住，我們就成了舊有觀念的奴隸，如此一來，你和他互動的當下，再也容納不了任何新的眼光和看法。

小我老是忙著比較、忙著批評，它設計了一份「階級評量表」，方便我們知道自己的位階高下，好壞優劣。我們要不就認爲自己不夠好，要不就氣燄十足自以爲高人一等，我們就是這樣輕易給別人下評語、給自己打分數的。

一旦用小我的觀點去「看」，我們會自動搜尋自己跟他人不同或分裂之處。往往，我們會這麼思考：我因爲這罪入獄，你因爲那罪被關；我在這裡，你在那裡；我是這個種族，你是那個種族；我屬於這個族群，你是另一個族群；我有這等學歷，你是別的學歷；我來自這個地區，你來自那個地區。我們無法單純地把這些差異當作個別事實看待，而是將批判附加在這些差異上頭。透過小我的目光看待他人，我們不只審視了自己和他人的差異，而且還會對這些差異進行價値評斷。就好像你明明不認識那個老是在讀書的獄友，卻可能判定他是個膽小鬼而對他嗤之以鼻。

眞我站在全然不同的立場看待他人，他看的是你和他人之間的相同點，而不是比較你和他人之間有什麼不同？孰好孰壞？不論我們的角色、性別，或是所犯的罪是否不同，背景是否一樣，生活方式有沒有差別，我們其實都有一個共同點，那就是你我的內在都是光。雖然覆蓋我們內在之光的燈罩各自不同，然而，每個人都有一個靈性的眞我，那才是我們眞實的本質。

撰寫過多部寬恕書籍的簡波斯基醫師〔譯註〕說道：「我們從他人身上看見的，不再是那遮蔽他們光輝的燈罩，而是他們的內在之光。」針對這點，我認爲，練習無分別心的寬恕並非「僅僅看見眞我的光，而看不見小我的燈罩」；更進一步來說，眞正的寬恕是「我也的確看到了燈罩，但我知道燈罩並不是眼前這人的一切。」然而，小我卻要我們相信，我們透過批判濾鏡所看見的就是全部。如果小我一眼就認定某人是爛人、白癡、虐童者，是個白人、女人，不管是什麼，它要我們相信那個人也就只是這樣而已。小我主張，除了燈罩，除了我們肉眼所見的一切，其他什麼都沒有！

透過肉眼無法看見他人的內在之光。這「光」常常隱藏在恐懼、強硬、害羞、輕蔑等種種情緒反應的背後。要看見內在之光、內在的清明與美好，唯一的方式是透過你的意願和動機。雖然表面看起來什麼都沒有，但你必須樂於「無中生有」，必須願意透過心靈之眼去見到它，在彷如荒漠的一片虛無之中渴望看出生機。唯有心靈或眞我具有看見他人內在光明的膽識和遠見，唯有眞我能看見被烏雲般的紗幔遮住的光輝，也唯有眞我能創造並洞察肉眼看不到的一切，因爲眞我從不用表相的價值來論斷事物。

譯註　傑若．簡波斯基醫師（Gerald Jampolsky）是兒童及成人精神醫師，一九七五年於加州諦布朗創建「心態療癒中心」，引言出自*Good-Bye to Guilt: Releasing Fear Through Forgiveness*（暫譯《告別內疚：讓寬恕釋放恐懼》）。

看見內在之光

以下的練習可以說是操練無分別心的寬恕的一個小小起步。

接下來的一個月內，每天至少三次，每次只需用短短幾分鐘來練習「寬恕」，去「真正看見」那些並不熟悉或根本不認識的人。試著穿越他們的外在表相，看見他們的真我——內在之光。換句話說，要由衷地肯定你所見到的每一個人都具備了寧靜、愛與智慧的本質。練習的時間和地點不受限制，走路也好，排隊也行，只要有人的地方都可以。不必說話，也不拘任何姿勢，只要在心裡默認就夠了。

看見他們時，就提醒自己：不管我的肉眼看見了什麼，那個人的本質都是善良、智慧和愛。

甚至沒有人的時候，你也可以在腦海中練習。

我要再次強調，用這個方式操練寬恕時，不需要眼睛直盯著人看，這純粹是內在的過

程，你不必說什麼話或做什麼事。所謂「看見」，是發自內在的一種肯定，明白另一個人的內在有個「眞我」；在內心承認我們眼睛所見的各種行爲和外在表相的背後，都潛藏著無比珍貴的善良本質，他人的需要和我們的需求毫無不同，同樣都在尋找理想中的安全、愛和幸福。

作家潘德修〔譯註〕說：「寬恕並不是無用的自欺，而是無比堅定地認知，在小我之下，我們每個人都是一樣的。」在小我底下，我們都安定寧靜，充滿力量，被喜愛，也同樣關愛他人。容我再強調一次，想要穿透外在，看到內在這更大的眞相，我們必須具有勇氣、強大的意願，以及渴望看到的動機。

多年前我讀過一本書，描述一名二十多歲的學生前往墨西哥，跟隨一位印地安智者學習的歷程。那位充滿智慧的長者對年輕人說，如果想要「眞正」看見，就必須跨越「我們所認知的眞實」那個框架去看世界，不只是小小轉個念，而是要跨過「我們所認知的一切眞

譯註　潘德修（Hugh Prather, 1938~2010）　牧師、諮商師、暢銷作家，父親是有四次婚姻的地產鉅子，而社交名媛的母親曾結婚三次；與七位有上癮、重病、犯罪等問題重重的「父母」相處的人生經驗，讓他對人生、對伴侶關係有更透徹的見解。處女作*Notes to Myself*（暫譯《給自己的筆記》）被譽為「七〇年代的心靈雞湯」，到現在仍然受到重視。

實」，然後，用全然不同的眼光看世界。過去，我們其實是習焉不察，始終根據小我狹隘、有限的觀點在學習，然後就憑著那點兒經驗來判定這個世界。小我總是見樹不見林，以爲自己眼前的這棵樹就代表整片森林，這眞是大錯特錯！然而，用狹隘、受限的眼光來觀看一切，正是小我的本質。

如果能透過無分別心練習寬恕，漸漸地，我們便能覺察到經常滲入我們意念裡的慣性批判，以及我們和眞我分裂的各種念頭，進而自我療癒，逐漸培養眞正看見自己和他人眞相的能力。

就某種角度而言，此刻的你已是千萬個小我所評判的對象。人們不見得眞的知道你是誰，但既然你已被歸類爲「罪犯」，無以計數的批判便會接踵而來。或許有些評判也不無道理，但多半時候，一些人們堅信不疑的判斷往往都不是眞的。只因爲他們並未「眞的看見」你，而是深深陷在他們自己的批判與恐懼之中。

我們若能著眼於「受刑人」或「罪犯」整個人的眞相，那麼即使他們犯的是滔天大罪，我們仍然不難在小我的面具底下，看見所有的人無罪的本質。要知道，無論是鐵窗內的人還是鐵窗外的人，大家都經歷過不同程度的情感創傷，也同樣擁有圓滿的生命以及療癒的機會。許多受刑人只因經年累月地承受家庭或社會的貶抑與羞辱，心裡埋藏著極大的憤怒和暴

戾之氣，但只要有人能「真正地看」他們，他們遲早會找回內在的平安與力量的。他們可能著眼於恐懼所帶來的黑暗，然而他們也跟你我一樣，有機會看到真我所帶來的光明。

不論是漫步街頭，或在協助輔導受刑人的團體裡，我經常看見他人內在綻放的光明，和他們積極正面的潛能。我之所以能夠如此，理由其實很簡單：在每天早晨起床的那一刻，我就下定決心「我要真正看見」。然而我並非時刻都能做到。跟你們一樣，我也會陷入自身的恐懼和批判之中。只不過，每當我越能透過「寬恕的練習」，越有意願用真我的「內在慧見」來取代小我的「表相觀點」看待他人，這一天我能「真正看見」的片刻就越多；「看見」的片刻越多，我便能感受到越多的平安和力量。同時，當我看到跟我互動的人們的內在光明時，他們給予我的回應都好似在對我說，他們感到更平安、更有力量。

鍛鍊「真正看見」的能力就好比鍛鍊靈性的肌力，倘若我希望自己的二頭肌更健壯，就得練習舉重，隨著日積月累的鍛鍊，肌肉自然逐漸增大。如果我想看見整體的真相，想要真正的看見，那就得鍛鍊自己的靈性肌力。不論小我認不認同，內在慧見既是我們與生俱來的天賦，我就會用它來認出人們永遠值得被愛與尊重的部分。小我總是鐵口直斷，認爲有些人根本不具有靈性，或說有些人的內在光明早就蕩然無存了。然而歸根究柢，如果想要用內在慧見來看見他人，我們就必須有眞切的意願，願意「重新選擇」我們的觀點，接受並信任內眼看不見的部分。徹底地說，最廣義的寬恕，是連他人都不知道或不相信他們自身具備至善的潛能之時，你仍然堅信他們內在存有這個力量。況且，他們可能在人格層面上承受了極大的傷害和恐懼，才會和眞實的力量嚴重隔絕的。

當我們遇到相識的人，也想跟對方打個招呼，通常會和對方說聲「嗨」。不過這聲「嗨」到底在表達什麼意義？很顯然地，我們只是對眼前那具身體和人格打招呼而已。在南非，人們見面時會說「撒波納」，意思是「我看見你了」——看見的，不只是你這個人的身體或性格，我還看見眞正的你；我看見你的眞我，看見你本質的善良與純眞。

以後，如果別人跟你打招呼時，都是對你說「我看見眞正的你了」，而且他還由衷肯定你的善良、潛能與光輝，想想看，你的生活會是什麼光景呢？

一天之中，請時時想著這句話：

我願意真正看見

無需如此

練習無分別心的寬恕，給了你一個奇妙的機會，可以好好觀察小我的習慣性批判和心理遊戲這類拿手絕活。你也終於可以脫下法袍，擺脫那個飽受壓力、事務繁雜而毫無勝算的「法官」角色，不再動輒爲他人的一言一行而心煩意亂。最起碼的，透過「眞正看見」，找回自身的力量，你的心境不再輕易受到他人的次人格和各種情緒的影響。

倘若你無法眞正了解他人，你當然也不可能知道自己究竟是誰。批判他人的同時，你一樣被那個愛批判的小我打敗；如果你對他人嗤之以鼻，你必也會看到自己的微不足道，要明白，你們的小我還沒糾纏過癮呢！

在監獄裡過活的人，終日面對那種環境，的確很難感受到「生命的本質是寧靜、智慧和愛」。但即使你覺得自己和眞我完全斷線了，眞我依舊在你內。你若想要經驗一下眞實的自己，最有效的方式就是從別人身上看見他的眞我。倘若你能夠在他人身上看見超越現狀的種種可能性，便會明瞭自己也具有相同的潛能。**學習去看他人的真我，是你認出「自己究竟是誰」的關鍵。你每肯定他人心裡的光明一次，等於肯定自己的真相一次。**

愛看電視的懶骨頭，會成天癱在沙發上，遙控器按個不停卻老是在看相同的節目，小我就是這副德行。你盡可以在自己熟悉的頻道裡，找到更多類似的節目。你若眞心練習無分別心的寬恕，你就必須轉台，試著收看你以前從沒看過的頻道。毫無疑問地，你的小我一定會抗拒。小我本來就對改變不感興趣，它只投注在自己熟悉的範疇，熱中批判的老把戲。小我的本質就是對立。只要一逮到機會，它就會把你拖回原來的模式。然而，眞我渴望轉變，渴望嚐一嚐自由的滋味。他知道內在的力量和自由才是他的天性，他已厭倦了千篇一律的老把戲。如果我們感到麻木、痛苦和長期的憤怒與焦慮，那是眞我冀盼透過這些感受，驅使我們認識他的本質。

只要你有意願並且規律地練習「**真正看見**」，持續一段時日後，你就會自然而然鎖定新的頻道，而且再也不想轉台。這些練習會爲你帶來新的眼光與了解，鬆開情緒的枷鎖，讓你找回眞正的自己。

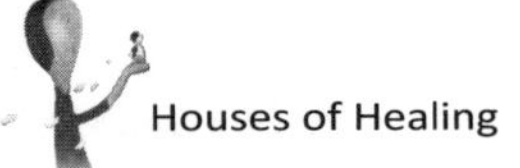

練習

回顧「練習無分別心的寬恕」

練習無分別心的寬恕一整天後，請試著覺察一下，你對自己或他人的反應是否和以往不一樣了？你看待自己和他人的眼光是否也因此而有所不同了？現在，請完成下列的句子：

當我練習無分別心的寬恕時，我注意到他人是＿＿＿＿＿＿＿＿＿＿。

我注意到自己是＿＿＿＿＿＿＿＿＿＿。

我的感受是＿＿＿＿＿＿＿＿＿＿。

我對他人的感覺通常是＿＿＿＿＿＿＿＿＿＿。

我在自己和他人身上學習到的是＿＿＿＿＿＿＿＿＿＿。

以下是參與本課程學員的分享：

羅夫的分享

當我練習無分別心的寬恕時，我最先注意到的是人們的外在表現，例如強悍、冷酷、悲傷或耍寶等等。然後，我發現他們並沒有我想的那麼糟糕，接著我才開始看到他們想被接納、想被愛的需求。

我對自己的覺察是，面對外界，我表現出來的樣子是我刻意裝出來的。我一直把眞正的自己藏起來。

我感受到虛僞和害怕。我很想要別人認識並且看見眞正的我，但卸下武裝、坦誠相見的風險實在太大了。

我對他人的感覺通常是憤怒、恐懼、批判、不值得尊重。

我在自己和他人身上學到的是「我們都差不多」。我們都把自己隱藏在層層的僞裝和面具背後，絲毫不相信他人會把我們當成一個懂得關懷、懂得愛而且有價值的人。

傑克的分享

我只練習過幾次。要在這個鬼地方原諒他人，心裡不免幾分擔心害怕。這也沒辦法，本來就會這樣。不過，我會一點一點小小的寬恕，繼續試試看。

藍尼的分享

過去幾天，我一直在練習用不同的角度看待他人。對我來説，猜測別人到底是什麼樣的人是件再自然不過的事。我找了幾個讓我（小我）最受不了的人作爲練習的對象。我雖然盡量不作判斷，但獄所裡偏偏就有幾個我根本沒跟他們説過話卻又沒來由地討厭的人。我輾轉得知一些有關他們的事，這些事都是他們自己告訴我朋友的，而我便是根據朋友所説的話來判斷他們。現在，我正試著拋開這些成見，了解他們爲什麼會變成那副模樣的原因。

就有個傢伙，他充滿了憤怒的次人格。於是，我運用學到的寬恕工夫，坐下來和他聊天，我引導他，讓他看到他對前妻的憤怒下面所隱藏的東西。剛開始，他還嘻嘻哈哈閃閃躲躲的，我一直請他正經一點。最後，他終於開始述説自己的傷痛和遭到背叛的感受，以及他現年五十二歲，即將在三年後出獄，屆時他必須以五十五歲的年紀重新踏入社會、從頭開始打拼，這樣的未來令他十分不安。我以前眞的一點都不喜歡這傢伙。過去，我們在廚房勞役時，我曾聽他說過話，那時我對他的印象是一個惡劣又自以爲是的老頭，我根本就不想跟他打交道。現在他似乎比較可以跟我談心了，跟我講話時也比較像「兩個人」在交談，而不是他的次人格在跟我講話。我現在可以「看見」他那些言論背後所渴盼獲得的關切和同情，而且我也製造了讓他認識眞我的機會，在他心裡播下「用不同的觀點看事情」的種子。過了一段日子，我們兩人彷彿脫了層殼，和交談之初截然不同。我發現，只要我有意願，我就能了解他人，而且明白自己並不比他人優秀或糟糕。

請將這句話放在心裡，並時時回想：

有另一種看待世界的方式

8 重新詮釋：另一種看待世間的眼光

生活當中，總會有某些特定的人物或事件引發我們某種必然的反應，你可能一想起某個人就恨得牙癢癢的；排隊時間稍久了點就火冒三丈；看氣象報告說今天是陰天便情緒低落。特定的人物情境會激發某些想法、感覺和行爲；我們的確如此，然而，我們未必知道其中的關連。

當然，也有某些人事物會引發正面的情感，例如說，當你想起生命中某個特別的人，心頭便暖洋洋地，感到特別地平靜。這些讓我們感受到積極正向的人物或情境並不會壓垮我們，本章暫不討論，現在，我們要集中探索那些會挑起負面情緒的狀況。

暫停與思考

請完成下列句子：

__________讓我生氣。

當__________的時候，我無法忍受。

一想起__________，我就覺得__________。

當我想到__________，我覺得__________。

當__________，我覺得很煩。

請仔細觀察一天當中有哪些事令你反感。不管你是穿過走廊、在操場附近逗留，或者是在會客室、圖書館、房間及其他任何地方，請留意哪些事會挑起你的負面情緒。

雷蒙的告白

我仔細回想自己一天的生活，最先讓我感到不快的是，一早醒來發現我又得繼續蹲苦牢；穿過通道前往餐廳時，看到教官直盯著我們瞧的嚴肅表情，也讓我很不爽。排隊等候發餐時，又被這裡的伙食惹毛。操場的監視器更令我火大。整天下來，我發現，憤怒和失望是我最常被挑起的情緒。

究竟是誰惹了誰？

你如果仔細觀察自己，便會發現，某些人事物的確特別容易牽動你的心情和感覺。

儘管某些情境**可能**引發你的特定反應，但你的想法、感受和行動**未必**要受他們左右，你無需因而陷入憤怒、恐懼或苦惱當中。事實上，你一旦卡在自己的情緒裡頭，無異於將自己的力量拱手讓給牽動你情緒的人或事。舉例來說，一名獄所管理員老愛欺負獄友，某日你遇到這個管理員，他對待你的方式讓你感到被羞辱，你馬上就火冒三丈了。於是，你的血壓開始飆高，接下來的好幾個小時你暗地裡氣得七竅生煙，恨不得逮到機會就給他顏色。結果，那一整天你和其他人的互動既煩躁又多負面，就連前來探監的朋友也遭到了池魚之殃。

重回事發現場來想想，你會發現**你在賦予那名管理員力量**，不僅讓他羞辱你，還讓他奪走你內在的平安。明白地說，你把「決定自己感覺的權力」交給了對方，而且在心裡對他說：「這是我內在的平安、我的力量、我的幸福，全都拿去吧！我把情緒的掌控權全都交給你了。」看清楚吧，你竟然將這麼大的力量拱手讓人！

面對這類情緒反應，小我會辯稱「是他們令我抓狂的」、「是他們惹毛我的」。然而眞相是，他們根本沒有叫你抓狂或惱怒。如果你是成年人，除非你允許，否則沒有人可以爲**你的**內在感受作決定。你有權決定自己的內心狀態，除非你自願放棄這個權力。你的處境對你所具的意義，完全是你自己賦予的。

想一想，你認爲他們是要刻意羞辱你，還是他們只是陷入次人格而忘了眞實的自己？面對某個吃軟怕硬的監獄管理員、獄友或其他任何人，你認爲他們是人神共憤的混蛋，或是「缺乏安全感、必須靠欺負他人來幻想自己高人一等」的可憐蟲呢？

你可以選擇如何看待他們，而你的選擇會決定你的感受，究竟是要感到遭受迫害，還是要看清事情的眞相而回歸內在的平安？事實上，**並不是某個人物或情境去激起你的反應，而是你對這特定人物或情境的想法和態度造成你的壓力**。

如果你認爲對方損人的行徑完全是針對你而來，卻沒看出他只不過是在耍「老把戲」，你當然會不由自主地捲入其中。

我們很容易隨他人起舞，但如果覺察力越強，就越不容易跟著栽進去。只要我們看清眞相，便會轉頭爲自己的幸福負責，而不至於被人牽著鼻子走，然後再把自己的不幸歸咎他人。理查就是一個很好的例子。

理查的經驗

今天有位獄友差一點讓我失去耐性！事情是這樣的，他要我說明如何閱讀目前課程的內容，才沒多久，他突然對我大聲咆哮，因爲他覺得我沒有聽進他對某件事的看法。就在我準備要反嗆回去的那一刻，我覺察到自己的反應隨即收回這股衝動，並試著緩下來對他說：「要我協助沒問題，不過你不能再大吼大叫。」我輕聲地告訴他，我不想加入對吼的戰局。當我保持眞我的覺知時，他也漸漸平靜下來，於是，我們不再以次人格來回應彼此，而是用眞我相互交流。我引導了他一個小時，後來他還特地到我房間謝謝我那麼有耐心。

理查受到刺激的那一刻雖然失去了耐性，但他當下覺察到自己的情緒，選擇用另一種態

度去回應，因而未陷入僵局。話說回來，如果你要對付的人已經情緒失控，非宣示他是老大不可，就不像上面那樣容易化解了。

無可諱言，有些人確實擁有（或行使）某種可以控制他人行爲的權力，任何受過傷害的人都非常清楚這一點，正在獄中服刑的人體會更深。但即便如此，你還是有選擇權，你可以決定要不要助紂爲虐，要不要將你平安和幸福的力量拱手送人，好讓他變本加厲地控制你。

如果你選擇不讓對方操控，就必須跳脫習以爲常的反應模式：

1. 首先，你必須試著覺察自己的情緒反應，只要你意識得到，便不會再無所適從了。回想某次你遭受刺激而感到憤怒、沮喪或不安的情境，現在，想像自己置身其中，但要抽回一部分情緒，去看事情如何進展，請記住，此時你只需靜靜地觀看自己的反應，**不要批判**。
2. 接著，留意那個刺激你的人的次人格是什麼？譬如說，恐嚇者、鐵娘子、自大狂或者賴皮鬼。你會發現，這個人其實已經不是眞實的他了，因爲認得眞實自我的人肯定不會有如此表現的。
3. 觀察你怎麼批評他們，看看你的次人格如何跟他們的次人格糾纏不清。

4. 無比肯定地對自己說：

現在我能看清這情況，
我可以讓自己更理智、更冷靜、更清明，
決定權操之在我。

5. 最後，請審視一下：是不是自己也有某些態度或行爲導致這個狀況，如果是，在心裡爲自己的行爲負責。

如果你在某些特定情境下，無法更理智或更冷靜地面對，至少試著對自己寬容一點，感謝自己還覺察得到其他的可能性。即使你在那事件中不覺得自己有所改變，只要你意識到自己還有不同的回應方式，這一覺知本身就會產生安定的力量，讓你愈來愈不受外在情境的影響。

西奧的告白

首先，我要聲明我對任何人都沒有偏見。生活中我有自己該面對的問題，沒必要跟別人過不去。比如膚色啦、性取向啦，乃至任何「能證明自己與眾不同」的個人差異性，對我其實一點都不是問題。

我在獄中這段日子結交了許多朋友。其中，最讓人議論紛紛的，是我和一個同性戀小伙子做朋友。我自己是個異性戀者，卻因爲跟這個年輕人往來而飽受批評。我還可以應付那些白痴對我突如其來的挑釁，也就是說，我還能克制自己。可是，一旦他們攻擊的對象是我朋友時，我就會憤憤不平，只想狠狠痛打他們一頓。

今晚有一群人聯合起來引發一陣騷動。當我和我同性戀朋友站在房門口講話時，有個年輕人故意赤裸裸從浴室跑出來，一副自以爲充滿男子氣概的德行，下巴抬得老高，大搖大擺穿過走廊，走回他房間。可想而知，他這舉動分明是想讓我朋友難堪。那群人肯定認爲我朋友會緊盯著那光溜溜的傢伙，說不定還會情不自禁說些下流話。不過，我朋友並未如他們所願。他只是轉過身，走進我房間，避開那些看熱鬧人的目光。這群人沒戲唱，很快就散了。我卻是大爲光火，還打算上前好好教訓他們一番，讓那幫人知道他們有多混蛋。然而，我朋友根本不把這當一回事，我完全料想不到他竟然如此反應。後來他跟我說，這不過是同性戀者生活裡免不了的一部分。我從他身上學到了寶貴的一課。他對於自己是誰，以及自己人生的處境感到自在安然。他已推倒那些束縛著他、令他痛苦的高牆，而讓眞實的自我閃耀出光輝。他是個富有愛心、善解人意、關懷他人且深具同情心的人。他所展現的意境，正是我一生所嚮往的。

任何情境對於我們所具的意義，都是我們自己賦予的。西奧的同性戀朋友大可高聲叫囂、大發雷霆，或者挑起衝突，加入戰局，但正因爲他深深理解這一切，所以可以如此泰然處之。

在這一天，提醒自己：

我界定了每個情境對我的意義，

我可以選擇看待這些情境的方式，

決定權操之在我。

請回顧一下

請牢牢記得，你的看法是有選擇的，你如何看待人們及境遇，你就會有什麼感受。監獄和看守所裡的生活空間多半擁擠而狹窄，你每天都會接觸到情緒不穩的人。他們外表看起來雖已成年，但由於童年時期遭受的漠視和凌虐的創傷並未療癒，情緒年齡可能仍停留在七歲。有可能你被某人激怒了，因爲他表現得簡直像個受傷的七歲兒童，或像一個極度情緒化的十一歲小孩，想用種種怪異手段得到「朋友」的認同。

但是，你也可以從更寬廣的角度去看整個事件，同時看到對方的眞我，以及那個內在受傷的七歲小孩，或缺乏安全感的十一歲孩子。用這種方法面對衝突，你就不會輕易捲入其中。

請記住，你永遠都有另一種看待周遭事件的眼光，即使你的情緒被它們捲入，也請對自己寬容一點。

感到壓力時，請想一想：

還有另一種看待世間的眼光，

我可以選擇平安而非目前這個看法。

「受害者」與「受害者心態」

或許你是某些人或某種環境的受害者，但是，你無需抱著受害者的心態過每一天，甚至就這樣過一輩子。

最近，我在電視上看到一段訪問，受訪者是一個被判無期徒刑的犯人，他已服刑了十五年，在第十五個年頭，他的案件獲得重審，最後獲判無罪釋放。他如今在波士頓擔任街頭社工。當記者問他還會不會爲了自己冤枉地坐了十五年的牢而心痛，他說他沒時間痛苦，又接著說：「人生如此短暫，不能把生命浪費在痛苦上。」他懂得著眼於當下，積極過好眼前的

生活，這就是最佳典範，縱然他一度蒙冤受害，卻選擇不用「受害者心態」度過一生。想想看，如果他選擇了受害者心態，必然會讓他每日的生活都充滿痛苦、憤怒和不幸，而他選擇了以不同的方式展現生命。

當然，他曾經非常憤怒，也曾爲了出獄而抗爭。說實話，如果能夠明智地疏導，悲憤絕對可以化成力量。面臨不公，「努力改變、矯正錯誤，促進眞正的公平正義，做你能做的事」確實可以給人力量。一旦你已經做了你願意且能夠做的事來改變外在的狀況，剩下的，就是內在心靈的功課了。

在這一天，提醒自己：

我的處境對我所具的意義，完全是我自己賦予的。

理查的分享

今天是非常平安的一天。有好幾次我差一點被激怒了，但因爲我的覺察力已經比以前更強，所以，那些刺激還不至於令我生氣。我發現，讓自己內心平安比惱羞成怒容易得多，憤怒太耗神了，現在，我明白自己可以擁有更多平安的時刻。

9 放鬆：騰出空間，迎接新的可能

毫無疑問地，不論身分地位如何，人人都必須面臨生活上各式各樣的壓力；壓力無所不在，這就是生活的本質，沒有一個人可以逃避。監獄生活自有其特有的壓力模式，你總是得跟那些你根本不想在一起的人摩肩接踵比鄰而居；至於即將出獄的人，所面臨的最大壓力則是不知道自己能不能成功地融入社會，過著遠離毒品、誠實無害、經濟獨立的生活。

壓力會影響認知，使我們感受到超乎實際情況的困頓和窘迫。一感到有壓力，不論身體、情緒或心理，都會緊繃起來，好像受到抑制一般。身體方面，會緊張不適，呼吸急促，肌肉緊縮，甚至出現多處的疼痛。情緒方面，容易感到排山倒海的緊張焦慮與憤怒不平。至於心理層面的影響，就算明知道過往習慣性的問題解決辦法行不通，卻依舊繞著自己熟悉的方式團團轉，一再耽溺在高壓下的思維模式無法跳脫。心智的運轉好似一張佈滿刮痕的唱

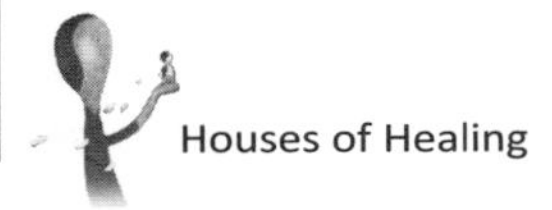

片，反覆播放著叨唸了千百遍的方法，而且根本不清楚這方法是否管用。倘若我們能試著在冥想中釋放這類的慣性模式，進入深度的放鬆，就好像移開唱片上的唱針，我們才有機會聽見更睿智的新曲調，引導我們找到眞正解決問題的辦法，身心也才可能健康平安。

人生常在我們意想不到的時候挑戰我們，沒有人能保證自己不會反應失控，但只要我們肯學習放鬆，就懂得如何放下，釋放身體的緊張，放掉對自己有害無益的念頭、感覺和衝動。學會放鬆眞的會爲你開闢一個創新的空間，讓自己更富彈性，接受更多新的可能，更加平安自在，而開啓了一條充滿生機的全新道路。身體放鬆了，心裡自在了，即便你仍待在同一間牢房裡，原先那種受限或被困的感覺自然減輕不少。

倘若你平常便養成了練習放鬆的習慣，你可以更從容地迎接這輩子層出不窮的變化球。一旦面對突如其來的挑戰，你也能輕鬆過關，不再老是被壓力擊垮，轉而能夠冷靜發揮你的智慧。

在探討「如何」放鬆之前，我們先花幾分鐘時間塡寫一份問卷。每個人承受壓力所呈現的徵兆各不相同，如果你長年生活在壓力下，很可能因爲早已習慣那些症狀，你已經渾然不覺了。現在，請靜下心來，仔細勾選下列你最常發生的症狀。

暫停與思考

身體方面

□呼吸困難 □頭痛 □疲勞 □失眠

□體重變化 □肌肉緊繃 □心悸

□磨牙 □不自覺地用指頭連連敲擊桌面，或用腳尖點擊地面

□菸癮大增

□大量服用藥物、酒精，或對某些事物上癮

□坐立難安 □潰瘍 □其他消化系統出問題

□經常感冒

情緒方面

□焦慮 □沮喪 □容易灰心氣餒

□經常感到挫折 □情緒波動 □脾氣暴躁

□作噩夢 □委靡不振 □容易煩惱

□大半時間都在生氣

心理方面

□態度消極負面　□經常抱怨

□迷惘　□無聊　□魂不守舍

□負向自我對話（自己扯自己後腿）　□健忘

□與人合作的意願低落

心靈方面

□空虛感　□認爲生命毫無意義　□玩世不恭

□缺乏寬恕、包容　□渴望神蹟發生

關係方面

□疏離　□不信任人　□利用他人

□不想交朋友　□心胸狹窄　□充滿敵意和憤怒

我將在本章和下一章連續爲大家介紹兩種減壓的技巧：放鬆與冥想（往內觀照）。「減輕壓力」不過是這些技巧所能收到的一小部分效益而已，除了減壓之外，它們還能促進身心靈的健康和幸福，是很管用也很有力量的工具。

放鬆

放鬆有助於紓解肌肉的緊張，讓全身機能達到更大的平衡。放鬆練習就像打開散熱器的活塞，讓熱氣全部釋放出來。你是否曾經猛烈地砲轟過別人？你曾經壓力大到除了爆發以外別無其他選擇嗎？如同我們教導的其他方法，放鬆練習能幫助你紓解壓力，在你「點燃引信」之前，就爲你澆熄怒火。另外，還有許多人主張，透過運動也能獲得類似效果，針對這點，本書雖然著墨不多，但我極力建議大家養成規律運動的習慣。

懂得放鬆，可以幫助你敞開自己，找到嶄新的「解壓」的方法。不過，就如本書的其他內容一樣，你必須親自去做，才能發揮效用。還有一點很重要，每天練習一點點，細水長流，效果方得持久。

「放鬆」這一個詞，容易讓人聯想到一些畫面，在海邊度假垂釣，三五好友小酌一番，或者來根香菸或大麻，享受吞雲吐霧之樂。雖然每個人最理想的放鬆時間、地點和方式各不相同，但大多數人對於自己在某種狀態下究竟是放鬆或緊繃的，卻十分清楚，這些概念多半源自於過去的經驗，比如在什麼地方、做什麼事，或者有什麼樣的感受時最能放鬆。就好比我們在家能放鬆，在監獄裡卻不行；閱讀時能放鬆，工作時卻很難；喝醉時能放鬆，平常就辦不到。

當然，我們不可能現在就離開監獄，前往海灘度假。也不可能上班時拋下工作拿起好書來讀。況且，說眞的，用嗑藥或喝得爛醉來讓自己飄飄欲仙，那只是麻木，絕非眞正的放鬆。

開始嘗試時，會感到似乎不可能在監獄裡放鬆。要你在監獄裡進入深度放鬆，你也許會感到備受威脅，甚至不由自主地擔心，倘若放鬆之際遭受攻擊，不就毫無防禦之力了？不過，既然你在獄中能安心入睡，爲什麼不能在此安心練習放鬆？當然，你也可以選擇讓自己感到寬心的時間和地點進行練習。

經過充分的練習，你就能隨時隨地自我放鬆，在當下這一刻釋放擔憂和焦慮，回歸更凝定、更有活力的狀態。想一想，空手道黑帶高手或其他武術專家，他們的力道並不是出自恐懼或大塊的肌肉，而是源自熟練的技巧與凝神專注的能力。

開始學習放鬆時，需要一些具體可循的技巧，但**放鬆的最終目的並不在於技巧熟練，而是練就一種處世心態，讓你能夠臨危不亂，始終保持某種程度的清明**。放鬆，絕不會讓你變得懶洋洋的，反之，你會感到更加清明覺醒，充滿活力，更欣賞自己，也能更自在地與外界和平相處。

放鬆的技巧

呼吸法

感受到壓力時，我們的呼吸就會變得急促、短淺。現在，請留意你呼吸的方式，然後有意識地改變，任何人都能學會，這是最簡單卻也最重要的減壓技巧。只要深長均勻地呼吸，減緩節奏，緊繃的肌肉便會漸漸放鬆，煩躁的感覺也能隨之逐漸平靜。

以下是一些簡單的呼吸練習。接下來的一周，試著每天花一些時間實際去做。練習時，通常思緒會自然地從這個念頭飄到另一個念頭。發現念頭飄浮不定時，請別批評自己，只需輕柔地放下，讓它回到原點就好；同時也不要評斷自己放鬆了多少，只需溫柔地鼓勵自己，感謝自己已經盡力。

*一天當中，要時時刻刻提醒自己深深地呼——吸——。記得全然而深沉地吸氣和吐氣。通常，呼吸越深沉就越能夠放鬆。

*第一遍，吸氣時，心裡由一緩緩默數到四，吐氣時，同樣由一默數到四。第二遍，用相同的節奏，吸一口氣，默數著一到四，吐氣時，則由一數到八。再一次吸氣，由一數到四，吐氣時，由一數到八。第三遍，吸一口氣，心裡由一默數到四，吐氣則由一默數到十二。再一次吸氣，由一默數到四，吐氣時由一默數到十二。

接著停止默數，好好享受一呼一吸的充實和圓滿。

*深度腹式呼吸：全神貫注，有意識地呼吸。深深吸一口氣，空氣由鼻腔經胸部進入腹部，盡量擴張腹部肌肉，讓腹部凸起。吐氣時，慢慢收縮腹部肌肉，腹部逐漸凹下，體內廢氣由腹部經胸部，最後從嘴巴輕輕吐出，就像歎一口氣。輕輕吐氣，臉部肌肉、肩膀和身體其他部位也會跟著放鬆下來。

請重複做幾次。

自我暗示呼吸法

*隨著每一次的呼吸，用一個字或一句話，反覆提醒自己放鬆再放鬆，釋放緊張的情緒。

吸氣時，在心裡對自己說「我現在……」；吐氣時，說「……已經放輕鬆」，配合呼吸的節奏反覆默念這些話，可以使你的呼吸更深更慢。嘗試練習這個步驟連續三四分鐘。若發現自己心思飄來飄去，請試著輕柔地集中意念，回到「自我暗示」練習。

以下舉兩個自我暗示的例子供大家參考：

1. 每一次吸氣時，告訴自己「我吸進了平靜而舒服的能量」；吐氣時，告訴自己「我已經釋放了緊張和憂慮」。
2. 吸氣時，對自己說「我允許自己……」；吐氣時，對自己說「……現在放輕鬆」。

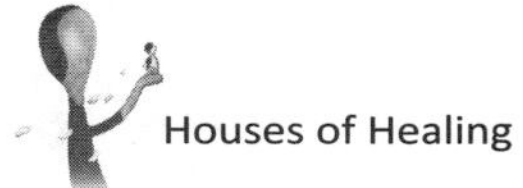

全身掃描式呼吸法

用意念掃描全身，並留意身體各個部位的感覺。吸氣時，想像疲勞、痛苦或緊張的部位吸進了清新、舒緩、療癒的能量；吐氣時，想像疲倦、疼痛、僵硬和緊繃都已經隨著每一口吐出的氣息，整個兒往外排出。

從腳趾頭開始，由下往上慢慢地掃描全身，直到頭部。每次吸氣時，都吸進舒緩而寧靜的能量，吐氣時，則吐出一切的緊張、壓力。一個部位完成了，再移到下一個部位。先從腳開始，集中所有的注意力在腳上。想像你吸進舒緩平靜的能量，彷彿置身於美麗而寧靜的山林，吸著它的清新氣息。而後，輕輕吐氣，感覺腳趾頭漸漸放鬆，肌肉也舒展了。

接著，以同樣的方式逐一掃描腳踝、小腿、膝蓋、大腿、整個下半身，再到腹部、下背部，沿著脊椎、胸部、上背部、肩膀，然後手臂、手腕、手指，頸部、下巴、前額，一直到頭皮爲止。

讓意念流遍全身，深深地吸進平安的能量，流入身上每一個細胞，並安住其中。

正向觀想法

「心靈影像」會直接而且深刻地影響身體和情緒。你是否有過類似經驗，從噩夢驚醒的一剎那，不僅心跳加快、肌肉緊繃，甚至還嚇出一身冷汗，全身顫抖不止？但事實上你那時一直好端端地躺在床上，連枕頭都沒離開過。這個例子充分說明了心靈影像對我們的影響。我們的神經系統無法分辨「實際上發生的事件」和「想像中發生的事件」，同樣的，如果你在腦海裡幻想某個放鬆、平安的畫面，你的神經系統會以爲你此刻正舒舒服服躺在加勒比海的沙灘上，或在怡人的公園裡散步。練習觀想，感到輕鬆自信，就是把健康、成功和美好的訊號輸入神經系統。

＊平安的觀想：深沉而放鬆地呼吸幾次，盡可能運用視覺、聽覺、嗅覺等各種感官，想像自己正在一個可以完全放鬆的最佳環境裡。這是你能送給自己的禮物——在觀想中，來個迷你假期。

＊迎接一天的觀想：深沉而放鬆地呼吸幾次，盡可能運用各種感官，想像自己平靜、清明而自信地度過一天。想像自己面對壓力時，依然可以保持這種狀態。

神聖時刻

神聖時刻，又稱圓滿時刻，是非常有效的放鬆練習，由寫了《從內疚學會愛的功課》和《受苦的正面意義》的波利森科博士〔譯註〕所提倡。所謂的神聖時刻，是指我們感覺生命圓滿具足的那一瞬間。那一瞬間，我們釋放了「除非擁有這個東西，除非能到那個地方，否則我不會快樂」的想法。神聖時刻不需要任何條件，它僅僅是感受到平安和圓滿的當下那個片刻。

練習結束前，有一個落實和安頓的技巧。倘若你無法作完整套練習，卻又希望盡快深入內在的平安，只需簡單地合攏手指，你的身體便能立即回想起這個記憶，重返寧靜。研究已經證實，這個技巧確實能幫助神經系統記住放鬆或圓滿時的那種狀態。

現在，花五分鐘作這個練習。唸完每一小段，停留一分鐘，再繼續下一小段。共有五個步驟。

譯註　瓊恩．波利森科博士（Dr. Joan Borysenko）是研究壓力管理與身心醫學的世界知名專家。她的著作豐富，《關照身體，修復心靈》（*Minding the body mending the mind*）一書曾長踞《紐約時報》暢銷書排行榜；《受苦的正面意義》（*Fire in the Soul*）已有中譯本，著作另有*Guilt is the Teacher, Love is the Lesson*（暫譯《從內疚學會愛的功課》）。

●回想生命裡一段寧靜的時光，那個片刻你既不掛慮過去，也不擔憂未來，任憑時光悄悄溜走，你全然安住在當下，向那圓滿時刻敞開，那時的你也許是在大自然中，或正享受著日落或日出美景。（如果你找不到這類記憶，也請想像一下）

●那一片刻，你感覺如何？

●那一片刻，你身上哪個部分體驗到平安和圓滿？

●慢慢深呼吸，讓自己完全沉浸於那一刻的體驗裡。

●最後，從拇指開始，輕輕合攏五指，靜靜地安住在這個體驗裡。如果你是右撇子，就用右手練習；是左撇子，就用左手練習。

一日將盡之際，記得輕輕合攏你的手指，讓自己回到這神聖時刻。深深地呼吸，享受此刻的平安與圓滿。

湯姆的體驗

今天發生了一件事，換作以前，我一定會發火。事情的經過是這樣的，那時我看到幾個傢伙正在院子裡玩壘球，我順手抓起一隻手套加入他們。大伙兒來回投球，享受著玩球的快樂時光。這麼久以來，這是我第一次感到如此放鬆，畢竟監獄是個讓人難以放鬆的地方。

不過，當有顆球暴投過來時，美好時光就此結束。那顆球從我頭上約莫五呎處飛越而過，雖然我試著接住它，可當然接不到。最後，那顆球落在一群警官面前，當時沒有任何人受傷，我心想應該沒事，便滿臉微笑上前撿球。但早我一步撿起球的警官認爲我不應該笑，他對我說：「你覺得這很好笑嗎？」我說：「我並沒有這個意思。」可是他不罷休，叫我把手套收好，跟著他走。這下換我生氣了，我根本不想把手套收起來。然而，在一剎那間，我想起第二堂課時我跟自己說過的話：「湯姆，這個禮拜的你已經不再是上個禮拜的你了。」念頭才一閃，我發覺自己的食指已經靠攏在拇指上了，我抓著這個感覺、調整我的呼吸，開始將整件事和那名警官帶給我的負面能量，全部順著呼氣釋放出去，在吸氣時，回想心靈神聖之境的念頭，吸進正面的能量。待我平靜後，我想了想那名警官的怒氣從何而來，又爲何會把怒氣發在我頭上。我發現是安全感在作祟，也就是那群警官感到遭受威脅。雖然我不認同那名警官處理此事的方式，不過我確實理解了他生氣的原因。當我想通這一切後，我對自己的表現，以及後續整個狀態感到非常開心。這件事給予我實驗此方法的機會，我發現，它的效果比我想像的要好很多。

就某種程度來說，本章並沒有教你什麼花俏出奇的新技巧，你原本已經在呼吸了，只消兩分鐘不呼吸就會沒命。你根本無需提醒自己「記得呼吸」，無論記不記得，呼吸已是你的生存本能。所以，你需要記住的並不是「呼吸」這件事，而是「保持深呼吸」。它能讓充足的氧氣滋養大腦，使它更加敏銳，還能放鬆身體，釋放壓抑的緊張和焦慮。

如同我們時刻都在呼吸，我們也時刻不停地「自我暗示」——我辦不到、我不夠好、我在這裡無法放輕鬆……等等。其實，很多時候，看似難解的事只需我們作一個決定——到底要就此走入死胡同？還是敞開心靈迎接新的可能？

同樣的，我們也時刻不停地「觀想」。在和某人見面前，我們腦海中早已預演了無數遍和此人碰面的情景。現在，我們可以用全新的方式，充分運用想像力，觀想自己面臨壓力時不僅仍舊能自我放鬆，還能積極且充滿智慧的回應。請記住，我們如何看待世界，世界就會依照我們的想法演出。

在人們心目中，離開「神聖之境」最遠的，莫過於監獄了。其實，只要能讓你釋放緊張、迎接圓滿和平安之地，就可稱之爲聖地。在那神聖的片刻中，是沒有疆界的，哪怕是短短的一剎那，我們就能擺脫自己緊張而封閉的心，而與真我無窮無盡的平安連上線了。

時刻記得深深地……呼吸，

時刻記住這句話：

我的內在具備不受攪擾的平安

10 往內觀照：看清事物的真相

「冥想」這一個詞，很容易讓人聯想到一個盤坐山頂，頭上纏著頭巾的大鬍子。這個技術雖然非常古老，但因爲能有效紓壓、增長內心平靜，一直都是現代減壓課程的取經對象。無論是在監獄、企業組織，還是醫療機構帶領課程，我都會花相當多的時間和精神指導學員練習。這股熱忱不僅源自於觀照冥想確實爲我的生命帶來正面的影響，更因爲我一再看見，只要願意，任何人都能從中獲得莫大的助益。

威爾瑪的分享

透過冥想向內觀照，我比較了解自己。能持續冥想的那些時日，我感到更平安。我發現，靜坐冥想後，我會很舒服，心思也清晰了起來，能以更安然的態度面

對一天的生活。冥想就像一個開關，讓我在過去和當下之間自在切換，輕鬆自如地度過每一分秒。

麥克的分享

過去，我從未想過有一天我會靜坐冥想，可是，現在我打算持續而且規律地練習下去。我覺得自己比以前平靜，也比以往更懂得處理壓力的問題。前幾個禮拜我因故暫停靜坐，等到重新開始時，我彷彿和一個多年不見的好友重逢，眞是欣喜不已。

派特的分享

我比以前放鬆多了，現在我已經可以和自己的痛苦、恐懼和焦慮共處，直到它們全都消逝。冥想減輕我的頭疼，也降低了每逢佳節倍思親的痛苦。

狄克的分享

我發覺冥想是個向內觀照絕佳的工具，它把你帶到一個地方，讓你在那兒誠實地看著自己，釐清心底埋藏許久的問題。冥想給了我聆聽自己心聲的機會。它像個羅盤，指引我方向。

觀照冥想

倘若有人說到跳舞，我們能想到的是放著音樂，跟著節奏隨意擺動身體，你不會知道他們講的是搖擺舞、嘻哈、芭蕾、騷莎、華爾滋，還是其他各式各樣的舞蹈。同樣的，如果有人告訴你他們會冥想，他的意思至少是把心靜下來，集中注意力。但如何進行呢？很可能是定住某個念頭，也可能是眼睛盯著某個圖像，或心裡複誦一個音符或一個字，也說不定僅僅只是把注意力放在呼吸而已。總之，冥想的方式確實有很多，而無論哪一種，重點都在於集中注意力和覺察力。

本章所教導的冥想，有人稱爲「觀照的冥想」〔譯註〕，美國很多醫療場所根據冥想原則而設計出種種減壓的課程，因爲冥想確實對患者的生理健康助益頗大。現在，大家也都承認，它除了身體的療效以外，也能改善心理和心靈層面的問題。冥想與宗教信仰雖然無關，但如果你有宗教信仰的話，冥想必會加深你與信仰之神的連結。

多年來，我學過的冥想方法不知凡幾，終究我還是回到自己最偏好的觀照冥想。每一種冥想方式都有它的價值，到底孰優孰劣，無可評斷。我之所以介紹這種觀照冥想，只因我感到它最爲實用，能增進內心的平衡、覺知，開啓洞察眞相的智慧，讓人獲得眞正的自由。

覺知的生活

回想你一整天的生活，它有可能起始於一個「該起床了」的念頭，緊接著是其他一連串的想法：我的褲子在哪兒？現在幾點了？我餓了。我要尿尿。我昨天忘了寄那封信，今天一定得把它寄出去。啊！我的背好痛。又是待在牢裡的另一天，毫無指望。今天會收到信嗎？我愛她。希望他們把那傢伙送走。今天才星期二？不知道今天有沒有人來看我。我一定要記得把那張表格寄出去……。各種意念和感覺，幾乎一個接著一個，川流不息地穿梭在腦海裡，完全霸佔了我們的注意力，直到上床睡著方休。

我們往往以爲當下最強烈的那個念頭或感受就等於我們自己，但那一念只是我們的一小

譯註　觀照的冥想Awareness Meditation（insight or mindfulness meditation）源於印度，各家技巧不同，一九七〇年代開始流行於美國，已逐漸脫離佛教傳統的內觀形式，與現代心理學融合之後，廣泛應用在自我成長、心理諮商或靈性治療的領域。

部分，並非全部。有能力向內觀照的「眞我」，懂得退一步去觀察念頭、情緒和感覺的變化起伏，而只要保持這份覺知，你可以擁有種種想法，卻不受任何念頭控制；你可以有情緒，但不會被這些情緒淹沒；你會有強烈的感受，卻不至於任它百般折騰。然而，如果你認同了那些想法和感覺，認爲它們就是全部的你，你一定會感到壓力無窮。要知道，你的「覺照」彷若晴空一般無所不在，但你卻執意一頭栽進雲霧裡，看不見世界依然天青日朗，甚至忘了它始終在那裡。

練習冥想之初，我們有時會觀照到自己東飛西竄的想法和情緒，誤以爲自己的心思反而比以往更嘈雜，更容易激動，其實這是我們變得較爲沉靜的前兆，因爲我們已經覺察到，長久以來，自己的念頭和情緒有多麼嘈雜，多麼需索無度。

觀照冥想可以培養退一步省思以及讓心靈恢復平靜的能力。你不但是自己生命經驗的參與者，也是觀察者。往內觀照時，你放慢了腳步，給自己足夠的時間，仔細端詳心念上演的戲碼。多半時候，我們的內心有一部分始終忙著思考、計畫、批判、回憶、幻想和猶豫不決，現在，你開始認出它來，撥開它掩人耳目的紗縵，看見內心清明而寧靜悠遠的另一部分，你明白，那就是覺照本身。

往內觀照，能帶你穿越雜亂的念頭和不安的情緒，找到平靜的核心。一旦達到如此沉靜

的狀態，不論處身在幽閉的房舍，或騷動不堪的環境，你都能找到內在平衡與穩定的力量。

我認識一些原本經常被懲戒或關禁閉的獄友，他們開始練習冥想後，反而打破了不斷惹事然後受罰的惡性循環。這些人都沒有刻意要求自己不再打架、不再惹是生非，他們只是變得更有覺知，故在面對相同的狀況時，已經懂得無需再去複製以往的反應模式。

當你開始練習觀照冥想，不再隨念頭流轉而匆忙上陣，你會更知道自己如何應對進退，何時該有作爲，何時又該靜默以對。你不再只是一個身不由己任由情緒擺佈的演員，還能寬容體諒地欣賞自己演出的這場人生大戲，就連劇情的走向，你也早已胸有成竹。

練習觀照冥想的心態

冥想教師卡巴金在《多舛的生命之旅》〔譯註〕一書當中，歸納了三種練習冥想的心態，非常值得參考。

譯註　喬・卡巴金（Jon Kabat-Zinn）禪修指導師、作家，以本章所介紹的觀照冥想理念設計「正念減壓」課程，協助病人處理壓力、疼痛和疾病，獲得多方肯定；著有多本暢銷書籍，包括《多舛的生命之旅》（*Full Catastrophe Living*）、《當下，繁花盛開》（*Wherever You Go, There You Are: Mindfulness Meditation In Everyday Life*）。

第一種，完全不抱希望：認定觀照冥想沒有任何效用。可想而知的，抱持這種心態冥想，無論有多少練習的經驗都只會證明，一如你所料想，眞正一點也不管用。

第二種，過度期待：以爲觀照冥想能在一夕之間改變生活。這種不切實際的過度期望，會使你很快就對冥想心灰意冷，三兩下就打退堂鼓。

第三種，心態開放但抱存幾分懷疑：可以說，這是最佳的態度，因爲不確定結果是否有用，反倒充滿了無限的可能。對那些從未有過觀照冥想經驗的人，帶著幾分懷疑，原本就是合理的，可貴的是，開放的態度會讓人願意嘗試，並且願意接納所有可能帶來的結果。

汽車大王亨利福特曾經說過：「那些相信自己辦得到，和相信自己辦不到的人，兩者都沒有錯。」這句話說得饒富深意，如果你認爲自己沒辦法冥想，你就會爲自己證實這一點；相反的，假設你相信自己辦得到，你一定也會爲自己帶來實證。換句話說，**那真的僅僅是「意願」的問題**。

觀照冥想的方法

1. 調整一個舒服的坐姿，將背脊挺直，但不要過於僵硬，身體保持平衡舒適，雙手輕鬆地放在大腿或膝蓋上。如果閉上雙眼能讓你更舒服，就請輕輕闔上雙眼，但如果你覺得閉上眼睛讓你感到不自在，就在眼前找一個目標，輕鬆地把視線集中在這一點上頭。

2. 專注於呼吸，開始時，可以將注意力集中在腹部的起伏，單純去感覺呼吸。吸氣和吐氣時，都要仔細覺察身體感覺的變化。不要控制呼吸，只需自然地呼吸即可。你的呼吸有時深長，有時淺短，你唯一的「功課」就是專注在呼吸上，讓自己充分感受一呼一吸之間的感覺變化。

3. 你的心思會不自覺地分散。一旦你意識到自己的注意力從呼吸移開而旁生念頭時，只需知道它在想什麼。然後，輕輕地放掉那些念頭，放掉所有對過去和未來的想法，把意識再次集中在呼吸就好。

4. 注意腹部的起伏一陣子後，就可以把意識的範圍從呼吸擴大到身體其他部位，現在，請覺察一呼一吸間身體所感受的變化。

5. 每天持續這個練習。一天至少作一次，每次大約十五至二十分鐘，可以的話，最好固定練習的時間。

6. 冥想約一星期後，可以試著擴展所觀照的對象與深度。如果你發現自己的注意力分散了，就如同往常，僅僅去注意心思的飄散，再輕柔地釋放那個念頭，接著把注意力帶回呼吸就好。現在，你可以更進一步在心裡記下那一瞬間你在想什麼，為它取個名字，你可以將它們大致分為思考、情緒、感受，以及聽聞等四大類。或者，你也可以更具體地細加標示，例如憤怒、恐懼、批評、規畫、悲傷、快樂、欲望、煩躁、聲音……等等。不必分析你的想法和感受，也無需排斥或緊抓著它們不放，讓憤怒只是憤怒、恐懼只是恐懼，不帶任何批判，看著它們就好。接著，再次把意識帶回呼吸上頭。

隨時隨地的觀照冥想

除了在固定的時間練習正式的冥想外，一天當中，你也可以在散步、舉重、吃飯、運動、仰望天空、服勞役、任何時候，隨時作非正式的練習。

作這類非正式的練習，必須不時去覺察自己的呼吸，每一回練習只需觀察數次呼吸，並刻意將全副精神放在當下，對一切正在進行的事物保持覺察，注意在那片刻當中你所生起的念頭和感受。只要意識到它們就好，無需任何評論。

觀照冥想的常見問答

以下是我在監獄授課時，獄友所提出有關觀照冥想的問題與我的答覆，應當也是大多數人想要知道的。

● 觀照冥想時，可以躺著嗎？

答：在「正式」的觀照冥想當中，是可以躺下來的，不過，我還是建議大家採取坐姿，安穩地坐下，保持背脊挺直，讓自己放鬆，以便進入冥想。無論你的雙腳是踩在地面或盤坐在墊子上，坐姿比臥姿更能保持神志清醒，而這正是我們練習冥想所要培養的，如果採取臥姿，心思自然容易渙散，或在不知不覺中睡著了。

● 我很努力練習，不過就是很難集中精神。

答：保持長時間的專注力的確不容易，因爲當你開始練習之後，很快地，你會發現心思竟然也有它自己的意志，不會輕易就範。俗話說得好：「你不能阻擋自己的心思飄蕩，如同你無法阻止自己變老。」心思飄蕩不過是觀照過程的一部分，我們專注的焦點會一次次從呼吸跑掉，這是很自然的事。在心思飄離的片刻，你可能開始懷疑、評估，甚至批判，但無論如何，每當發現自己的心思飄移時，不要批判，只要回到呼吸即可。

要是你發現自己心思飄走了（也許是一秒鐘，或過好幾分鐘才突然意識到），只要告訴自己：「不要緊，回來就好。」因爲那僅僅是心思的飄移罷了。把注意力輕鬆地帶回呼吸，回到當下這一刻。如同基汀神父在其著作《意解心開》〔譯註〕中所表示的：「不要抗拒任何想法和念頭，無需執著，也不用大驚小怪。無論是什麼影像，什麼感覺、省思或體驗讓你分了心，記得把自己帶回來。」是的，你只要記得回到一呼一吸的律動上頭。

與其嘗試在連續的五分鐘保持專注，不如只專注下一次的吐納，看看自己是不是能從吸氣開始到吸氣結束都保持意識的專注，然後，從吐氣開始到吐氣結束也是一樣。接著，繼續覺察下一口氣的吸入，感受氣在上揚，覺察氣在消退。意識到心思渙散時，請溫柔而果決地將注意力帶回呼吸。要知道，就算我們的心思在練習的這一小時內分散了千百次，觀照冥想

依舊能爲你帶來極大的助益。因爲當你冥想時，心思會變得更鎮靜、更平衡，也更穩定。

請記住，爲冥想的表現打分數並不是你的「功課」。

● 練習觀照冥想時，有時覺得很平靜，有時又感到十分煩躁。這種情形正常嗎？

答：練習觀照冥想雖然很簡單，但其實並不容易。從開始練習到十分熟練，這段期間，你可能發現自己已經有很多不同的體驗。有時你感到安寧、平靜，有時又覺得不安、躁動。你的心思時而安詳凝定，時而萬念紛飛。有時你發現自己很容易專注在呼吸上頭，有時你連多專注一秒都辦不到。不論你在練習冥想時有什麼體驗，那全都是正常的，再說，很可能隔天的狀況又大不相同了。

請安心，照著我的提示，全心投入練習，就是正確的冥想。

譯註　湯瑪斯．基汀神父（Father Thomas Keating）是美國麻省的史賓塞修院院長，響應教宗保祿六世的呼籲，為現代人推介一個適合現代社會生活節奏的祈禱方法，本書第十四章的「歸心祈禱」即是他將「默觀祈禱」的教會靈修傳統，重新介紹給現代人的冥想方式。本章引言出自他的著作*Open Mind, Open Heart*（暫譯《意解心開》）。

●我試著放掉念頭，卻時常發現，似乎才不過一秒鐘就又陷入那些念頭裡。

答：有些念頭或感覺由於過度強烈，並不會因爲我們把注意力帶回呼吸就自動消失。這種時候，你可以把「放掉」想成是「接受現實，順其自然」，讓你的念頭和感覺留在原地，而把主要的注意力放在呼吸就好。

這種情形，可以用雲的意象來比喻。在你陷入自己的念頭或感覺而不能自拔之際，正如同把頭埋進雲堆，誤以爲雲就是整片的天空。一旦你發現自己迷失在這種躁動（或其他感受）之中，你可以主動把頭伸出雲外，那片雲朵不見得會消失，煩躁不安的感受也可能依舊存在，但對你而言，它現在只是天空中的一朵雲，而不是整片天空；它是你經驗的一部分，而不是整體，就像任何情緒一樣，終究只是過眼雲煙罷了。

觀照冥想時，你進入自己更深的內在、更廣闊的部分，這才是眞正的你，只因過去執著於種種妄想念頭，幾乎難以窺見入門之處。

●生氣或沮喪時，實在很難靜坐觀心，而且根本無法和自己共處，我寧可起身離開。

答：和負面情緒共處的確很難，我們會感覺好像快被吞沒了，整個世界似乎只剩下這些感受，而且永遠不會消失。過去，我們必須藉著嗑藥、酗酒，或麻痹自己來逃避這些情緒，可想而知，現在要我們坐下來和這些情緒共處是件多麼吃力的事，那需要十足的勇氣。你可以由衷地感謝自己願意和這些情緒同在！

至於這些情緒該當如何處理呢？冥想教師康菲爾德〔譯註〕簡單而明確地表示：「倘若你心中生起強烈的情緒，通常會有以下三種結果：(1)它們會消失；(2)它們一直維持不變；或(3)它們變得更糟。你的任務不是控制它們，而是要找到一種平衡而開放的方式與它們同在。」

觀照冥想會使得心胸更開闊，而寬闊的心胸能協助你深度療癒生命的傷痛。想像一下，如果你把一大匙鹽加進一杯水，因爲容量的關係，它的鹹度之重，讓你根本無法下嚥。不過，如果你把這匙鹽加到像浴缸般大的池子，或是加到一湖水，再舀一杯水嚐嚐味道，結果一定大不相同。

譯註　傑克．康菲爾德（Jack Kornfield）　大學期間主修亞洲研究，一九六七年畢業後，立刻前往泰國、緬甸和印度接受佛教僧侶的訓練，自一九七四年開始在世界各地教導禪修，是將南傳佛教修行引進西方的重要人物之一，著有《踏上心靈幽徑》（*A Path with Heart: A Guide through the Perils and Promises of Spiritual Life*）等書。

冥想教師薩爾茲堡〔譯註〕寫道：「觀照冥想並不是要我們捨棄生命的本來滋味，它是在創造心靈的空間，讓我們得以在那空間裡篤定安詳地體驗我們的生命。」所以，冥想並非逃避感受，而是我們允許自己在呈現眞實情感的當下，也能安頓其中。在那個片刻，不只是內心更爲平靜詳和，面對憤怒、悲傷、疑惑、欲望和焦慮等種種情緒的來來去去，我們已能從容觀看，不會在情緒浮現時轉過頭去，甚至逃之夭夭。在我們從容觀照的同時，一股大無畏的力量會從內裡油然而生。

深入練習之後，我們漸漸懂得分辨自己的念頭和感受，以及心靈對它們的反應，我們開啓了一個關鍵性的認知：「覺察到情緒」不等於「被情緒吞沒」。過去，當情緒吞噬了我們，一波又一波的情緒隨之接踵而來，使我們不斷生起更多煩惱、憤怒和自憐。一旦我們認同了其中某個情緒，瞬間便會迷失在自己想像的人生戲碼之中。練習觀照冥想，讓我們看清「念頭的生起」與「觀照心靈的反應」是兩回事。當我們培養出足夠寬廣的心靈，願意對自己忠實而安住其中，就不會再受制於負面的思想和情緒，自此，我們才算擁有眞正的自由。

我們就此舒適地坐著，保持開放的心靈，不管生起什麼念頭都不加批判，只是坐看念頭來去，不讓它牽動自己的情緒。練習了一段時日後，我們必會經驗到某種新的心境，先前的不安、焦躁或沮喪慢慢轉變爲深沉的平安。

華特的體驗

當燈光熄滅，一切都安靜下來，我開始在房裡靜坐。初時，我感到一股想要逃開的衝動，雖然強烈，不過我更渴望了解自己。我發現，冥想就是在對自己表達愛，我很享受這樣的練習，因爲它讓我可以關心自己。它使我不再像過去那般，在毒品和酒精裡追逐毫無意義的慾望。觀照冥想可以讓自己盡情地感受，這種感受方式實在太棒了。

- **我總是在開始觀照冥想後不久就打盹，或是感到很疲憊。**

答：這個問題最適合的處理方式，就和處理觀照過程生起的種種念頭一樣，只要單純地關注就好。昏昏欲睡時，身心有哪些感覺？你可以把它取名爲「昏沉」，然後專注地覺察「昏沉」，這樣就足夠讓你恢復清醒，繼續靜坐觀照。當然，你也可以張大眼睛，甚至站起

譯註　雪倫·薩爾茲堡（Sharon Salzburg）　美國知名的禪修導師，是將亞洲冥想帶入西方世界的先鋒，曾在印度、緬甸、尼泊爾、不丹、西藏等國家學習禪修，和康菲爾德同為美國內觀禪修中心（Insight Meditation Society）和麻州佛法研究中心的創始人和指導老師之一，著有《不要綁架自己》（*Faith trusting your own deepest experience*）等書。

來，要不然，在臉上潑點冷水也很有幫助。

感到昏沉的原因大致有以下三個。其一，你眞的累了，也許你一直都沒睡好，此時你最需要的，眞的就是好好睡上一覺。其二，是我們想逃避某些事，不願憶起或不想體驗某些恐懼和不愉快。身體明明不疲憊，偏又感覺昏昏沉沉，往往是一種抗拒。康菲爾德在《踏上心靈幽徑》一書中提及，我們可以問問自己：「現在發生什麼事？我藉著昏睡在逃避什麼？」書中也提醒我們：「許多時候，我們常在昏沉中發現重大的害怕或困難。寂寞、悲傷、空虛、某部分的生活失控，都是我們用睡覺來逃避的常見原因。體認這點後，整個修行就可以進入新的階段。」

第三個原因則是，假如我們大半時間都很匆忙，一旦靜了下來，那個「該睡覺了」的念頭便會自動浮現上來。倘若你發覺你的昏沉屬於這一類，那就坐挺一點，爲這昏沉取個名字，將你全副的精神帶回當下，回到呼吸上頭，就如康菲爾德所說的，「在昏沉之下，埋藏了眞正的平靜和安寧的可能性。」

● 在嘈雜不堪的環境之中要如何進行觀照冥想？

答：冥想時的噪音和其他問題一樣，無需排斥、不用批評，也不要陷入其中，只需靜靜

地留意就好。留意那聲音本身，留意它穿過意識內靜敞的空間。無需分辨那是「說話」、「敲打」或「音樂」，讓聲音就只是聲音。觀照冥想時，對於所發生的一切事物應當平等看待，有意識地覺察環境中來來去去的聲音，不必評斷哪個悅耳哪個不悅耳。

理查的分享

起初我很懷疑觀照冥想的效果，但我現在已經能把冥想當作覺知和觀察的工具了。舉例來說，我知道在重重嘈雜聲響的環境下集中精神有多麼困難，但冥想確實能幫助你達到這個效果，知道聲音就只是聲音。你聽得見獄所發出的一切聲響，同時仍能專注於覺察，認清它們就只是聲音而已。這讓我學到如何處理獄中所遭遇的各種問題，也讓我學會用不同的眼光來看每個人，由批判變爲理解，憎惡轉成包容，態度變得愈來愈開放。

● **我一直在找藉口逃避靜坐，我知道靜坐有許多好處，但要找時間靜坐真的不容易。**

答：我聽過一個故事，有個中國人被單獨監禁了十年，這個人過著長期與世隔絕的生活，他甚至不知道自己是否有獲釋的一天。不可思議的是，當他獲釋後，他的心智狀態卻異常地健康。有人問他，被隔離了這麼久，爲何依舊能保持健康的心智和平穩的情緒，他把這一切都歸功於每日的靜坐觀心。他說，靜坐讓他能實實在在地過每一天，時時刻刻活在當下，而不把心神耗費在對未來的憂慮上頭。最令我印象深刻的是，他說他每天都會盡量找出時間觀照自心。他是個被單獨監禁的人，竟然還必須設法擺脫使他分心的事，才能找出時間靜坐！而且，他可沒有電視。

事實上，無論我們是不是有用不完的時間去任憑揮霍，或者是忙得不可開交，時間總是不夠用，反正我們就是抽不出空來觀照自心。唯有積極騰出靜坐時間，否則我們永遠都有忙不完的事。

有些時候，你都準備要靜坐了，才發現已經到了就寢時間，根本來不及進入冥想，這時也請對自己溫柔一點，千萬不要認爲自己做錯了事情，只要提醒自己，每一天我們都有機會重新作選擇。事實上，如果一天結束時，你已經累得沒辦法靜坐十五分鐘，沒關係，你也可以只靜坐短短的幾分鐘，在這幾分鐘好好陪伴眞實的自己。如同一位獄友曾經提到的：「我們不會時刻想要向內觀照，不過，重要的是要每天撥一點時間靜坐。我發現，即使只跟眞我共處片刻，也比完全沒有好得多。」

每天固定時間靜坐可以帶來極大的助益，它會成爲你每日非做不可的事情。我自己喜歡

晨間觀照冥想，因爲可以藉之定下這一天的生活步調。一位獄友說：「我發現自己可以平穩地開啓一天的生活。雖然問題依舊會出現，但我都能輕鬆面對。我覺得自己比以前放鬆多了，我知道這全是冥想帶給我的。」另外，也有很多獄友發現，黠名時間其實也是冥想的最佳時刻。

波利森科在《受苦的正面意義》一書中寫道：「如果生命是條河流，透過觀照自心，我們不再錯看自己，以爲河流上往復穿梭的船隻（念頭）就是我們眞正的生命；認出過盡千帆皆不是，我們終於看見了生命的悠悠流水，不再虛實不分。」她還說：「一直以來，我最喜歡的冥想，就像全心全意品嘗鬆軟的巧克力蛋糕，感激與喜悅在入口之際瀰漫開來。心無旁騖地活在當下，這就是冥想，我們掙脫了念頭的束縛，融入生命之流。」

不能眞正活在當下，我們會錯過許多存在於每個片刻裡成長與轉化的可能。想像一下，如果我們眞正每分每秒都活在當下，日落時，我們是不是可以看到更多色彩？運動時，是不是更能體會每個細胞的活力？我們能有更多積極的選擇，更懂得跟隨內心深處的直覺，更了解自己和他人，也更能體驗到平安的喜悅。

觀照冥想並不是爲了追尋特殊的新奇體驗，而是體驗當下的圓滿具足，靜觀萬物流轉，細細領會周遭正在發生的一切。

一天當中，請想一想這句話：

我是我自己生命經驗的參與者，同時也是觀察者。

第四篇

11 找回尊嚴：正視罪行和愧疚

瑞吉的告白

我可以理解，人們爲什麼想盡辦法隱瞞過去？爲什麼要壓抑自己？爲什麼不願接納過去？然而現在我更知道，僅僅隱瞞或壓抑都是行不通的，那只會讓痛苦、內疚、羞愧和悔恨一再伺機反擊。大部分的人內心深處都知道自己虧欠了別人，尤其是虧欠我們所愛的人，然而，「知道」並不意味「承認」。以我個人來說，我再也不要逃避自己了。我心裡很明白，我再也不是那個不顧他人死活、卑鄙無恥、毫不在意他人的人！

要如實面對罪咎、羞愧，以及犯罪行為加諸於受害人的實質傷害，確實很難，也極其痛苦，問題是，我們若眞想寬恕自己，獲得療癒，就不能不正視這些問題。換句話說，我們若不正視或處理這些問題，是不可能找回自己的尊嚴，也不可能寬恕自己的。

我知道，有許多獄友對過去的作為，以及自己造成他人的痛苦，深深感到愧疚和懊悔，終日受罪咎、自責和羞愧的煎熬，慢慢落入自卑甚至自傷自殘的循環裡，無法自拔。另一個極端現象則是：有些作惡多端的人，為他人造成極大的傷害，卻絲毫感覺不到內疚與悔恨。也許眞有這種不知愧疚是何物的人，不過，據我觀察，他們之所以毫無愧疚之感，是因為沒有誠實地面對自己的緣故。

說起來，監獄環境原本就十分封閉，很容易動搖誠實的決心。有位因謀殺而坐牢的獄友就說：「處在這麼殘酷無情的環境，實在很難生起懺悔之心。入獄將近三年，我還不曾為自己過去的所作所為感到抱歉和後悔，因為光是要想辦法熬過刑期就夠讓我焦頭爛額了，最多我也只能自求多福。即使內心有一部分願意正視這個問題，但是在監獄這種鬼地方，又有誰能安心反省？」

很多人雖然會有愧疚感，卻刻意不願多想，而是藉著毒品和酒精，逃避內心的不安和痛苦。一位獄友如此描述他的體驗：「直到我戒了毒，勇於回顧過去，才明白自己所造成的痛苦竟是那麼深切。說眞的，在我們還沒有振作起來之前，是不可能有愧疚感的。過去，我被自己的痛苦所吞沒，根本就無心面對自己，檢討自己。」此外，還有不少的人完全否認罪行，拒絕承擔責任，他們耗費了無數的時間和精力，爲自己的行爲辯解，甚至轉而發怒，責怪他人，把自己的罪咎投射在他人身上。

無論是犯下令人髮指的重大惡行，或僅是輕度的傷害，除非我們能夠誠實地面對自己的作爲，否則，因著這些行徑而產生的罪咎感將深藏在潛意識裡，繼續不斷控制我們，讓我們永遠無法療癒。終歸一句話，要消除罪咎感，必須從說實話開始。過去，爲了逃避面對眞相的痛苦，莫說對別人，我們往往也不願對自己坦白。然而，只要眞切想要治癒，我們必須對自己生出眞正的慈悲心，來陪伴我們穿越過去的黑暗經歷，讓我們承受得了誠實揭開記憶那一刻的無情痛楚。

罪咎

先澄清一下，我在本書所說的「罪咎」，並不是指法律範疇的罪，而是個人內心所體驗的一種罪惡感。

人如果認爲自己犯了錯，或做了違反道德的事情，自自然然會產生罪咎感，這是一種健康的心理機制，反映了人類心中最高的道德標準。心生罪咎，是因爲某些行爲或念頭，已經違反了人性「尊重、誠實與公正」的準則。一般說來，倘若一個人出生在健全的家庭，成長過程又充滿了愛和尊重，大約三歲左右就會發展出適度的罪咎感。而後，我們對罪咎感的體驗爲自己設立了一套判斷標準，比如行爲和動機恰不恰當？是否充滿愛心？是否麻木不仁？是否具備了道德操守……等等，簡單地說，健康的罪咎感是人類良心的指標。

缺乏同情心：殘酷惡行的種子

我先前提過，長期受到傷害、遭人排拒、被剝奪權益的孩子，會本能地麻痹自己的感覺，這是他們逃避痛苦的唯一自我保護機制。由於一再遭受凌虐和忽視，麻木成了他們的第二天性，即使童年那種朝不保夕的處境已經改善了，但麻木不仁的性情卻已根深柢固。人們的自我保護機制，先是麻痹自己的痛苦，到後來，對他人的痛苦也變得毫無知覺，對別人的苦難漠不關心，發展到更極端時，可能轉爲主動攻擊的殘酷行爲。有些孩子爲了承受那原本不堪負荷的痛苦，竟會潛意識地將「痛苦、屈辱和折磨」與「快感」連在一起，如此他們才可能生存下去，痛苦與快感之間的連結成了醞釀自虐狂和施虐狂的溫床。

這種麻痹的心態無疑的，成了人間種種暴行的萬惡之源。

經過日積月累層層的包覆，在麻痹外衣的下面隱藏著不爲人知的痛苦，這些人爲了生存，不得不繼續罔顧內心的傷痛。如果我這番話正是你過去生命的寫照，如今，爲了療癒，請你務必溫柔而仁慈地剝去那層層麻木與冷漠的外衣。如果每個人都能得到協助和支持，自願卸下那些保護機制，我深信，人間種種的殘酷、冷漠和邪惡，最終都會煙消雲散的。

為何沒有罪咎感？

有些人幾乎沒有多少道德準則的意識，也有些人不願「想太多」，或說內心的愧疚感尚未「發育完全」。另一種毫無罪咎感的極端例證，是人格異常的反社會份子，他們可能犯下「喪盡天良」的罪行，卻對這些殘酷的暴行沒有絲毫的歉疚或悔意。

形成這種極度缺乏良知的人格，原因雖然很多，終究說來，往往根源於童年時期遭受嚴重的漠視、凌虐、生理失衡或濫用藥物。新聞裡甚至有年僅五六歲的孩子，因爲缺乏罪咎感而犯下人神共「愕」的罪行。這些「淪喪之子」最大的共同點，是在幼年成長的關鍵期，和父母或照顧者之間完全沒有身體的接觸或情感的連結。另外，如果母親懷孕時酗酒，容易導

致胎兒中樞神經系統損傷，造成胎兒酒精症候群，產生日後的學習障礙、溝通能力不良、判斷力不足，以及行爲容易衝動等等症狀，當中的後遺症往往還包括「喪失良知」。

扭曲的罪咎感

有的人童年遭遇還不至於那麼嚴重，他們深鎖罪咎感未必出自嚴重的創傷或虐待，而是負面的學習典範以及自卑感而導致自我麻痹的結果。「我毫無價值」的感受常讓人自顧不暇，完全缺乏對他人的同情。同樣的，喪失罪咎感也有可能是「學」來的，源自於家庭、社會，甚至整個文化背景。泰隆就是一個典型的例子。

泰隆的告白

我從父母那裡學到的是「人生本無公平可言，你非要面對這個事實不可」，這差不多就是我們的家傳人生觀了。「人生本無公平可言」，這是我從小就被灌輸的生活信念，我依此待人處世，從來不去思考公平究竟爲何物。我眞的以爲，人人不擇手段，長期下來，最後的結果才會是公平的。老實說，我原本的確認爲，我這一生，尤其是成年後所作的決定，無一不是對自己有好處而且全都符合我的最佳利益的事情。「公平對待，註定失敗」，這就是我以前的生活信念。

泰隆從家庭學到的觀念，讓他爲自己的不擇手段找到了合理化的藉口。如今，他透過協助，得以回顧過往，試著覺察所學的一切，因此也漸漸明白，過去那些想法如何影響了他的選擇。如今，他不再任由自己麻木不仁，願意放下過去的信念，自然而然地，他也開始渴望表現得更有愛心，更有責任感。

所有的孩子都是從家庭開始學習分辨是非的，如果成年人示範的是不負責、不正直的榜樣，孩子透過模仿而學到的，當然就是那一套。

暫停與思考

* 父母和其他影響你深遠的長輩，讓你學會了哪些尊重自己和他人的行爲？
* 你從同儕和所屬團體，學會哪些尊重自己和他人的行爲？

如果你曾經目睹父親毆打母親，你可能誤以為毆打婦女是合乎常情的行為；如果你父母曾經打你或其他兄弟姐妹，你也可能誤以為揍打小孩這事沒什麼大不了；假如鄰居用恐嚇或暴力的手段「擺平」爭議，除非還有其他人或家人教你採用另一種方式解決衝突，否則你可能誤認為使用暴力是理所當然的；如果你已經學會用偏見和仇視的眼光看待他人，那麼，當你傷害他人時大概也不會感到內疚。是的，毫無例外地，如果你早已習慣透過這類嚴重扭曲的眼光看待世界，你就會誤認為用凌虐、傷害和暴力來回應外界，既合理也合情。

上述這些從他人身上學來的行為舉止和人生態度，扭曲了我們看待世界的眼光，不僅阻礙了「健康的罪咎感」的發展，甚至有可能從此痲木不仁，凡事只考慮到自己。小我的本色，總是有辦法在任何事情找理由責怪他人，或者是千方百計為自己辯護。於是，凌虐、暴力和種種罪行都有了振振有詞的脫罪理由，比如「沒那麼嚴重」、「那傢伙活該」、「就算我沒這麼做，別人也會做」、「是他們把我逼到牆角，讓我毫無選擇餘地」……諸如此類的說詞，然而，實情並非如此。這些藉口都不過是強詞奪理，純粹用來保護自己，藉此逃避問題，不必面對眞相。

鮑伯的告白

我這一生一直活在各種謊言和欺騙當中，現在，我不得不去面對這一切。過去我從不認為我的行為是錯的、是不道德的，以至於今天落到這個地步。不過，自從我重新檢討自己後，我明白我應該對自己的行為負責，我也誠心接受這些責任。我知道，直到我完全面對這一切，療癒才真正開始。

面對事實眞相，有些時候眞的比登天還難。當初所犯的罪行，也許是你從來不認爲自己會去做的事。你或者會納悶，「我怎麼可能做出這樣的事情」、「我那時候在想什麼」，或許你認爲那只是自己一時情急、氣昏了頭或你早已醉得神志不清了⋯⋯，你總能找到一些藉口的。但你心裡明白，自己若頭腦清楚，是不可能犯下這檔蠢事的，你很難對自己的行爲自圓其說。人若想解除內疚而重獲自由，得先承認且接受內疚的存在；若是只想爲自己脫罪，否認過錯，不惜掩蓋眞相，也不願承擔自己應負的責任，是很難踏出人生的下一步的。

正如薩爾〔譯註〕在《改變焦點：重新檢視犯罪與司法》一書中所述：「唯有寬恕和懺悔，才能擁有新的生命。犯罪者如果想要成爲眞正健全的人，就必須承認過錯，擔負責任，看清自己所造成的傷害。唯有如此，才能痛改前非，徹底扭轉人生，朝新的方向出發。」

罪行與凌虐的影響

若要做到眞正的誠實，就不能只選取片面的事實來看，而是要全面檢視眞相，**讓所有的事實都攤在陽光下。這麼做，並不是在打擊自己，而是讓自己負起應盡責任的第一步**。也唯有如此，我們才能記取過去的教訓，也才能走出否認和軟弱的陰影，轉爲堅強，放下恐懼與無知，讓情緒得到眞正的自由，活得有尊嚴。

過去所犯的罪行裡，如果有人受害，那麼，好好面對犯罪行爲在各個層面上所造成的影響，是獲得治癒的必要條件。遭受凌虐和暴力攻擊的被害人，精神上必然受到毀滅性的衝擊，倘若是謀殺案件，則不僅受害者本身，其家人和親朋好友也都遭到重大的打擊。表面上看似對個人的傷害，實則整個社會可能都跟著一起受創。

大多數被害人在受害後，內心無不充滿迷惘、無助、恐懼和脆弱，接踵而來的，則是憤怒、內疚、猜疑、憂鬱、喪失人生意義、自我懷疑、遺憾終身等等負面情緒。被害人一輩子揮之不去的疑惑是：爲什麼受害的是我？害我的人還會再來嗎？我是哪裡招惹了他們，他們

譯註　霍華德．薩爾（Howard Zehr）　大力推動「修復式正義」，本章引自其著作 *Changing Lenses A New Focus on Crime and Justice*（暫譯《改變焦點：重新檢視犯罪與司法》）。

要這樣對待我？當時我要怎麼做，才可以避免這事發生呢？可以說，恥辱和自責是每個被害人內心共同的痛楚，這些感覺往往長年盤據他們心頭，並且留下深遠的後遺症，不僅影響受害者的情感生活，還會波及他們與子女、夥伴、家人和朋友的關係。除此之外，工作能力降低、失去對他人的信賴及對宗教的信仰，也都是經常伴隨而來的後果。一生當中，他們會有很長一段時間籠罩在空虛和痛苦裡，甚至完全失去生命的價值感。犯罪事件雖已過去，但是被害人卻久久背負著恐懼、憤怒和痛苦的重擔，不知何時才能卸下。

以下是羅柏的經歷，他清晰地描述了「受害經驗遺留的潛在傷害」。

羅柏的慘痛回憶

那天晚上，閃過腦海的最後一個念頭就是「我會被強暴」。身爲男人，豈能遭受這種攻擊！

當他邀請我到對面的公寓喝杯啤酒時，我眞的把他當作朋友。我和他，還有他的室友很快就打成一片，我挺高興有他們作伴。那時，我才剛搬來華盛頓不久，多半時間都是獨來獨往。下課後，我通常直接回家，讀書、吃飯、看電視，然後上床睡覺，日子過得非常單調。所以，能被兩位鄰居邀請，眞是件令人開心的事。

在他室友回房間睡覺後，他勸我繼續留下來多喝一杯，我很高興地接受了。就在他要我站起來的那當兒，我滿腦子完全沉浸在這趟造訪和飲酒的歡樂中，沒料到他卻突然伸出壯碩無比的雙手，硬扯下我的褲子，把我抱得緊緊的。當時我爲什麼沒有尖叫？這我永遠也想不透，可能是因爲我很害怕，也覺得丟臉吧。他抱著我躺下，然後跟我說，他正準備給我我所需要的。我努力想掙脱，卻始終擺脱不了。他塊頭很大又很強壯，我害怕到了極點。我不知道到底過了多久，只覺得好似沒完沒了。

後來，我沒説半句話，衝出他的公寓，奔回房間，爬上床，我整個人嚇呆了，完全沒意識究竟發生了什麼事。暗夜裡，我張大雙眼，傻愣愣地躺了好幾個小時才睡著。

第二天我很晚才醒來，初醒時的感覺和前一晚上床時一樣。隨即我不由自主地痛哭起來。這時，我聽到一陣陣敲門聲，我上前應門，站在門口的正是那個鄰居。他表示對昨晚發生的事感到非常抱歉，還把事情歸咎於自己喝多了。我無法描述那種自我憎恨、令人作嘔的感覺，只是一言不發地定定看著他。我恨死他了。他一説完，我立刻把門關上。

接著，我又躺回床上，幾乎躺了一整天。失落感一陣又一陣地朝我席捲而來，我卻不知該向誰求助。這樁事讓我直覺「自己有錯」，我整個人已經被這感受團團困住了。當時我怎麼會讓他對我做出這種事？爲什麼我沒有大叫求救？當他登門道歉時，爲什麼我沒有告訴他我的想法？這些問題我一個也答不出來。我躺在床上痛哭不已，時間就隨著我的淚水一點一滴地流逝。

幾天後，我打電話向惠特曼沃克診所求助。發生這樣的事，眞的難以承受，我需要找人談談。診所很快就爲我安排了一名諮商師，每一次的諮商費用是美金四十五元。對我來說，這是筆龐大的開銷，因爲當時我白天打工，晚上修學位，我一直在設法使自己的收支平衡。我每週都前往該診所接受治療，持續了好幾個月，但我發覺自己根本沒辦法談論這件事。好幾個月過去了，我已經花了一大筆錢，我決定停止心理治療，因爲我再也付不起費用了。

如今，事隔兩年，我早就搬家了，很難再想起住在舊公寓時的生活點滴。在我搬離公寓前，幾乎成天都在昏睡。我想自己當時應該是罹患了憂鬱症吧。

沒有騙你，這件事毀了我好長一段人生。遭到性侵以前，我是個相當有自信的人，如今我已不再那麼肯定自己了。有時我覺得自己毫無吸引力，有時覺得自己很

齷齪，我沒有一天不想起自己曾被性侵。那種無助感眞令人招架不住。滿腦子全是：當時我明明可以不讓這事情發生，但我卻沒有這樣做。說眞的，自信心完全喪失可以擊垮你整個人生。

羅柏的慘痛經歷，讓我們清楚看到凌虐和暴力的遺毒，很不幸的，這還只是我們所能見到的一小部分而已。大家如果回想一下先前提到的，大多數受害者的反應，如困惑、無助、恐懼、脆弱、憤怒、內疚、憂鬱、喪失人生意義、自我懷疑、懊悔、自責與自我憎恨等等，就會發現，這些反應羅柏全都經驗過。就像其他多數的受害者一樣，他心中仍然有不少未解的疑問，而這些重重綑綁他的問題，或許永遠也得不到答案。

監獄這個特殊的場域，難免會發生強暴案件，但是，這類案子通常不會被揭露。在獄中被強暴，被害者心中留下的傷痛和獄外的受害者雖然完全一樣，但相對而言，他們所能尋求協助的管道卻遠遠不及獄外的人。

蓋瑞的經歷，是另一個有關「受害經驗遺留的潛在傷害」明顯而徵狀強烈的實例，所不同的，經過了幾番努力，他的人生經歷最終得到了撫慰。我和蓋瑞相識於紐約州辛辛矯正機構，當時，我們同時受邀在該機構舉辦的「受害者與犯罪者課程」結業典禮上致詞。

一九八一年，蓋瑞任職於紐約貝斯特西方酒店，他是酒店的財務稽核員。一天夜裡，蓋瑞值班時酒店發生了搶案，蓋瑞遭到槍擊。當天凌晨三點，四名男子闖入酒店，命令蓋瑞趴在地板，要他交出收銀機的鑰匙。他們不斷地用槍柄和拳頭猛敲蓋瑞，蓋瑞最後昏了過去。搶匪要離開時，蓋瑞依稀聽到一聲槍響，子彈從0.22口徑的槍管射出，穿過他的肺部，打斷了兩根肋骨。直到現在，部分彈渣還卡在他的胸腔內。蓋瑞被槍擊時才三十四歲，當時是全國頂尖的短跑和舉重選手。對體能正值顛峰狀態的他而言，槍傷所造成的影響遠比體能衰退還來得嚴重，他的運動生涯也就此告終了。

搶案發生後，蓋瑞開始作噩夢，每天晚上嚇醒後，都只能冷汗直冒地在房裡來回踱步。他常會因爲細故大發雷霆，但在以前，那些事根本不可能讓他煩心。他一直感到相當沮喪，又憤怒又焦慮。後來，他被解僱了，身上幾無分文，最後連公寓也保不住，只好住進基督教青年會。他不是沒有想過該去看心理醫生，但因爲沒有錢，只好停了保險，故也沒有任何一個醫生願意看診。就在厄運連連、困境不斷之際，他夢見了歹徒。根據夢境，他從檔案照片裡指認出兩名搶犯，後來又指認了第三人，最後這三個人都遭到逮捕。經由蓋瑞的指認（據他本人描述，指認的過程比

搶案發生的當下更令他痛苦），射殺他的韋恩被求處十二至二十五年的徒刑。歹徒定罪後，蓋瑞的精神壓力終於得到一些紓解。

經過一段相當漫長的復健，蓋瑞找到了另一份工作，也恢復了體能訓練，不過，他的焦慮和憂鬱並未因生活忙碌而消失。幾乎是一點點芝麻綠豆的刺激都可以讓他勃然大怒。槍擊案發生後十一年，蓋瑞依然深受「創傷後壓力症候群」所苦，這種情況，和其他犯罪受害人（以及戰後退伍軍人）完全相同。

一九九二年，蓋瑞無意間看到了HBO播放的一部紀錄片，報導一名學校老師和曾用棍棒毆打他的少年相互和解的實況。深受感動之餘，蓋瑞開始著手安排自己與射殺他的搶匪和解。他先試著聯絡了州立社區爭議處理中心的主任克里斯汀，請對方安排他和兇手見面。該中心通常並不受理與嚴重暴力或傷害有關的案件，不過，當克里斯汀感受到蓋瑞是眞心想要和解而不是報復時，馬上決定聯絡韋恩，問他是否同意與曾被他射殺的蓋瑞見面。韋恩答應了。

韋恩犯下這起搶案時才二十一歲，搶奪的金額不過一百五十美元。他是個中輟生，剛離開學校沒多久就因搶劫服刑三十四個月，後來又因假釋違紀服刑一年。槍擊案發生的那天早上，他和朋友約好見面，當時他才剛出獄四個月。在接到克里斯汀的電話前，他很少想起這個曾被自己射殺的人。他說：「我偶爾會想起射殺蓋瑞那件事，但是除了搶案當晚的記憶，我對這個人眞是一無所知。」

韋恩初次接獲處理中心的電話時，他很懷疑，猜想這個和解可能是場騙局，是準備在假釋委員面前對付他的花招。他說：「不過，在跟克里斯汀先生談過話後，我覺得雙方見面應該能幫助蓋瑞先生釋懷，也讓我有機會和蓋瑞先生談一談這件事對他所造成的影響。」

蓋瑞自述說：「原本我有個想法，我想請他談談事發那天的經過，我要他回答我幾個問題，他爲什麼要射殺我？爲什麼這麼殘暴？他打算殺了我嗎？我眞的只想要一句道歉。對我這個暴力犯罪的倖存者而言，一聲抱歉意義深遠，能讓整件事了結，也能使我得到療癒。但是我不想開口要求他道歉，求來的道歉我不會要，如果對方想要道歉，他自然會說出口。」

但是韋恩和蓋瑞不一樣，他並未盤算好要說些什麼，也不打算解釋或辯解自己的行爲，只想靜靜地聽蓋瑞說話。他唯一打算做的事其實就是道歉。

雙方見面時，蓋瑞緩緩訴說十一年來韋恩已經成爲他生活裡的一部分，這麼多年了，他一直希望得到事情的眞正答案。事後，韋恩回憶那次會談，語帶沉重地

說：「他使我了解了，個人的行爲竟然會造成別人那麼嚴重的傷害，之前我眞的一點也不清楚自己所作所爲的影響會有多大。想起來就覺得很可怕，換成我自己，我也不希望別人這樣對待我。」

就在韋恩道歉時，蓋瑞哭了起來。蓋瑞描述當時的感覺，他說：「這十一年來，我已經在心裡把這個人塑造成惡魔的形象，現在才知道，他也不過是個『人』罷了。我向他道謝，並且跟他說：『只有男子漢才有勇氣道歉。』」

最後，雙方握手，結束了這次的會面。

細細看了蓋瑞借給我那卷未經剪輯的錄影帶，我十分明白，這次會面顯然對他們兩人帶來了非常大的療效。韋恩第一次發現自己的行爲對他人的一生竟會產生如此眞實而且有血有肉的影響，他終於能夠正視自己的所作所爲，面對自己所傷害的人了。他非但有意願，而且有能力開始彌補自己所造成的傷害。

一個人如果能眞正了解自己造成的傷害，以及受害者所承受的切身之痛，日後必然會避免重蹈覆轍。當我們傷害了一個人，我們必須盡可能地認出自己的行爲對他所造成的衝擊，以及自己該負的那一份責任，這一點非常重要。我們應該設法找出自己能夠承擔的部分，把後遺降到最低才是。

相較於多數的被害人和加害者，蓋瑞和韋恩的故事結局讓人欣慰多了。蓋瑞是個心胸寬大的人，他和韋恩都願意鼓起勇氣，懷抱誠意，共同開拓一個嶄新的療癒空間。透過對話，他們建立了新關係，成爲「修復式正義」〔譯註〕難得的見證人。

遺憾的是，目前的司法體制並不支持這種新作法，現有的政策無非在強力分開受害人（或家屬）和罪犯，阻斷了任何形式的和解或補償的機會。當然，一定會有一些罪犯不願意負責，也有部分的被害人因爲過於恐懼，受創太深，或者是憤怒難平，根本不想再和罪犯有任何瓜葛。撇開這些不說，如果被害人願意和解，並且衷心希望得到一些答案，現行體制根本無法提供任何促成的管道。另一方面，倘若罪犯眞心懺悔，希望負起責任，受害人及他的家人當然也沒有機會知道。總而言之，現行司法制度著重於定罪和刑事處分，療癒並非焦點，以至於阻礙了受害人和罪犯的癒合，雙方也因此永遠凍結在不健康的關係當中。

目前美國只有極少數的監獄在推廣「被害人與罪犯調解計畫」，這類計畫都有專人監督指導，他們會仔細篩選幾個暴力犯罪案件，邀請犯案者和被害人組成一個小型團體，在專人督導下開始溝通。讓被害人說出自己經歷的憤怒和痛苦，希望某些答覆能幫他們爲這一段過去劃上一個句點；也讓罪犯體會到自己確實造成對方莫大的痛苦，而不是坐了幾年的牢後仍然不明所以。雙方都會在溝通的過程中產生新的體認，開始了療癒之路。根據一些研究統計，受害者和犯罪者會面，除了有助於雙方在情緒層次獲得一些療癒以外，還能解除雙方對彼此先入爲主的刻板印象。「修復式正義」是新的司法觀念，認爲犯罪行爲傷害的是人民和社會，而不是一種觸犯國家法律的行爲而已，這種模式所關注的是促進雙方修復、和解，重拾對人性的信心。

非暴力的罪行

即使是「非暴力」的罪行，也可能留下極大的恐懼，以及破壞力十足的後遺症。

我記得一位非常慈祥的七十二歲老太太，有一天，當她外出照顧孫子時，家裡被洗劫一空。當時那個竊賊說不定心裡很快找到了自以爲合理的藉口：「反正沒人在家，偷一點東西又何妨，況且保險公司也會理賠。」竊案過後，老太太在家裡總是覺得不安全，心中的恐懼

譯註　修復式正義（Restorative Justice）一詞，最早由美國喬治城大學法學院教授藍迪．巴內特（Randy Barnet）所提出，原始的意義是從「以被害人為中心」的基礎上，在刑事司法過程中，建立犯罪者與被害人之間的對話關係，並邀集社區相關人士參與，促進加害者的悔悟與主動承擔責任，以消除雙方的衝突，化解矛盾。其核心思想在使傳統的「懲罰」、「矯正」轉型為「修復」，而以「癒合」為最終目標。

讓她白天一刻也不敢待在家裡，她隨處遊走各大賣場，一直到先生下班後才悻悻然回家。事隔三年了，那樁「非暴力」竊案所遺留下的恐懼，仍深深影響她每天的生活。即使社區那一帶的犯罪率極低，待在家中她依舊沒有安全感。以此看來，盜竊行爲本身造成的心理影響，顯然比單純的財物損失，衝擊性更大，也更具破壞力。

容我再強調一次，現行法律制度認定的「非暴力」犯罪行爲，在精神層次上，其實仍是一種暴力！只要誠實面對良心，就知道這絕對是事實。

這讓我想起我所認識的一些古柯鹼販賣者，他們進出監獄如家常便飯，最喜歡把古柯鹼賣給情緒本來就不穩定的青少年，要知道，這些十四、五歲的年輕人，一染上毒癮，前途就毀了，但是，依據現行法律，販賣毒品的行爲屬於「非暴力的犯罪」！我們眞需要從眞我的慈愛、智慧和品德的角度反省一下，自己的行爲是否眞的「非暴力」嗎？

歸根究柢，誠實和負責的生活態度，是每一個人立身處世應有的本分；若於誠信有虧，事情無論大小，都是背叛自己和他人心靈的暴力行爲。

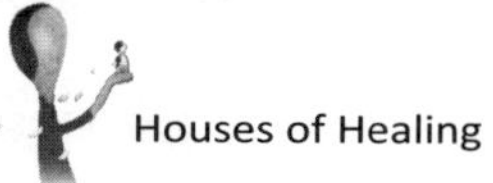

濫用權力與控制

暫停與思考

你會（或曾經）濫用權力和控制嗎？請仔細想一想下列的問題：

＊你會恐嚇他人嗎？你會用臉色、動作、手勢，或藉由損壞財物、亮出武器來恫嚇他人嗎？

＊你會使出精神虐待的手段嗎？你會貶低、辱罵他人，耍心機讓他人感到內疚，藉機羞辱對方嗎？

＊你會設法淡化罪責，否認罪行，或乾脆歸罪他人嗎？你會否認已經造成的傷害、推卸責任，辯稱那是對方自找的，一副傷害人沒什麼大不了的樣子嗎？

＊你會採取強制和威脅的手段嗎？你會用威脅的方式來做傷害他人的事嗎？比如用離開某人（例如配偶），或揚言自殺來要脅對方，迫使他做他不想做的事嗎？

＊你有男性優越感嗎？你的人際關係通常比較像「主僕關係」嗎？而且你必須是「主人」？

＊你會排擠他人嗎？你會操控他人所做的事，不管是他們想要見面或說話的對象，或是他們的去處，然後辯稱自己只是出於嫉妒嗎？

＊你在家會利用孩子嗎？利用他們傳遞消息，或不考慮孩子的福祉而威脅要把孩子帶走，或利用探視孩子的機會騷擾已經分居的配偶嗎？

以上所列濫用權力和控制的行爲普遍出現在家暴，以及身體與性暴力之中。

＊除了濫用權力和控制外，你還會利用其他方法嗎？無論貧富貴賤，如果你以尊崇和敬重的態度對待每一個人，你會有什麼感覺呢？

＊你知道如何採取不具威脅性的作爲嗎？你會尊重他人嗎？你對自己的行爲能坦然負責嗎？

＊你懂得用公平協商的方式解決爭端嗎？

＊你能分擔責任而不濫用「男性特權」嗎？

＊你會信任並支持他人，而不排擠或控制他們嗎？

病態的罪咎感

健康的罪咎感能指引良知，幫助我們恢復責任感及力量，尊重自己，誠信待人。然而，如果我們過度陷入罪咎感，不斷用內疚來打擊自己，罪咎感就會轉變成病態的心理。這種過度的內疚和懊悔的感覺可能會跟隨我們一輩子，只要一想起某個人或某件事就浮現上來。如果想要全然治癒，讓生命可以繼續往前邁進，就不能讓這種過度的內疚和懊悔主導了我們的情緒。

病態的罪咎感會激發內在的衝突，就像擂台上互鬥的兩名拳擊手，一方是缺乏智慧和慈悲的贏家，另一方則是輸家。每當輸家費力要爬起來時，贏家就馬上一拳揮過去，日復一日，年復一年，這個輸家永遠沒有足夠的時間和心靈空間從過去的經驗學到教訓。同樣的道理，病態罪咎感必會使人產生反覆自我批判的傾向，終而認定自己是壞人或笨蛋。如同拳擊手一般，一部分的你一直在打擊自己，以至於根本沒有機會學習從錯誤中再站起來，故也沒有機會恢復心靈的健全。病態的罪咎感發展到極致，會使人完全喪失自尊。

如果我們不願意清醒，不願意設法從經驗中學習，也不想要寬恕自己，長期下來，這層病態的罪咎感會日益坐大，進而形成惡性循環，嚴重阻礙療癒，無從看見生命有何轉機。我們心中滿懷著「罪咎感」的那一部分，會無意識地向我們的所有作爲「討債」，頻頻用不快樂、憂鬱和自卑感，甚至是身體和精神疾病作爲對自己的懲罰。和病態羞愧感會化作「毒性教條」一樣，病態的罪咎感除了向內打擊自己外，也會向外投射，使我們習慣性地對他人投以憤怒和怨恨的情緒，一味地將世界看成是個充滿敵對、恐怖和不公不義的地方。心靈一旦被病態的罪咎感所掌控，人們會以破壞性的行爲無意識地懲罰自己，有過前科的罪犯，往往會身不由己地一犯再犯，就是常見例證。病態的罪咎感會導致長期的緊張焦慮，這股暴戾之氣悶在心裡無處抒發時，常常需要透過激烈的暴力行爲才找得到出口。

正如同你在面對所有的事情一樣，自我覺察是改變的第一步。能夠覺知自己總是習慣性地貶低或譴責自己，正是轉化病態罪咎感的開始，而後，透過一次次寬恕自己，你才能眞正看清自己的過錯僅僅是基於恐懼的反應，你不過是採用了錯誤的方式，去追求你認爲自己匱乏的愛與力量而已。唯有透過自我寬恕，才能治癒病態的羞愧感和罪咎感。自我寬恕時，你記取了過去的教訓，同時也提醒了自己與生俱來的人性光輝。

回顧此生

研究「瀕死經驗」相當有成的穆迪博士〔譯註〕，出版過很多相關的著作，最近我閱讀了其中三本，深有所感，十分樂於和大家分享。這三本書分別是《來生》、《來生的迴響》以及《域外之光》，其中，《來生》目前已銷售超過三百萬冊。

看了這三本書以後，我不由得開始思索一些問題：我們是否應當及時檢討自己的所作所爲？是否應當試著了解這些作爲對他人所造成的影響？是不是每個人都該回頭想想這一生究竟逃避了哪些事？當然，你不一定要接受或者相信穆迪醫生所調查的結果，我之所以在這裡介紹他的研究，除了因爲已有不少研究人員認同他的論點之外，他的研究結果也著實契合了本章「罪咎感與生命轉變」的主題。

過去二十年來，穆迪博士採訪了許許多多有過「瀕死經驗」的人，有些是因爲意外事故、心臟病或其他種種因素瀕臨死亡邊緣，有些則是根本已被宣告死亡，但後來都復活了。根據穆迪博士的研究，成千上萬來自各行各業，有過瀕死經驗的人，都曾經有若干共同的經驗。他們形容說，在瀕臨死亡的那一刻，很清楚地意識到自己正在離開身體（比如飄浮在半空中，看著自己的身體），飄到某個點會通過一條黑暗的隧道，隨即進入一道明亮的光，

譯註　雷蒙．穆迪博士（Raymond A. Moody）　除了《來生》（*Life After Life*）一書之外，另如*The Light Beyond*（暫譯《域外之光》）和*Reflections on Life After Life*（暫譯《來生的迴響》）等，皆膾炙人口。率先推動瀕死經驗的相關研究，樹立了該領域的研究典範。

「像是一道能穿透一切的美麗而強烈的極光」，之後，他們提到自己遇見一位「至高的光之靈體」。不論「祂」是誰，看見這個靈體的人都感受到一股全然的愛與了解的能量，許多人把這個靈體稱爲「神」。

就在遇見「至高的光之靈體」那當兒，這些人都進行了一次全景式的「此生的回顧」，這一生中所做的每一件事情全都歷歷在目，在他們面前一幕一幕飛逝而過。針對這個現象，穆迪說道：「在這種情況下，你不僅可以看到自己一生所做過的每件事，也同時可以覺察到每個行爲對你生命中的人所造成的影響。」是的，除了感受到曾經傷害過的人的悲哀、痛苦和創傷，也同時能感受到自己曾有過的慈愛行爲帶給他人的愛和幸福。不少的人說，當他們穿越這個回顧歷程時，感覺到「至高之靈」以無條件的愛擁抱著他們，幫助他們正確看待自己生命中所發生的每一件事。所有接受穆迪採訪的人都一致認爲，生命中最重要的事就是「愛人」。

穆迪說了一個眞實故事，詳細闡述瀕死經驗如何促使人們轉變。尼克是個行騙高手及罪犯，從詐騙寡婦到販賣毒品，幾乎無所不幹。犯罪的勾當讓他過得十分逍遙，擁有鉅額存款、頂級轎車、豪宅大院，更要緊的是，「壓根兒不覺得良心不安」。一天，打高爾夫球時，他被雷擊中而「一度身亡」，此後，他的生命反而因此徹底改觀。在瀕死經驗中，尼克

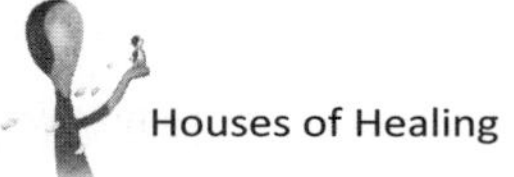

形容他見到了「光之靈體」，他稱之爲「神」，神領著他做了一段生命的回顧。在醫院復原期間，尼克隱約感受到那一段生命回顧爲他所帶來的影響，在那同時，他也體驗到「沐浴在純然的聖愛中」那種美妙感覺。跟所有曾經有過瀕死經驗的人一樣，尼克的轉化不僅正向，而且極爲深刻。出院後，他毅然揮別犯罪生涯，轉而從事誠實而有益的行業。和尼克一樣擁有瀕死經驗的人所共同強調的兩件事是：愛，以及從經驗中學習。

話說回來，你不必等到死神來敲門，此時此刻，你就可以回顧自己的生命歷程。回顧並承認你的作爲對他人所造成的，不論是正面或負面的影響，最重要的是，你可以欣然接受自己從這些經驗學到的一切。當你回顧自己的生命歷程時，請試著對自己溫柔一點。如果你曾經傷害過他人，一想到自己對他人的影響竟是如此深重，自我譴責與自我憎恨很難不油然而生，然而，在你譴責自己的同時，請試著敞開心胸，仁慈地對待自己；也試著去感受隱藏在權力濫用之下的恐懼、絕望和無力感。倘若你願意，不妨在回顧過去的同時，也想像一位「光的靈體」正在給予你無條件的愛。

回顧自己的生命歷程

找個舒適的位子坐下，做四次深沉和緩的呼吸，將一切輕輕釋放，花一點時間讓自己的身心靈全然放鬆。然後，開始回想你過去曾經對他人付出的善行和愛心，任何微小的善行或愛心都可以。仔細想一想，將善與愛延伸出去是什麼感受，自己的仁慈帶給他人什麼影響，充分享受那份感覺。在你回想自己的仁慈時，請留意身體的感覺，記得全然深沉和緩地呼吸。接著，感謝自己曾經那麼善良而慷慨。

現在，同樣敞開心胸，試著回想生命中你曾經有過的麻木不仁和傷害行為。或許你可以呼喚一位「光的靈體」、「更大的力量」，或任何愛的象徵。感受祂們所散發的全然慈悲與無條件的愛。即使過去你未曾有過這種感覺，現在無妨讓自己感受祂們的愛就環繞在你身邊。吸氣時，讓這種感覺與你自身融為一體。感受至高真我的慈悲和愛，在你回顧時賦予你看清真相的力量。在你回顧這一生時，想像此刻與愛融合的過程正是你生命的轉捩點，你學到了過去未曾學過的事。

假使你曾經凌虐他人或對他人施暴，請想一想這個行為對當事人及其家人、社會，可能（或已經）造成的影響。想像自己沐浴在更高本源的愛與光裡，領會並學習你所看到的一切。

最後，記得謝謝自己，感謝自己能鼓起勇氣接受療癒。

12 寬恕自我：療癒的核心

喬治的告白

我因傷害罪而入獄，雖然已經坐牢十三年了，但我不怨這個，我知道自己有罪，受到懲罰是自作自受，罪有應得。傷害了人，我不只感到內疚，更覺得後悔和慚愧。當我意識到自己的行爲影響了那麼多人，不只是被害人，還有他的家人、朋友和我的親朋好友，而且我就這麼毀了自己的人生。意識到這一切的瞬間，我第一次有了自殺的念頭。我覺得自己眞是個該死的廢物，偏偏又沒有勇氣自殺，只會沉溺在低落的自我價值感中不停地掙扎。當時，我以爲自殺才是勇敢負責的作爲，但現在我明白了，自殺只不過是逃避面對內心感受的懦弱行爲。

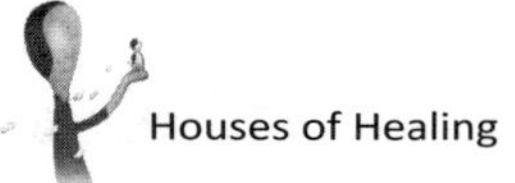

打從省悟了寬恕道理的那一天起，我盡力善待愛我的人，讓我覺得自己還有點價值和尊嚴，我就這麼一點一點地重新找回自尊。這段時間，我試過各種心理療法，學習處理人際關係和感受，也一再檢討生命的每一個面向，想要找到能夠撫平內在惶恐不安的答案。

入獄服刑期間，一位過去商場上認識的女士開始來探望我，久而久之，我們成了好友。直到今天，我依然非常珍惜這份友誼。幾年後，有一次我向獄方請假去看她，我們聊天、討論事情，分享彼此的想法和感受，突然，她岔開了話題，輕輕緩緩地說：「喬治，你已經盡了力，你的人生也改變了許多。你是一個好人，也是我的朋友，所以我想對你說，原諒你自己吧！」爲了讓我聽進去最後那句話，她很認眞地一個字一個字重複了一遍。

「原諒你自己吧」這句話，打開了我「重生」的契機，在此之前，我從來不敢奢望自己會有這樣大的轉變。而此刻，當我寫下這句話時，盛滿了喜悅和愛的淚水不斷從臉頰滑落。我好感激這句話，「原諒你自己吧」，過去不曾有人這樣跟我說，但這卻是我最渴望聽到、也最渴望感受的一句話。受到這句話的鼓舞，我藉由許多療癒方法，試著在實際生活裡體驗話中眞義，也逐漸得到內心的平安和自在。

大多數的人無法接受「受刑人寬恕自我」的觀念，就像人們無法寬恕他們的罪行一樣。人們堅信只有愧疚和刑罰才能有效地遏止暴力和犯罪行爲。然而，事實擺在面前，有史以來，不論用什麼重刑都無濟於事，不管受刑人的內疚和羞愧有多深重，犯罪率依然持續飆高。事實上，問題眞正的癥結恰恰相反，正因爲內心充滿不健康的內疚和羞愧，才更容易激發暴力行爲，結果又讓人更自卑，更自暴自棄。只有「寬恕自己」才是恢復人性自尊的不二法門，也是所有療癒的核心。是的，容我再強調一次，自我寬恕是唯一能夠眞正阻止犯罪的力量。

正如同所有的心靈療癒，自我寬恕也是循序漸進的過程，而不是一次就能圓滿達成的作爲。眞正的寬恕絕對不是表面功夫，也不僅止於動動嘴皮子信口說：「好吧，雖然我做了這事做了那事，但現在我願意原諒自己。」眞正的寬恕需要時間、勇氣和絕對坦誠的意願，並不是只要一時樂意就足夠了。既然多半人無法眞正了解自我寬恕的意義，想當然地，受刑人自然不容易獲得必要的指引和支持。事實上，即使受刑人有心操練自我寬恕，然而「坐牢」這個不爭的事實無時無刻不在扯著他自己的後腿，致使受刑人跟他人互動時很少不感到羞愧的，他們不得不承認自己是次等公民，非但過去不曾被原諒，未來也一樣得不到原諒。

每一次我講述自我寬恕這個議題時，一開始總有很多人認爲這件事和他們無關，這多少

是因爲誤解了自我寬恕，或只是一知半解的緣故。大部分的人因爲不了解自我寬恕的眞義，常會覺得這輩子再也無法原諒自己，而要獲得他人寬諒，那更是癡心妄想了。

無論你的過去如何不堪，請相信我，只要你能敞開心胸、耐心以對，踏踏實實地練習，有朝一日，你一定有機會體驗自我寬恕所帶來的自由和平安。

寬恕自我的錯誤觀念

在進一步探討如何眞正寬恕自我之前，我必須先澄清一些寬恕自我的錯誤觀念，現在，我們就從寬恕自我「**不是**」什麼說起。

寬恕自我「**不是硬把有罪說成無罪**」，也不是縱容那些傷人、麻木不仁、凌虐或不道德的行爲，更不是替這些行爲找藉口或忽視它們。寬恕自己不會減輕因你的作爲而造成的嚴重後果及衝擊。可以說，拼命爲自己的行爲找藉口，無非是否認現實和自欺之舉。

寬恕自我「**不是為自己開脫罪行**」，或明知有問題卻表現得好似一切正常。相反地，寬恕自我是對既成的事實擔負起全部責任，不論你犯的是嚴重罪行還是輕微過錯，這個準則都一概適用。

寬恕自我「**不是逃避**」，絕非讓人用來逃避懊悔或罪咎感。事實上，一個人爲過去的錯誤決定以及帶給他人的痛苦感到遺憾、懊悔，這是很自然也很正常的事，直接去面對這些感受便是療癒的一部分。

寬恕自我「**不是擺出一副理所當然的姿態**」說：「既然上主（或其他靈性的象徵）已經原諒我了，所以我也原諒我自己吧。」實際上，若未完成療癒歷程所需的內在探索，這種想法只是逃避，不是眞正的自我寬恕。

假如你感受得到內在靈性更大的力量，它那無條件的愛必能增強你寬恕自己的願力和勇氣。然而，就像我們從比爾的經驗所學到的：接受幫助之前，你必須先盡到本份，承擔應負的責任。

比爾的告白

從前，我不斷逃避自己，把每件事都怪罪到他人身上，我好恨自己。我企圖自殺好幾次，從十三歲起，我就不斷進出看守所和監獄。我試過每一種毒品，想找個一勞永逸的方法耽溺在其中。我同時也酗酒，但不管是酒精或毒品，都只能讓我好過一陣子。我一步一步地走向自我毀滅的深淵，直到最後，我殺了一個無辜的女人，被判死刑，我終於無處可逃了。憎恨及罪惡感如海嘯般洶湧而來，但我依舊選擇逃避，不願面對自己做過的事。我心裡很清楚自己幹過哪些勾當，這種感覺實在糟透了，可是再怎麼懊悔都已無法挽回。沉重的過去壓得我喘不過氣來。就在我再也無法承受的時候，我接受了宗教信仰，試著用全然不同的角度看待這一切。信仰之初，我曾經不斷抗拒，最後終於選擇「退後一步」，重新看待眼前的處境，仔細檢討這輩子做過的每一件事。我看見自己帶給家人、伴侶，甚至不認識的人種種的痛苦。我感覺上主正引領著我，我心裡十分清楚自己該做些什麼才能獲得寬恕。但在這之前，我必須先原諒自己，而原諒自己的第一步便是爲自己的所作所爲負起全責。這太難了，我實在不想爲自己做過的每一件事負責，然而我更不願成爲人們口中的惡魔。

如此反覆地自我檢討後，我終於看清這一生到底是哪裡出了差錯，也明白了我做的每件壞事全都出於自己的選擇，根本沒有人強迫我做任何事。我嗑藥、酗酒，表面上是酒精和藥物讓我上癮、失控，其實我應該爲自己的行爲負責。自從扛起責任後，在上主的協助下，我原諒了自己，也明白上主早就原諒我了。現在，我能夠平靜地看著鏡中的自己，不再憎恨鏡子裡那張臉。我生平第一次感到平安和喜悅。

正如比爾的告白，即使接受了宗教信仰，他仍需自行完成那一份清理內在的工作。由於他獲得了「至高力量」的指引，內在的勇氣和力量跟著湧現，而這些恰好是他的療癒工作所需要的。也就是說，若未曾眞正穿越內心的障礙，「上主無條件的愛」必然淪爲空談，根本不可能落實爲深刻而直接的體驗。

寬恕自我的六個步驟

歸納起來，寬恕自我可以分爲六個步驟，其中有部分內容已經散見本書前面的章節，倘若你已經按照先前所提示的方法持續練習到現在，無庸置疑，你已經爲寬恕自我奠定了重要的基礎。

寬恕自我的歷程因人而異，不同的人在每個階段需要耗費的時間也長短不一，有些過程某些人可能需要花上好幾個月甚至是幾年，有些人則也許只需幾分鐘就能進入狀況。此外，步驟與步驟之間並非截然分明，常有相互重疊而相輔相成的地帶。

第一步：承認事實

你必須承認的「事實」，所涵蓋的不只是你的作爲，也包含你的感受，以及你的作爲在別人身上造成的影響。

如實承認我們所經歷的一切需要極大的勇氣。我們心裡有一部分始終不願正視內在的恐懼、屈辱、羞愧、悲傷和自我憎恨，寧願把它們壓抑下去，也不要抬眼去看。無疑的，要去面對這些從來不欲人知的部分，的確需要極大極大的勇氣。

寬恕自我不是讓你輕鬆逃避，不去面對自己的過去，相反地，它要求你徹底正視問題。上一章我們提過，如果你曾經傷害人，你需要十分勇敢地跨出一大步，盡可能設身處地體會你的行爲對受害者、他的家人和社區的影響。

可能的話，參加專爲罪犯成立的輔導團體是絕對有效的辦法，如果是性侵犯，就加入專門輔導性侵問題的團體；如果是施暴者，就加入處理施暴者問題的團體，深度參與這類的輔導團體，才有讓你正視自己的罪行和相關議題的空間。無論犯過什麼罪，你都必須時刻提醒自己放下防衛心，面對自己做過的事，以及它對所有關係到的人的影響（包括你和你的家人）。請記得，承認和面對這一切，絕不是要逼迫你自我打擊，這樣做完全是爲了自我療癒。要知道，否認了事實，無異於拒絕獲得自我療癒的機會。

戒酒無名會十二步驟課程的第五步驟是，「向上蒼、向自己、向他人承認自己過錯的本質」。向他人坦承過錯，等於積極協助自己放下心頭的重擔。告白的對象最好是富有同理心的人，你才能安心跟他分享那些糟透了的往事，幫助自己消除沉重的罪惡感。說起來，「毫無保留的告白」，光是這個念頭就夠嚇人了，何況要一五一十和盤托出！你會覺得太冒險，好像讓自己一絲不掛地站在眾人面前，只能任人宰割，毫無防衛機會，更慘的是，也許日後還會被人排斥。然而反過來說，一旦你鼓起勇氣和他人分享自己的黑暗面，你必會發現內心的恐懼也同時減輕了，如同作家馬塗瑟〔譯註〕所說的：「坦白眞相，正是爲了贏回你的生命。」只要你允許自己面對眞相，試著說出所有「說不出口的話」，承認痛苦、罪咎和羞愧，你就已經開始拒絕這些感覺霸占你全部的生命，罪惡感導致的孤立無援也會就此終結。從此，你能夠重新接觸人群，再次品嘗到眞實生命的況味，而且你會發現自己依舊被接納，內心的淤塞漸漸清理開來，心境也逐漸隨之開闊清朗。

法蘭克的告白

我開始嘗試面對事實之初，心裡不斷湧出種種自責、懊悔、遺憾和悲傷的感覺。這些感覺是如此的眞實、強烈，由不得我轉頭不看。以前它們冒出來時，我都是藉著嗑藥後扭曲的快感強壓下去。現在，我決定不再壓抑了，如果它們再從過去的墳場爬出來，我一定用正向的方式面對，並且順勢運用這些感受來療癒自己。

派特的告白

剛開始，我覺得「承認事實」這一步是所有步驟裡最難受也最難達成的，面對事實之初，罪咎和羞愧幾乎同時湧現。但我知道如果不面對事實，我的內心會永遠背負著重擔。說不出爲什麼，我隱約感覺自己應該面對事實，好像只要面對眞相我就自由了，更何況，實在沒有什麼事是我無法面對的。

譯註　馬可．馬塗瑟（Mark Matousek）　美國作家、編輯，一九八五年起，寫作事業的重心由流行文化轉向心理學、哲學與宗教，協助索甲仁波切《西藏生死書》和其他心靈書籍的編輯工作，著作頗豐。

暫停與思考

靜下心來，開始回顧過去的生活，想一想你的選擇和行爲如何影響自己和他人，試著設想，在你犯罪的過程中，被害人會有什麼感受？想像被害人和他的親友到現在還在承受哪些痛苦？請設身處地爲他們想一想。

*眞心承認你的行爲和感覺。

*回想戒酒無名會十二步驟的第五步驟「向上蒼、向自己、向他人承認自己過錯的本質」，切實練習這個步驟。

第二步：為自己的行為負責

想要扛起自己的責任，就必須停止指責他人，不再爲自己的行爲找藉口。面對過去所發生的種種事件，我們需要誠懇地回應自己和他人。只要做得到，不管用什麼方式，都應設法修補傷害。

如果可以的話，就請依照戒酒無名會的十二步驟，循序漸進地承擔起修補傷害的重要責任。〔編者按：請參見本書「附錄二」〕

艾德的告白

一般人很難踏出「爲自己負責」這一步，我就曾經把自己的問題全部賴到毒品頭上，不過我再也不會這麼做了！因爲根本沒人拿槍指著我的腦袋逼我吸毒。過去我總把自己的悔恨、懷疑和恐懼，通通怪罪在那一場車禍事故上頭，說穿了，那只是爲自己找個藉口罷了。現在我不再像以前那樣到處謾罵、怨天尤人了。過去我用嗑藥來麻痺痛苦和恐懼，這方法看似輕鬆，事實上吸毒後，我的恐懼不僅沒有減輕半分，反而招惹更大的麻煩。如今我了解自己必須先解決內心的問題，老老實實擔起責任，不再擔憂結果如何，才能看清恐懼和其他情緒一樣，僅僅是個念頭而已。接納這一切，我眞是如釋重負。

麗塔的告白

我所作的選擇有些還不差，但有更多則是糟透了。我知道，是這些選擇造就了今日的我，而我今日的選擇還會繼續塑造未來的我。我明白，負責任不只是承認過錯，還必須擴及生命的每一個面向，包括了所有的言行舉止。我不願再爲發生在自己身上的事怪罪他人，這會是我人生的第一順位。

暫停與思考

* 針對過去的作爲，一一列出能夠讓你負起全責的彌補之道。
* 仔細檢查這張清單，竭盡所能地一件件完成。

第三步：從經驗汲取教訓

由內心深處的感受著手，正是這些感受促使你做出讓你內疚不已的事情

絕大多數受刑人都在問題家庭長大，而不良的家庭氛圍往往使他們很難感受到自己與生俱來的珍貴價值，另一方面，凌虐和冷漠倒是稀鬆平常的事。成長路上經常覺得惶惑不安，

無時無刻不爲匱乏感到恐慌。這些未曾化解的痛苦和病態的羞愧感會助長內心的無力感，促使他們日後走上濫用毒品和權力的歧途。

寬恕自我的過程有一個重要關鍵，那就是「退後一步」，誠實而客觀地看待那些對你目前的觀念和感覺有巨大影響的人事物。覺察那些影響能夠使你逐漸諒解自己，而且了解自己並不是天生的壞人。你的本質善良美好，只因爲內心壅塞了太多沒有化解的痛苦、憤怒與不安，才會做出這些破壞性十足的事情。

想要療癒這些傷痛，「療癒內在孩童練習」是一個非常有效的方法。徹底體會內在孩童的經驗和感覺，你會深深了解，這些經驗如何影響了成年後的你看待自己的方式、如何影響你對自己的判斷，同時也影響了你的情感表達和行爲模式。假如你想要充分體驗寬恕自我所帶來的心靈平安，療癒這些情感傷痛至關重要。

羅夫的告白

面對眞相，意味著我必須回顧兒時可怕的受虐經驗。回顧的過程讓我明白了有些事我根本無需負責，也才知道自己並不是天生的壞蛋。過去我所自責的事情，事實上大多不是我的錯。弄清這些之後，我才能眞正面對自己並爲自己負責，看清過去的所作所爲對自己、對別人造成了多大的影響。

一直到現在，我必須面對的事實大半極其痛苦，因此，我還必須認眞學習，試著接受眞實的自己——那純眞、善良的我，依然在我心底，未曾改變過。

韋克的告白

今天，我比以往任何時刻都還清楚地意識到心裡尚未化解的痛苦和自卑。誠實地回顧過去，發現自己在最需要安撫時，受到的卻是傷害、虐待，得不到絲毫的溫暖和慰藉，這個發現讓我頓時諒解了自己一向的無力和卑微。現在，我終於明白自己爲何總是感到有所欠缺。內在孩童的回溯工作開啓了傷痛的療癒過程，我知道我還有很長的路要走，我正踏上一段穿越痛苦和恐懼的旅程。我相信自己的情感和精神創傷會逐漸獲得療癒，終有一天，我會完全寬恕自我，重新找回身心的圓滿。

暫停與思考

現在，試著回顧童年，盡可能回到你最早的記憶，再接著回溯到十六歲左右。

試著回想不同年齡時期的感覺，那時你身邊重要的人是如何對待你的。回顧時，請牢記一件事：你內在的眞我絕不會受這些事影響。

想一想，這一生你做過哪些事到現在依然感到內疚？你能夠看清童年經歷是如何影響你的人生嗎？

第四步：向自己敞開心胸

跟上一個步驟相同，「寬恕自我」需要溫柔地體諒自己，但體諒並不代表縱容自己找藉口、推卸責任。有時候，眞正的同情反而看似無情，無論多麼痛苦，也願意誠實扛起自己的責任。敞開心扉意味著坦誠，願意接納內心的脆弱，這種踏踏實實的感覺，是絕對無法透過投射、壓抑、麻木、欺騙、控制和操縱等等手段而獲得的。

敞開心胸也意味著毫不批判地接納自己眞實的情感，然後轉化、昇華這些情感，讓它們愈來愈成熟。溫柔而慈悲地向內觀照，爲自己創造內在的空間，向眞正的自己開放，讓晦暗的痛苦重見天日。

蘇珊的告白

我早該這麼做了。我一直對自己非常嚴苛，無謂的虛榮阻攔了我敞開心胸的意願。但我現在相信，多多聆聽內心的聲音，放手讓它指引我，恐懼自然會大大地減少。這是眞的，聆聽眞心確實是不折不扣的大解脱！

羅夫的告白

對自己打開心門，讓我認識了眞實的自己，進而理解自己、接納自己、愛自己，此刻，我對未來充滿了希望。然而我必須說，要卸下這麼多面具，看到每一個面具背後的苦衷，眞是令人痛徹心扉！但是當我終於剝下所有面具，只留一個赤裸的自己時，我深深感受到內在情感的波動，喜樂、平安和體諒，一層又一層環抱著我內心。站在我面前的是那眞誠、富有愛心、有創造力，且已被我充分理解的眞正的自己。好想大聲說：「終於自由了！」

哈金的告白

對自己敞開心胸，讓我看見內心深處的自己，那是我以前很少意識到的空間，直到現在才覺察出來。過去，我雖然知道應該愛自己，溫柔地對待自己，然而一旦面臨問題，我還是習慣嚴厲地苛責、批判自己，誤以爲這樣做對自己才有益。其實，根本沒必要懲罰自己，唯有慈悲才能幫助我改變自己的行爲。是該仁慈對待自己、滋養自己的時候了，如此，才能讓眞實的自我現身，收復內心那被虛假的自我統治多年的失土。

暫停與思考

＊你對自己有多嚴厲呢？

＊你會批評自己哪些不良習性和差勁行爲？

嘗試超越「罪有應得」的自我形象，看看自己懂得關愛他人，也永遠値得被愛的那一部分。

第五步：療癒情感的創傷

秉持健康和負責的態度，聆聽內心對愛的呼喚

你應了解，任何自我毀滅的情緒或行爲，都是在尋求幫助和愛的召喚。因此，除了練習先前的四個步驟，你還需要向各方徵調精神食糧來滋養、鼓勵自己，聆聽來自內心的召喚。比如向有愛心又有專業知識的諮商師、治療師、牧師尋求協助，參加輔導團體，遠離帶給你負面影響的朋友，結交具正面影響力的朋友，閱讀有啓發性的書籍，運動、冥想和禱告等等，方法不勝枚舉。

卡洛斯的告白

二十五年了，現在我終於可以大聲說：「我正在全心全意關照內心對愛的呼求！」我明白了這些年來的酗酒、嗑藥、逃亡和躲藏等等荒唐的行徑，全是因爲我自己害怕回應這個呼求的緣故。事實上，我聽見內心的呼求好多次了，可是總有另一個聲音對我大喊：「別管它！」它說服我相信自己不夠好、不配好好被愛。現在，我總算明白也獲得了指引。研讀宗教經典和靜坐冥想已大大改變了我的生活。

暫停與思考

＊列舉四種能夠讓自己順利成長、擁抱幸福的方式。

＊在翻讀本書的你，今天已經爲自己做了一件好事。如果你覺得這樣還不夠，就去選擇另一種方式滋養自己，現在就開始，當作送給自己的禮物。

第六步：與眞正的自己和好，肯定人性的美善

當你逐漸與眞正的自己和好，接納你與生俱來的智慧、慈悲和清明，你會愈來愈尊重自己，愈來愈懂得爲自己和他人負責，愈來愈確信自己有勇氣迎接生命的挑戰。與眞正的自己和好，你會發現原來心裡住了一位矛頭專門對準自己的評論家，他不但將你困在病態的愧疚裡，甚至還順道把出路給堵上了。與眞我的默契越深，你就越能溫柔地對待自己，也越能從經驗中學習。如果你希望持續感受到力量和靈感，你必須不斷地自我寬恕和療癒，不斷與眞我和好，久而久之，你自然越能感受到平安和希望，更願意投入充滿了愛的生活。

麗塔的分享

對我而言，「與眞正的自己和好」是當初我眞心願意改變時意想不到的獎賞。每天與眞正的自己一同祈禱和冥想，人會明白自己仍然是上帝創造的，而不是自我任意造就的形相。與眞我的默契也讓人領悟應當「活在當下」，而且每一個片刻我們都能重新選擇。如今，每當信心動搖或需作決定時，我都深深信賴內在的眞我會告訴我答案，爲我指引正確的方向。

裘伊的分享

自我療癒的過程若沒有眞誠地與內在連結，再怎麼勤做功課也是枉然。與內在的眞我融合，讓我能以更寬廣無限的視野看待這個世界。它容許我選擇自己想要參與的人事物，容許我用自己的步調思考和分析情況，然後再作決定，而不是憑著一時無意識的衝動。「眞我」讓我明白我是個有價值的人，而且能在自己選擇的事物裡獲得成功。

暫停與思考

*回想一個讓你感到內疚的情境，花點時間思考當時是什麼原因誘發了你的行動。

現在，你從這個經驗了解到自己什麼？有了新的覺察之後，假如你再次遇到類似情境，你會怎麼做？會和過去不同嗎？現在，請深深吸一口氣，與內在的眞我結合，想像自己能夠冷靜而沉著地回應類似的處境。

*然後，把其他令你心生愧疚的情況帶入心中，針對每種情況，一一重複這個練習。

圓滿與了結

與眞正的自己和好，發掘內在人性的美善，誠實和正直將成爲你一貫的生活態度。一旦如此，你會希望好好完成過去未了的事，假如條件許可，你還會進一步主動修補有所虧欠的人際關係。彌補的對象可能是犯罪行爲的被害人、某個老友、略有交情的熟人，或家中某個成員。

所有的寬恕都意味著未了的心事終於圓滿完成。圓滿即是了結，能夠幫助你療癒自己，放下那些令你耿耿於懷的心事。假使你明明有心事未了，但卻不曾盡力而爲，日後每當你想起相關的人事物時，非但難免遺憾，你還會頻頻感受到心中的衝突和不安。

圓滿完成未了心事的方法很多，比如坦誠悔過、道歉、請求原諒、無私地爲他人服務等等。有些時候，僅僅由於我們對自己和他人有了新的理解，便一下子化解了長年的心結，頓時感受到圓滿的喜樂。

內心一旦療癒並且全然釋放之後，也許你根本無需做什麼事或說什麼話，就能寬恕自己和他人。不過，如果你還是堅持「我必須和某人談談，化解誤會……」，認爲這樣做才能讓

你走出愧疚的陰影，擺脫憤怒和罪咎感的折磨，然而，偏偏此人可能已經過世，或聯絡不上，或壓根兒沒興趣跟你談什麼，這時候，你就要修正目標，把那些「必須」做的事，轉爲「做得到」的事。其實，有些事情不必訴諸言語反而更好。話說回來，倘若你心裡很篤定，坦誠相對是最直接的療癒方法，這時候請千萬別用沉默的方式來逃避。

道歉

很多時候，回頭面對那些曾被你傷害或漠視的人，最好的方法就是直接承認事實，並且眞誠道歉。但在某些情況下，直接聯絡對方並不恰當，尤其是你原本並不認識的被害人。如果你知道對方並不樂意見到你，這種情況，尊重他們最好的方式就是「不去打擾」。即使對方已經解除防衛，也願意化解這份惡緣，但這並不表示你們的關係能夠回到往昔，不過，至少你們終於走出不堪的情狀了。

誠心誠意的道歉的確可以讓人解脫，獲得自由，但前提是，你不能懷抱任何期望，更不能預設對方一定會滿心歡喜地接受你的道歉。請牢牢記住，儘管你眞心懺悔，也非常願意積極改變自己，不再做那些惹惱對方的事，但是，對方可能尚未準備好，甚至根本不肯原諒你。遇到這種狀況，你必須很小心，不能把自己對圓滿的需求，一廂情願地強加在心不甘情不願的對方頭上；同時你還需萬分當心，不要讓對方的憤怒和恐懼再次引爆你不顧一切償罪的病態罪咎感。要知道，你的自我寬恕過程，與對方是否願意或已經原諒你，一點關係都沒有。也許他尙未準備好釋放自己的憤怒，也許他抓著憤怒不放會感覺好過些，當然也有可能他過於害怕、過於傷心，以至於不敢釋放憤怒，對他來說，感受憤怒或許才是他眼前最重要的功課。

任何人都必須容許他人原地踏步，必須尊重他人跟隨他自己的感覺。能好好接納每個人都有作他自己的自由，無異於爲你自己的寬恕種子備妥肥沃的土壤。即便你萬般期待對方原諒你，用不同於以往的方式對待你，你也只能默認內心的這份渴望，順其自然就好。倘若你落入「希望他人改變」的陷阱，你等於又遠離了眞正的自己，如此一來，勢必再度掉回愧疚和憤怒的循環。

寫信

用書信表達歉意，或只是單純地表白你對整樁事情的理解和觀感，也能幫助你圓滿未了的心事。如果你心裡有好多話想跟某個人說，藉由書寫，的確可以釐清自己的想法和感受。提筆寫信，意味著你很想把心中的話寄給對方，但如果對方還無法敞開心胸接受這封信，那麼，就算這個人還健在而且也聯絡得上，你還是不把信寄出為宜。另一種情況是，寄出信件可能連累到第三者，打個比方，你想寫信向某位仁兄懺悔你和他的老婆上過床，要是他老婆想保住婚姻，早就選擇讓事情過去，類似這種情形，奉勸你：寫完之後把信撕了，或者壓在箱底永不寄出。光是把你的感受和想法付諸文字，就足以讓你在療癒之旅更進一步了。

觀想

觀想也能協助你完成未了的心事。每天花幾分鐘想像自己和對方同在，你愛他，而且希望他原諒你。即使對方仍然無法釋懷，也要勉勵自己持續寬恕自我，看看自己是否能在對方咒罵你時，依然祝福他平安。

無私的服務

還有一種達成圓滿與了結的方式，即是提供無私的服務。夜深人靜時，你若想起自己曾經傷害他人，或剝奪了他人很重視的東西，比如人身自由、自尊、信任、純眞、財產或健康等等，你希望能夠有所彌補，不妨提供一些無私的服務。你的服務不是為了獲得認可或利益，也不是藉由善行來沽名釣譽，而是以此彌補自己以前對別人的損害（即使你並不是直接償還你所虧欠的那個人）。服務的形式不拘，只要以別人的福祉作爲優先考量，就是無私的服務，它最後是幫你療癒自己。

慣性的自我批判

很多時候，人的某些特質或行爲並不違反社會善良風俗，而你卻認爲那些特質或行爲代表了自己愚蠢、粗心、衝動或軟弱，爲此而不停地自責，比如「眞不敢相信我竟然那麼做」、「我眞懦弱」、「我有夠蠢」、「我眞沒原則」等等。之所以習慣自責，也許你長期受人欺壓凌虐，不能做自己想做的事，或總是被迫做自己不想做的事，明知身邊的人事物對自己絕對有害無益，卻偏偏離不開。久而久之，這些自責的反應竟成了你的一部分——除了恨自己不敢改變現況，恨自己只能無助受害，你什麼也沒做。

你認爲唯有在精神上痛斥自己，才能促使自己改變，或至少可以激發內心的潛能。事實恰好相反，如果病入膏肓的罪咎感和自我譴責不停地叨唸「振作起來」，這種自言自語式的叨叨唸唸，只會徒然讓心靈失去活力，完全使不出療癒自我的力量。

或許你會納悶，不批判自己和他人，怎麼能鞭策我們表現出體貼、慈愛又恰當的行爲？

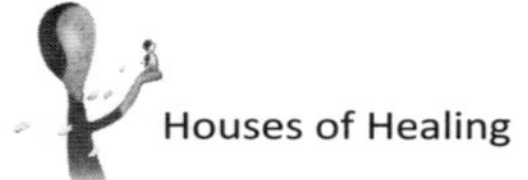

我們以爲自我批判是必要的、有價值的，倘若不批判自己，我們就會失去理想，永遠無法進步，最後變成懶散馬虎的人。小我總是向我們擔保批判很管用，能讓我們不誤入歧途。但事實的眞相是，習慣性的自我批判只會扯我們後腿，讓我們陷入悔恨和負面行動的惡性循環，怎麼做怎麼錯。批判只會讓我們與這顆心漸行漸遠，忘失了我們最渴望也最需要表達的——愛、清明和正直。

練習

成為自己的好友

現在，緩緩地深呼吸四次，釋放一切。吐氣時，感覺身體漸漸放鬆。

首先，想像自己和一個不斷批評你的人一起生活，不管你做什麼，他都說你不對、不好、沒原則、愚蠢，極盡所能地打擊你。想像一下這種日子，無庸置疑，十之八九會破壞你渴望改變的信心和動力。

現在，反過來想像另一種情況，你作了個身不由己的選擇，這時，一位非常仁慈、明智、見解獨到的朋友看到了你的抉擇，他非但沒有怪你，反而關心你，接納你的現狀，不僅如此，他還願意協助你用清明、體諒和智慧的新眼光，重新看待自己的選擇。

請試著把這個慈愛的人放在心裡，讓他幫助你覺察內在的恐懼和限制，看清你是在恐懼而認定自己無能為力的情況下，才作出那些選擇的。他了解你，知道你之所以這麼做，無非是想找到安慰、力量、平安和幸福。這個人完全了然於心，他希望你明白，這些傷己又傷人的選擇，純粹是因為你非常恐懼，以至於遠離了真實的自己。他向你保證，你一直都有其他選擇：他鼓勵你敞開自己，接受來自他人或上蒼的協助和力量；他會告訴你，你有能力治癒你自己，生命處處是恩典，只要你願意敞開心胸，讓恩典進入。

再讀一遍前兩個段落，想像你用同樣的方式和自己做朋友，那會是什麼光景？接下來的幾天請重複這個練習，進入你的內心，成為自己的好友。

山姆的告白

打從有記憶以來，我就是個衝動行事、不顧後果的人，一有慾望就想要立即滿足。如果要做我自己最好的朋友，我就非要下定決心、覺察和重新選擇不可。

裘伊的告白

入獄之前，我只是活在次人格裡，根本沒想過要當自己的朋友。我不斷懲罰自己、批判自己，完全不留餘地。一逮到機會，就任由過去負面的選擇折磨自己，把做過的好事忘得精光。事實上，我非但不是自己最好的朋友，反倒是最大的敵人。我討厭死自己了。我自我打擊的程度，無論是身體或精神上的打擊，都比其他人來得嚴重。

不過，我相信，等到我刑滿出獄，我就不會再是剛入獄的那個人了。我明白，無需等到獲釋，我現在就能改變生活。對我而言，很多狀況已經不一樣了，服刑期間，我學會做自己最好的朋友，我發現自己眞的是在突飛猛進。我仔細思考了自己的過去、現在和未來，思考了人生對我的意義，以後想要過什麼樣的生活。此時此刻，我明白在未來的某些時候，我可能會是自己唯一的朋友，就算未來吉凶難卜，我仍舊相信自己會通過考驗。我知道力量來自內心，而實踐內在力量的決定權完全操之在我。

不要一味批判自己多壞多蠢，請試著退開一步，透過內心深知善惡的智慧重新看待自己，理解是什麼原因在推擠你，迫使你作了那些選擇的。爲了終止自我批判和懲罰的慣性循環，即使你感到羞愧、罪咎、憤怒、悲傷和痛苦，也一定要深切地同情自己。別再爲現在的處境或過去的作爲鞭打自己，停下來吧，現在就開始努力操練「寬恕自我」這個課題，盡量由經驗中學習，療癒內心的創傷，逐漸邁向成熟。

暫停與思考

如果你現在還無法原諒自己，請思考並完成下列問題；請留意作答時的心境，寫答案時對自己溫柔一點，懇請內心那位批判者暫時休兵片刻。

1. 因爲＿＿＿＿＿＿＿＿，我無法原諒自己。
2. 繼續譴責自己，我可以得到＿＿＿＿＿＿＿＿。
3. 繼續譴責自己，我放棄了＿＿＿＿＿＿＿＿。

反覆練習這三個問題，直到你心裡的答案全都寫出來爲止。

生命旅程的一瞬

雖然我們可以把寬恕自我的過程拆解成一個又一個的步驟，也可以把這些過程撰寫成深奧的理論，然而，要眞正寬恕自己，有賴於我們踏實地由內心下工夫。在自我寬恕的旅程中，內心浮現的這一瞬間也許十分短暫，卻能讓人生劇本每一景每一幕的意義歷歷現前。

以下是一位獄友寫給他前妻的一封信，這是他在獄所裡個人及團體療程的協助下，經過多次自我反省後寫出的。

親愛的瑪莉：

妳會在這封信讀到我的過去，讓妳進入我內心深處那黑暗的過去令我百感交集。我十分重視妳，很在意妳的看法、妳的情誼和妳的愛。現在，我眞的好怕！我對過去的一切感到羞愧萬分，覺得自己實在軟弱無能，但是我仍然鼓起勇氣把心底話告訴妳，讓妳了解過去我那些舉動的原因，我必須把自己全部攤開來。

妳知道的，我家並不窮，家人根本不缺錢用。理所當然，我擁有塞滿櫥櫃的衣服和玩具，不過我卻得不到人生最重要的東西——愛。妳見識過我父母的德行，他們不會表達愛，只想用錢收買我的心。唉！從我出生開始，他們就是這樣了。

我對成長過程的記憶不多，大部分的記憶除了勾起我的痛苦外什麼也沒有。我最早記得的一件事是我媽在打掃房子，那時我被綁在後院的一棵樹上。對我媽來說，把房子弄乾淨遠比我重要多了。七八歲時，有一回老爸追著我跑，我爬進他的卡車底下，結果他媽的，我竟割傷了背，霎時血流如注，趕緊跑去找我媽，當時她正在晾衣服，回過頭冷冷地對我說：「別跟我哭！」一絲同情或撫慰都沒有。

還有一次，我以爲只要發誓保證不再犯，她就會原諒我，所以我放膽告訴她：「我發誓，我眞的很抱歉！」但她居然當眾拉下我的褲子，痛扁了我一頓。丟死人了，我當時正在和鄰居玩，而她卻當著眾人的面拉下褲子揍我，害我整整被嘲笑了好幾個月。

大約八九歲時，跟大部分的小孩一樣，我也常常偷玩火柴。有一次，我和大衛玩火被逮個正著，大衛他媽只是大聲臭罵他，而我媽竟然打開電爐，把我的手指放在電爐的線圈上烤，直到手指冒煙。我恨死大衛了，他竟然不用受這種折磨！

我還記得常常因爲被打得全身腫痛而無法上學。有一次，是感恩節過後那個星期天，爸媽北上去看爺爺奶奶，要我在家照顧弟弟妹妹。他們回家時正好電話鈴響，電話那頭的接線生說有人用我家的電話打色情電話。爸爸問我們是否打了那些電話，結果因爲我莫名其妙地笑了，所有的罪過就這麼落在我頭上。

我還記得當時很想逃跑，爸爸卻一把抓住我的頭髮，死命把我「扔」到餐桌上。不用說，我又好幾天不能上學。說實在的，一直到現在，我仍不知道我們家那幾個小孩那天是不是眞的有人打過色情電話。唸書期間，我只有一次是因爲眞的腮腺炎請病假，其他都因壞了父母親的「規矩」而缺席的。

我對家庭生活唯一的記憶就是痛苦。大約九歲時，我結交了一個高中生朋友，他就住在我家附近，他要我做一些下流的動作，還猥褻我，但我不知道這是壞事，因爲他會注意我，我以爲那就是愛。

親愛的瑪莉，接下來是我最難以啓齒的部分。十一歲時，我表姊常來照顧我（請容我隱匿她的名字）。那時她大概十九歲吧，她是我的初戀情人。剛開始時，她讓我撫摸她的胸部，躺在她大腿上吸吮她，她還會輕輕拍我的頭。這種關係維持了將近四年。瑪莉，最後我們發生了關係，她就住在隔壁，要幹那檔事很容易。我和她除了性之外，情同母子，她成爲我不曾眞正擁有過的母親。每次我受罰她都知道，當天晚上她就會來看我。

仔細回想我的戀愛史，我發現，只要我新交了一個女朋友，我就會設法讓她的家人「收養」我。我現在才了解，自己多麼需要透過身體接觸來感受情感的交流。瑪莉，妳也許還記得我經常在妳家閑晃，那是因爲妳的家人對我而言意義重大。我無法形容對妳家人的情感有多深，坦白說，我雖然跟自己家人相處了一輩子，但成爲妳家庭成員的那段短暫時光，我覺得自己和妳家人反而更像一家人。

還記得吧，確定妳懷孕時，我們倆都嚇壞了！那時妳媽猜到妳懷孕，雖然火冒三丈，卻依舊試著體諒妳。我也記得當時我家人對這事的反應，不用多說，他們從未支持過我，我恨透他們這一點。我們擁有一卡車的禮物，卻沒有一丁點兒的愛和支持。

我多麼希望我們的婚姻能夠繼續走下去！我眞的想做一個好丈夫，想讓自己的孩子擁有最好的一切。我最希望孩子知道的是，她是被愛的。當我回想起過去，我才明白，我想要給孩子的是我最渴望得到卻也一無所知的東西，那就是愛。

至於我們的婚姻，妳最清楚，我知道我後來變得很粗暴，經常揍妳，接著再跟妳道歉，我陷入極大的混亂。很多時候，我實在不懂得該如何表達憤怒和失望，萬般無奈之下，我只會採用肢體攻擊來宣洩這些情緒，但同時我又意識到自己就快像我爸媽那般暴力了，我不要跟他們一樣！於是，我又對每一件事抱歉，即使我心裡並不覺得有什麼意義，可是，除了一再道歉，我簡直束手無策。

接下來我想跟你說那件可怕的事，你要知道，這些年來，這件事早已把我撕成碎片。

那一年，我們搬進了妳的娘家，那正是我最低潮的時候，我感覺自己好不容易融入的世界正在漸漸毀滅。直到那一晚，眞的一切都毀了。我不記得當時妳在哪裡，但我記得我們的女兒喬安娜做了件讓我抓狂的事，而我狠狠地打了她一頓。

那一刻，我整個世界都崩毀了，唯一讓我有歸屬感的家庭以後不會再接納我了，緊接著妳們會把我踢走，我會失去妳們，這些我通通無法處理，我更無法承受失去了妳和整個家庭。打了喬安娜後，我不知該如何做才能讓她知道我還愛她。瑪莉，我掉回過去學會的那一套「愛就是接觸」。所以，我馬上帶喬安娜出門，用我唯一懂得的方式，設法表達我對她的愛和歉意。之後，我帶她去了麥當勞，又買東西給她——我用金錢收買女兒的愛，就像我家人一直以來那樣。

我無法告訴妳我多麼慚愧，直到我了解他人是如何看待我時，我才意識到自己的作爲多麼骯髒下流。然而，我只是單純地想用行動表達我的愛，我也只懂得這種愛。我不是有意作一個令人作嘔的人，我要說的是，喬安娜，我愛妳，請妳相信我！

我花了將近兩年的時間才能好好地面對自己，才有辦法將「事情不全是我的錯」這句話說出口，也才有勇氣告訴妳我是怎麼變成這樣的。我不知道自己是不是永遠也無法原諒自己對喬安娜做的事。我知道把自己的一切告訴妳實在太冒險了。我無法預期妳的反應，這樣的坦誠能讓妳更了解我嗎？在妳的眼中，我還是那個非常愛妳和喬安娜的男人嗎？我想得到妳們的理解和原諒，可能嗎？

親愛的瑪莉，我眞的很害怕，怕妳讀完這封信後，我就再也接不到妳的消息。我已開膛剖肚，把醜陋的爛瘡全掀給妳看，我只能在這裡癡心等待，也許妳會被我的醜陋嚇得尖叫，也許你還願意了解我，我只是想獲得療癒，我深愛妳們倆，卻不知如何表達。請相信我，我眞的很抱歉傷害了妳們，我眞的很抱歉造成這一切的痛苦。請給我機會，讓我彌補我所造成的傷害。

入獄服刑之後，我才開始學習深入認識自己。我承認自己的感受，誠實地對待自己，不再忽略這些感受。我已培養出自尊，雖然感覺有些陌生，過去我並不相信

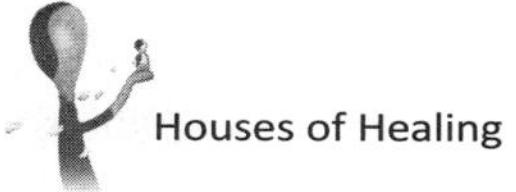

自己，認爲自己根本一文不值；但現在我在乎自己，不再害怕表達自己的想法，我已找到了眞正的自己。

我找到了藏在內心深處的那頭怪獸，而且消滅了牠，拯救了那個男人。現在，妳是否願意見見這個人？由妳決定。

保羅的自剖讓我們清楚地看見了，說眞話、請求寬恕，以及寬恕自己時所需具備的膽量。他問我：「作了這樣的選擇，那個人最後的結局會如何呢？」我的答案很簡單：「這人必會得救。」無論寬恕自己或是寬恕他人，這是每個人必須作的選擇，關鍵在於，沒有人能替我們作此選擇。

還要多久才能寬恕自己？

寬恕自我，和所有的寬恕一樣，都需要一個過程，它不是你要抵達的目的地，而是你必須經歷的旅程。有時人們不禁自問：「究竟要到什麼時候，我才能原諒自己的過去？我眞的能永遠愛自己嗎？」即使是寬恕那些刺心的內疚和羞愧，我們也無法斷定它要多久才能痊癒。但只要你對自己比較仁慈關愛一點，哪怕只有短短的幾分鐘，你已經步上了治癒和健康之路了。請牢牢記住，心靈成長的過程就像爬山，必須沿著山路蜿蜒而上，而非一路直線攻頂。你療癒得越深，就越能接納自己、關愛自己，漸漸地，比較細微的罪咎感、羞愧、自卑種種感受會悄悄浮現，等著你接納它們，它們就痊癒了。

有些創傷需要很多年才能完全治癒，但有些創傷可能在片刻之間便療癒了。有時候，你會覺得自己進步頗大，愈來愈欣賞自己，心裡充滿平安和樂觀；有些時候你會深感慚愧、窘迫，又開始自我批判，感到氣餒。不管如何，重要的是，請記得，只要你願意更體諒、更肯定自己，就算你與自己的真我，關係時好時壞，時近時遠，但日久天長下來，分裂的時刻一定愈來愈短，契合的情況相對會愈來愈多的。

一封寬恕自己的信

如果你已經完成了六個寬恕自我的步驟及其他的練習，請試著寫一封信給自己。

貝瑞

（這封信寫給我自己，也寫給多年來我扮演過的種種角色）

即使你忘不了過去所有的不幸，但也實在不應該繼續耽溺其中。睜開眼睛吧，在當下找到希望，爲將來設定目標。從過去的感受振作起來，想想這一生來到這世界，你的目標是什麼？每天提醒自己，你已經不一樣了，你現在是全新的、更好的人。這一點很重要，我不能不再三強調。認定自己不值得當好人的念頭，每天都會偷偷鑽回你的腦袋裡，你一定要想辦法打敗它，並留意自己的動機。牢記自己曾經走過的路，凡事三思而後行。過去你未曾這麼做，現在你擁有這個獨特的機會仔細檢視自己的盲點，讓麻木的心活絡起來，讓枯乾的心重新歡唱，找回眞正的愛。你已一步一步走出內心的黑暗，你活下來了。

裘伊

親愛的裘伊：

這封信寫的是你和你過往的一切，你不但傷了自己的心，也讓別人痛心不已，你很希望能夠回到過去，但願自己從未犯過那些錯。我知道你內心遭受極大的折磨，因爲你的生命沒有「照著計畫走」。我也知道你曾設定目標，最後卻又放棄了，等到你想回頭卻已太遲。我更清楚判刑入獄、遠離家人，對你而言是何種滋味。我了解你的痛苦、你的悲傷。我，也是你正在體驗的一部分，這才是眞正的你。能再度體會眞實的情感，才是你心中所盼望的。

你爲自己的過去和現況內疚，那沒關係，但請不要讓你的下半輩子都活在內疚裡頭。請你原諒自己的過去，你不會將它們遺忘，更不會重蹈覆轍。你緊握它們的時間已經夠長夠久了，長到足以讓你學會教訓。犯錯後，從中成長才是最重要的事，你已經做到了，現在該是釋懷的時候了。無法寬恕自己，只會阻礙了自己的成長。

我知道你一直努力練習所學的新事物，有時它就如同在地獄裡掙扎，不過正因爲如此，你費力得到的果實將會更甜美。你要繼續在生活中實踐和鍛鍊你所學到的一切，繼續面對多年來不斷逃避的問題，繼續傳遞愛、和平與寬恕。不過，對你而言，最重要的一步是要原諒自己的過去。倘若又犯錯了，請繼續原諒自己。還有，如果把這件事說出來對你很重要的話，就說出來吧，我已經原諒了你。

要愛你自己，因爲我愛你

裘伊

朱立歐

親愛的：

我們一起走過了漫長而艱辛的二十幾個年頭，想到就這麼虛擲光陰，我倆心裡就痛得難受。歲月的流逝徒增悲苦，也累積了憤怒。是啊，那是條崎嶇不平的路，不過我們似乎已抵達終點，現在總算能這麼說了！這些年來，我從不曾和你接觸，現在才認識你，被你觸動，感受到你的存在，這種一體的感覺眞好。你知道嗎？我原本已經放棄了，我以爲自己只會永遠耽溺在絕望和憤怒之中，再也無法回頭。痛苦曾折磨我好久，我自艾自憐，無論做什麼老是碰壁，這一切最後都化成了憤怒。我們倆都很清楚，最後會被憤怒帶到哪兒去。

但願當初我們能遇見一位了解我們，知道我們會走上怎樣的路的智者。不過說起來都是我不好，我未曾給過任何人機會來愛我們。每當有人想親近我們時，我總是疑神疑鬼，這是我此生最大的遺憾，只不過以前的我並不懂。你知道的，有時一個人憑著一種信念生活很久後，他的反應就成了第二天性，形成了一條完全可以預測的軌跡。所以，就算他做錯事，也沒有勇氣或能力阻斷內在不停的自我對話。我想這就是我，用自我保護的態度向外尋求自己。天啊，作繭自縛眞是大錯特錯。

現在似乎不再有令我感到難以招架的問題了，有時我甚至期待能來點挑戰呢。以前我總是難以看見他人身上的優點，但現在我看得到了。經過這段艱難的日子後，我總算能夠對自己的小錯一笑置之，日子又開始有意思起來了。我很高興有個「盟友」能相互陪伴走過這條崎嶇的人生道路。請繼續與我同在，別再讓我爲自己感到遺憾。我會給你力量，抹去你多年來的悲傷。

後會有期囉！

愛你的朱立歐

麥克

親愛的麥克：

孩子，你顯然知道這次你眞的搞砸了，你掀起了好大一片痛苦的波濤，不過我太了解你，製造痛苦本來就是你的專長。該死的麥克，你有陣子還眞是痛苦和悲傷大師呢。不過，聽說你變了，眞的不一樣了喔！你在跟誰開玩笑啊？不會是我吧！我太了解你了，我和你生活了一輩子，我知道你沒法轉性的。嘿，我本來以爲你改不了的。

麥克，我很抱歉把這些恨都賴在你頭上，也很抱歉指引你錯誤的方向。我不是故意讓我們淪落至此的，不過我很高興你終於定下心來，堅決改變自己。麥克，我的老搭檔，既然你想擺脫消極和憤怒，也許我們眞的能爲自己和他人做點兒特別的事，好讓他們瞧瞧我們眞的不一樣了，我肯定他們會發現的。

麥克，我們共度了一段艱難的歲月，那段歲月大部分都是我——你舊有的小我——的錯。既然你現在已掌控了一切，希望你別再讓我重現江湖，破壞你所有的努力。我知道你現在已坐穩駕駛座，倘若以前是由你掌握方向盤，或許我們就不會來到這個恐怖的地方。好吧，這麼說也不完全對，也許我讓你淪落至此，就是要讓你站起來，看你是否有勇氣改變自己的生活，還是一切都在我的掌握之中。

麥克，很高興你贏了。我們倆將找到應得的幸福。很抱歉讓你經歷那麼多不幸，不過那是你應得的，誰叫你沒有堅定自己的立場，還讓我掌控了那麼久。

全新的　我

請保重

註：我正在努力記住，我值得被自己喜愛，不管過去他人怎麼說我、認為我怎樣，「我」不等於「我曾經做過的事」。我只是「我自己」。

釋放過去的自我

自我寬恕需要大無畏的精神。大無畏，並不表示沒有恐懼，而是願意承認恐懼、直接面對、穿越恐懼，而後繼續前進。小我寧願盲目從眾，把你看作不可饒恕的人，不配讓自己同情自己。它無法慧眼識英雄，也看不出你內心的智慧，它寧可把你框在「原地」，好繼續過原來的日子。它不了解你心中不僅只有受傷的部分，還有已經療癒的地方；你不是只有恐懼，內心裡也有愛和眞實的力量。就像作家凱克〔譯註一〕所說的：「愛是力量，寬恕則能釋放並實現這股力量。」倘若你能敞開自己，學習自我寬恕，你會明白當代神話學大師坎伯〔譯註二〕為什麼會說：「淪落之處，必有專屬於你的無價珍寶。」

練習自我寬恕的初期，也許會因為釀成的是無可挽回的大錯而根本無法原諒自己，或依舊為小罪而感到自責，那麼，請試著先寬恕損害較小的行為吧。事實上，你要原諒的不是你的行為，而是你自己。作家慕勒〔譯註三〕提醒我們，我們寬恕的不是凌虐、亂倫、暴力、痛苦、謊言或偷竊等等的行為，我們原諒的是人，是那些「無法掌握自己，無法尊重和疼愛孩

子、配偶、他們自身和他人的人」，我們原諒的是他們的痛苦、笨拙、折磨與絕望。

請再多花幾分鐘，認眞讀一讀慕勒所說的這段話，想一想，這句話能怎麼用在你身上。

寬恕自我，就是讓內心的光明照耀在恐懼和毀滅性的自我批判上頭，也就是讓光明進入我們的「心牢」。更進一步說，寬恕自我是一種挑戰，要我們爲眞正的自己負責。寬恕自己，可能是人類所經歷過的最大挑戰了，而且任何人皆是如此。對獄友而言，它更是一項異常艱鉅且不易獲勝的挑戰。

寬恕自我經常遭遇莫大阻力，就像任何重大的蛻變一般，你必須「大死一番」，讓自甘卑微、不配的習慣宣告死亡；大死之後，才能大生。當我們感受到慈悲、愛和光輝，而且還超越了舊有的觀念，就是眞我誕生的時刻。無論我們身處監獄高牆的哪一邊，寬恕吧，只要寬恕，我們的生命就會全然不同。

譯註一　羅伯・凱克（L. Robert Keck, Ph.D.）　是科羅拉多博德市的衛理公會牧師，本書引自他的*Sacred Eyes*（暫譯《神聖之眼》）。

譯註二　約瑟夫・坎伯（Joseph Campbell, 1904~1987）　著作等身，《千面英雄》（*The Hero with A Thousand Faces*）是經典之作，這部鉅著追溯了幾乎全世界神話中英雄歷險和轉化的故事，並從中揭露同一原型的英雄。該書於一九四九年首次出版，至今已啟發了好幾代的學子，行銷數百萬冊。

譯註三　維恩・慕勒（Wayne Muller）　身兼治療師、牧師、社群代言人、暢銷書作家，關切的對象包括為受虐、上癮、酗酒、貧窮、重疾、失落所苦的人，著有*A Life of Being, Having and Doing Enough*（暫譯《人生，恰如其分》）。

13 寬恕他人：勇敢選擇平安

一個人如果想要了解眞正的自由，體驗心靈的力量，他遲早要學會寬恕。很多人由於不明白寬恕的眞義，導致無法原諒他人，就像我們會因爲誤解寬恕的意義，而不敢原諒自己一樣。一旦誤解了寬恕，人們絕對不可能認爲寬恕是合理而可行的作爲，當然就不願運用在最切身的人際關係上頭。常聽人說：「我永遠不會原諒他做了那些事。」正因爲誤解了寬恕，在遭到傷害、背叛、欺騙或虐待時，「認定對方無可饒恕」就變成說得通的「人之常情」。

我在二十多歲時曾經慘遭強暴，那眞是極爲可怕的經歷，我幾乎痛不欲生。隨著日子一天天過去，各式各樣的負面情緒一一浮現，恐懼、羞辱和憤怒只是其中最椎心的部分。然而，最後我還是原諒了那個強暴我的人。回想當年的作法，我必須先試著了解寬恕的意義是什麼，「原諒他」又是什麼意思？那個人強暴了我，爲什麼我要原諒他？答案很簡單，因爲我想要過自由快樂的生活，不甘心「整整一輩子」做那強暴犯的受害者。這個簡單的答案就是本章即將談論的主題。

美國時代雜誌曾經以斗大的「爲何寬恕？」幾個字當作封面標題，內文則是報導了教宗遇刺的事件〔譯註〕，其中有一段話意義深遠：「寬恕對人們的心理造成的影響是無法計量的，不願意寬恕會把人囚禁於過去的仇恨之中，以至於任何新事物都無法進入我們的生命。不願意寬恕等於把自己的掌控能力拱手讓人。就這層意義來說，無論個人或是國家，都應當採行『寬恕』這個聰明務實的策略。」我們向來以爲寬恕是一種遙不可及的崇高理想，然而，在這篇報導當中，寬恕卻被形容爲「聰明務實的策略」。這篇文章又進一步提到：「寬恕讓主動原諒者得以解脫。」的確如此，執意不肯原諒他人時，我們自身的一部分會被過去的情緒牢牢綑綁，就像手銬的兩端，一邊銬著自己，另一邊則銬著怨恨的對象。

由於人們常常以爲寬恕他人就是：對方已經將你惹得火冒三丈了，你還要耐下性子施恩於對方。如此地誤解寬恕的眞義，自然很難想像自己才是最大的受益人。沒有錯，**寬恕真的是一種自利行為**，我們之所以寬恕，是爲了不再累積自己習慣性的批判和憤怒，不再讓心思

譯註　一九八一年教宗若望保祿二世遇刺，受到重傷。兩年之後的聖誕前夕，教宗親赴監獄探望遭囚禁的凶手阿格卡，並且寬恕了這名想置他於死地的青年，展現出真正的宗教情懷。

窮追著他人的冷漠和恐懼而糾纏終身。在大部分情況下，惟有寬恕他人，才能走出對方的人生噩夢。比如在酗酒成性的父母虐待下長大的人，很可能被這段悲慘歲月長年絆住他的腳步，始終困在雙親酗酒的人生噩夢裡。要知道，原諒父母雖不能抹滅過去已發生的事實，卻能帶領現在的自己走出幼小時無力掙脫的噩夢，療癒心中深深刻劃的創傷，找回過去被剝奪的力量。

小我使盡渾身解數要我們相信，原諒對方，自己就會變得軟弱無力。實際上，眞正的寬恕反而能夠增強力量。在監獄這種前途黯淡處處碰壁的地方，學習寬恕眞的能讓我們生存下去嗎？當然可以！事實會證明，寬恕正是讓我們得以在此生存的關鍵。

寬恕的起點

假設你對他人懷著極大的怨憤，或是你讀過本書第五章關於憤怒的描述之後，心裡的怒火仍然無法平息，我建議你先回頭去讀那一章，再來繼續本章的練習。誠實、建設性地面對內心的憤怒，永遠是寬恕的第一步。如果你還沒做過「無分別心的寬恕」這個練習，也請回頭複習第七章，那一章爲各類情境、各種對象的寬恕奠定了基本的概念。

如果你還沒準備好，或根本不願意原諒某人，讀完本章以後，你可以先找一個比較不容易惹你生氣，或你對他的論斷還沒那麼牢不可破的對象來練習。我們每在心中寬恕一次，心裡就會有一兩顆石頭落下，前進的步伐也更加輕快。每一次的寬恕都能幫你卸下一些包袱，不再緊抓著原本令你生氣的事物不放；多一次寬恕，人生便會多一層美好。

在本書的第一章，我把生命比喻成「石磨」，我們遇見的人事物不是把我們碾得粉碎，就是磨得晶亮，這一切都取決於我們看待眼前人事物的態度。毫無疑問地，緊抓著對他人的怨憤不放，我們一定會被碾碎；原諒他人，我們就能磨得發亮。寬恕讓我們超越昔日想法的限制，人生視野因而更爲開闊，心靈也終於獲得眞正的自由。

寬恕他人的錯誤觀念

一個人如果對寬恕的理解有限，甚至完全誤解了寬恕的眞義，自然不會願意寬恕他人。和前一章「寬恕自我」一樣，我們首先要釐清寬恕他人常見的錯誤觀念。

寬恕他人**「不是僞裝，也不是漠視眞實的感受」**，更不是明知事情是錯的卻裝作若無其事。忽視或否認心底的怨憤，絕對無法達到眞正的寬恕。倘若我們明明還在生氣，還在怨恨對方，卻表現得好像已經原諒他了，這就像在一堆垃圾上面淋上厚厚的奶油，外表看來甜滋滋的，裡頭卻腐爛發臭。

寬恕他人**「不是原諒傷害、冷漠等等的行為」**，寬恕絕對不等於贊同，虐待、暴力、背叛和說謊，從來不會因爲被寬恕了就變成好的行爲。寬恕不會要求你任人宰割，也不代表你必須猶豫再三才能夠改變局面、保護自己。爲了防止別人再次傷害你，也許你應該斷然結束一段關係、離婚、離某些人遠一點、申請禁制令或者其他法律行動等等，在很多情況裡，這些行動顯然是必要的。

就如同剛剛提及的，寬恕他人**「未必需要特定的行動」**。原諒某人後，或許你的行爲會有所改變，但**未必一定如此**。你可以原諒一位早已疏遠的老友，但除非你眞心想恢復往來，否則你其實不必打電話給他，也不用再邀他上門作客。寬恕他人不代表你要親自告訴他「我原諒你了」，除非你由衷想這麼做。這樣說吧，你會原諒一位獄友，卻不希望再和他一起廝混。

我曾聽過一位內觀老師的故事，她在歐美各地講學，帶領「慈心觀」的共修，引導人們在日常生活培養慈悲心。有一次，她去拜訪一位印度導師，途中一名搶匪企圖把她推倒搶走行李，她一時又怕又氣，不停猛推那名搶匪。一分鐘後，她打退搶匪，保住了行李。

接下來的旅途，她心中充滿了敵意和憤怒。我想，只要聽說她那恐怖的經歷，任誰都會認爲憤怒是合情合理的。然而，由於她是專門教導慈心觀的老師，竟然會被這個突發事件激出內心如此強烈的感受，她大吃一驚。到了印度導師家，她一五一十說出路上的遭遇，以及內心的盛怒和敵意，請求導師開示是否有其他更妥善的處理方式。導師問她，當時身上是否帶著雨傘，她回答有，於是老師說：「那妳應該懷著全然的慈悲，拿起傘，打那個人。」

不論你心裡懷的是全然的慈悲，還是憎恨，我都不主張動手打人。這個故事眞正要傳達的是，寬恕跟你的作爲並無多大關連，而是跟你採取行動時所抱持的心態有關。

寬恕他人**「不是要你遺忘過去的事實」**。人們有時會說：「要是我原諒了他，那我還記得這次教訓嗎？」請放心，你不會忘記的，除非你受的創傷極深極鉅，以致痛苦得讓你不得不壓抑它，依我所知，這種情形尤其常見於嚴重的兒虐案例。所以說，當你決定要原諒某人時，你並不會遺忘過去的事實，只是你的痛苦和憤怒的程度會逐漸減輕，有朝一日甚至會消失不見。因此，等你再遇到那個傷害你的人，雖然你依舊記得他曾經做過的事，但你已經不再生氣了，或是你雖然心中有氣，卻不至於持續太久。

寬恕的底線

「寬恕未必需要特定的行動」，這一點非常重要，所以在練習寬恕之前，我想詳細說明這句話的意義。

面對不可靠的人，你原諒了他，不表示從此以後就必須信任他，要知道，堅持信賴其實是過度天眞的行爲。寬恕也不意味你只能無助地留在受虐關係裡，倘若你藉著「寬恕」的名義，容許不能忍受的行爲一再發生，這不是寬恕，**而是逃避**，你是以「寬恕」爲名，推卸了照顧和改變自己的責任。這種心態較常出現在受虐關係中，不限於親子之間，有可能是同事、朋友，或伴侶。

面臨困境，你必須先釐清哪些事你**可以接受**、哪些事你**不能接受**。比如你可以接受好友不常來探望你（雖然你心裡很渴望他們來），卻無法忍受他們欺騙你。一旦清楚了自己的底線何在，當你無法接受的事一再發生時，你就懂得採取合乎情理的行動了。

假如你的人際關係一再面臨難堪的處境，而你總是在關係中身不由己地受傷，卻不知該如何處理，既阻止不了，又離不開，這時你應該積極向外**尋求協助**。因爲身陷在其中的你，一直意識不到自己的情緒問題，把自己困在不健康的處境，難以自拔，這時倘若沒有客觀第三者的協助，當事人的你很難看清事實、改變現狀。專業諮商師或自助成長團體，例如，戒酒無名會、嗜酒者家庭互助會和十二步驟課程等，都可以協助你擺脫受虐的循環模式，走出自身的情緒困境。

監獄裡可能發生你完全無法接受的情況，更糟的是，你無法立即獲得保護和協助。比如說你被其他受刑人或教官欺凌卻求助無門、得不到所需的醫療照護、被剝奪基本權利等等。遇上這種事，你當然會發火，但即便如此，你還是要保持覺察，善用憤怒的力量改善情況，千萬不要被憤怒吞噬了，不自覺地成了自己的受害者。

不把力量拱手讓人，你才能潛入內心深處，與眞正的自己同在，找到內心的平安之地。這種時刻，冥想、放鬆和禱告都是可行的辦法。請時時思索第九章的意念種子——「我的內在具備不受攪擾的平安」，盡己所能地改變狀況。接著，再緩緩地對自己說：「我不必成爲眼前世界的受害者。」

寬恕是什麼？

前面已探討過寬恕的基本概念，現在我要再次回顧，同時延伸這些概念，我打算透過一個故事，向讀者說明日常生活當中如何應用寬恕。

此刻，假設你正在生某人的氣、感到非常不滿，請提醒自己，激怒你的絕不會是對方的「眞我」。有誰會對一個敏感貼心、關懷他人、有反應又有愛心的人動怒？惹火你的必然是對方的某個次人格，比如「控制狂」、「操控者」、「痲木不仁」、「漫不經心」、「施虐者」等等，他們的特質最容易挑起你心裡的恐懼和批判。也許是他的「操控者」的次人格勾出你「憤怒」和「批判」的次人格。於是，你們之間就會產生如下圖表的互動：

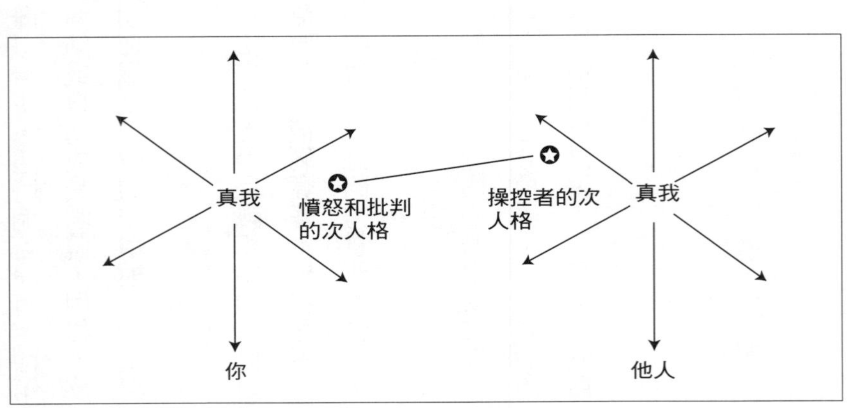

你的某個次人格槓上了對方的另一個次人格，很多婚姻就是在這種次人格對次人格的模式中，一膠著就是數十年。如何才能打破這種互動模式呢？解決之鑰，就是寬恕。

寬恕是一種選擇，這個選擇使我們決定超越小我一成不變的批判角度；**寬恕是一種願心**，這個願心使我們願意認出對方的負面行爲只是代表他並沒有和眞正的自己同在，是他內心的畏縮和恐懼誘使他不得不藉著種種負面行爲保護自己。還不能寬恕的眼光，很難看出這些負面、遲鈍的行爲之下，隱藏著對尊重、協助、認同、安全感和愛的渴望。我們是如此習慣把他人當成白癡或廢物，卻對他的受限、不安、恐懼、需要愛、渴望關懷視而不見，因此，想要看穿那種心理模式，必須具備透徹的洞察力。

把所有憤怒、操控、麻木不仁等種種負面行爲，看作是對方需要認同、尊重、安全與愛的呼求，這種想法徹底推翻了我們過去所學的處世之道。不過，有一個流傳很廣的故事恰好可以用來說明這個道理。那是從美國海軍陸戰隊退役，到日本拜師的合氣道高手泰瑞道森〔譯註〕的親身經歷，「溫言軟語，足以平息怒氣」。這個故事徹底改變了泰瑞，相信你們也可以從中學習全新的待人處事之道。

譯註　泰瑞道森（Terry Dobson, 1938~1992）　知名的美國籍合氣道教師，這個「溫言軟語，足以平息怒氣」（*A Kind Word Turneth Away Wrath*）的真實故事曾刊登在《讀者文摘》，並為許多情緒管理課程所引用。

我人生的轉捩點發生在東京郊外的一列火車上。那是個寧靜的春日午後，當時乘客不多，只有幾個外出購物的家庭主婦帶著小孩，一些老人，還有兩個看似休假中的酒保，正在研究賽車賽程。列車單調地在鐵軌上喀答行進，我心不在焉地凝視窗外飛馳而過毫無生氣的房舍和灰撲撲的灌木叢。

列車緩緩地開進一個寂寥的小站，車門開了，月台上一陣粗魯的叫罵聲劃破了午後的昏沉，一連串吵鬧粗暴的咒罵聲湧進了整個車廂。眼看車門就要關上，一個男子踉踉蹌蹌地跌進車廂，嘴裡還不停地謾罵。那是個塊頭很大、酒氣衝天、渾身骯髒的工人，雙眼滿佈血絲，臉上堆滿了仇恨和憤怒，嘴裡嘟嘟囔囔，一揮手就掃到門邊一名抱著嬰兒的婦人的肩膀，婦人重心不穩跌坐在走道對面一對老夫婦的腿上，幸好嬰兒沒事，老夫婦跳了起來，驚慌地逃向列車的另一頭，老太太腳步不穩往後倒，這粗人竟然舉腳要踢她，嘴裡亂吼：「妳這個老太婆，看我踢爛妳的屁股！」誰知老太太躲開了，他那一腳落了空。醉漢惱羞成怒，猛地抓住車廂中間的扶手，企圖把它扭下來，結果被金屬割傷了，鮮血流了出來。一時之間，乘客全都嚇呆了，車廂裡靜得只剩下列車喀答喀答的聲音。這時，我慢慢站了起來。

當時我很年輕，體格強健、身高一百八十公分、體重一百公斤，已接受連續三年、每天八小時合氣道的訓練，練再久也不覺得累，尤其喜歡高難度的訓練。我當時覺得自己很強悍，只差實戰經驗而已。我的老師是合氣道的創始人，每天早晨都教導我們：「合氣道是一門調和的藝術。用合氣道屈服他人的意志、壯大自己的小我，完全背離練合氣道的目的。學合氣道是爲了解決衝突，而不是製造紛爭。除非必須保護他人，否則嚴格禁止在公眾面前使出合氣道。」老師這一番話語重心長，我當然聽進去了。我甚至曾經好幾次刻意繞到對街，避開那些街頭小混混，免得他們讓我有練功的機會。不過話說回來，我還是夢想著有個入情入理的機緣，能夠讓我毫無内疚地保護無辜，現在，機會來了，我眞是大喜過望，我的禱告應驗了。我心想，眼前這邋遢的酒鬼不過是一頭卑鄙暴戾的禽獸，他的存在對公眾秩序絕對是個威脅，不將他轟出去，他一定會繼續傷害他人。毫無疑問，這的確是必須出手的一刻，我心裡的道德警察點了點頭，綠燈亮了，我準備開打。

醉漢看見我站起來，用朦朧呆滯的眼神打量著我，他扯開嗓門狂吼：「**啊哈！一個老外！需要來點日本式的教訓！**」我緊緊抓著頭頂上的拉環，車子搖晃得厲害，我差點沒站穩。

我回敬他一個冷漠而輕蔑的眼神，他幾乎不敢相信我竟敢這樣看他，他那醉成爛泥的腦袋裡塞滿了熱炭，根本搞不清楚狀況。我非把這個討厭鬼趕走不可。他的塊頭也很不小、不好駕馭，但是他已經醉昏了，而我個子夠高、受過嚴格的訓練，還有冷靜的頭腦。他吼道：「想來點教訓嗎，你這隻笨驢！」我冷冷地盯著他，不發一語。他使盡全力準備攻擊我。這個笨蛋，他永遠不會知道回擊他的是個怎樣的人物。

就在醉漢將動未動之際，突然有人喊了聲：「嗨！」聲音十分洪亮，簡直震耳欲聾，但那聲音帶著一種奇特的愉悅和輕快，彷彿你跟一位老友一起尋找某個東西，而他先發現了一般。

我轉身向左，醉漢則驚訝地轉向右方，我們兩個都同時將目光移到一個小老頭身上。那是一位身穿和服的紳士，約莫七十多歲。他要找的不是我，只是愉悅地看著那名工人，好像要跟他分享一件重要而讓人高興的秘密似的。

「你過來一下，」老人輕鬆地用方言對著醉漢說：「到這兒來，跟我說說話。」他輕輕地招手，那醉漢好似被一條隱形線牽著朝老人的手勢前去，他雖然已經醉得神志不清，卻猶豫著該不該走到老人身邊。最後，他在老人面前停下了腳

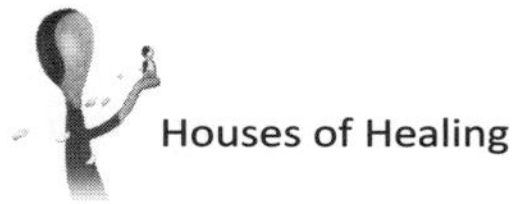

步，擺出一副挑釁的態勢：「你他媽的想怎樣，憑什麼要我跟你說話，你這老傢伙！」他用力嘶吼，聲音幾乎蓋過喀答喀答的車輪聲。這時他正好背對著我，我看見他手肘微抬，好似隨時準備出手。我心裡想，要是他敢輕舉妄動，就將他一擊倒地。

老人依舊笑容滿面地看著工人，看不出他有絲毫恐懼或惱火：「你都喝什麼酒？」他繼續輕快地問著，眼睛閃爍著光芒，一副很想知道答案的模樣。

「我喝清酒，該死的老頭，」工人大聲地說：「關你屁事？」

「哦，太棒了！」老人高興地說：「眞是太棒了！你知道嗎，我最喜歡喝清酒。每天黃昏，我都跟我妻子，對了，她七十六了，溫一小壺清酒，到院子裡，坐在我祖父的學生爲他做的長板凳上，一起看日落，看我們院子裡的老樹。你知道嗎？那棵老樹可是我曾祖父種的，我們很擔心它，去年冬天來了一場冰風暴，不知道它挨不挨得過？柿子樹是禁不起風暴的，雖然我們家這棵老樹已經比我預期的還要耐得住風寒了，何況它還種在那麼差的土壤裡。反正，不管怎樣，我們就是會帶著一小壺酒到外面，倚著老樹，享受每個黃昏，就算下雨也不例外！」他雙眼發亮，滿臉微笑，快樂地跟那個工人閒聊。

醉漢費力地聽著老人說話，表情逐漸變得柔軟，拳頭也慢慢鬆開了。「是啊！」等老人說完話後，他拉長音說：「我也愛喝清酒……。」

「是嘛，」老人面帶微笑地說：「我敢說，你一定也有個好太太。」

「沒有，」工人傷心地搖著頭說：「我沒有老婆。」他垂下的頭，跟著火車的節奏靜默地搖晃著。接著，令人吃驚的是，醉漢竟開始啜泣起來。「我沒有老婆，」他哽咽而有節奏地回答：「我沒有家，沒有衣服，沒有專長，也沒有錢，現在我連睡覺的地方也沒有了，我覺得好丟臉。」淚水從他的臉頰滾落，陣陣的絕望從他身上散發、蔓延開來。行李架上方正好有張色調亮麗的廣告海報，宣揚著郊區的奢華生活，這強烈的對比眞教人難以忍受。頃刻間，我感到十分慚愧，我對自己身上的乾淨衣裳，以及那種自以爲是的正義感覺得作嘔，我連這個老粗都不如。

「唉呀！天哪！」老人極同情地嘖嘖感嘆，語調仍不減一貫的輕快：「這眞是個大難關，你要不要坐下來跟我談談？」

就在這時，我的目的地到了。月台擠滿了人，車門一開，人群隨即湧進車廂內。我避開人潮，走出車門，回頭看了老人和醉漢最後一眼。工人癱坐在椅子，頭枕在老人的大腿上。老人低頭看著他，眼神充滿喜悅和慈愛，還伸出一隻手輕輕撫

摸工人那骯髒無比、髮絲糾結的頭。

火車駛離車站後，我坐在長凳上回顧剛才的經歷。我看見自己原先打算用武力完成的目的，被老人一個輕柔的微笑和幾句溫言軟語給達成了。合氣道創始人所倡導的「不爭不鬥，順乎自然」的和解精神在這件事上展露無遺。我覺得自己既愚蠢又粗魯，這件事讓我眞正領悟了練武的精神，也讓我明白，無論是講述合氣道的大道理，還是實地去化解紛爭，我都還有很長的路要走。

泰瑞的故事說明了一個事實，那就是，人只有在失控、無助、失去力量時，才會傷害、恐嚇、威脅或控制他人。了解挑釁行爲背後的心理動力，並不表示我們要模仿故事裡那位老紳士的行爲。坦白說，如果我在那列火車上，而且也看得出那個工人內心的痛苦及請求協助的呼求，我可能不會請他坐在身邊，也不會試著去開導他，我會找一個就近的出口離開。容我再次強調，**寬恕未必需要特定的行動**，重點在於**我們看待他人和環境的方式**。能不能寬恕，影響到的是：我會因爲火車上的場面感到憤怒，或是滿懷同情？我會認定那個工人會傷害人，或是他正需要幫助？總之，我的內心對這個工人究竟是封閉或敞開的，這一切，全都取決於我的寬恕能力。

寬恕教導我們，在無情冷漠的外表下面，隱藏著一顆眞誠的心靈；在罪無可赦的行爲背後，也隱藏著一個珍貴的靈魂。縱使有些人的性格畏縮怕事、充滿恐懼，不管怎麼看都看不出什麼內在的價値，但請放心，寬恕會幫助你洞悉眞相的。

寬恕意味著我們願意爲自己的看法負起責任，願意了解**我們的看法只是一種選擇**，而不是無法改變的客觀事實。你覺得眼前這個人是個混球，或只是個受傷不安的人，請記得，決定之權，操之在你；稍早前攻擊過你的人，究竟是一個暴徒潑婦，或只是一個受挫驚恐的小男孩小女孩，決定之權，也操之在你。對方內心那個受傷的、充滿恐懼的孩童，應該爲他的粗暴和輕率負責，然而，那不是他眞正的自己。一旦明白了這點，你就無需因他人的恐懼、缺乏安全感或創傷而感到被冒犯，或經常處於防衛狀態了。

請牢記，我們要原諒的不是暴力、冷漠或麻木不仁這些行爲，我們要原諒的是人。我們原諒他們的無知、痛苦和迷惘。當你具備了清晰的洞察力，能夠超越外在形象，看出一個人行爲背後的深層動機，你就不會再時刻防衛，或經常被他人出於無知或恐懼的行爲激怒了。改變自己看待問題的角度和方式，你的情緒反應必將跟著改變。

再請記得，無論引起你憤怒的是獄友、父母、男女朋友、配偶、教官、朋友、兒女，或其他任何人，**緊緊抓著憤怒不放，是你自己的選擇**。每次面臨選擇時，請把我在第五章說過

的一段話重新對自己說：怨恨就像手握火把，想要丟向他人，最後卻燒到自己。

一天當中，請想想這句話：

今天，我願把眼見的憤怒、遲鈍、挑釁、敵意、愚蠢……等等，看作是對認可、尊重、安全、協助和愛的呼求。

落實寬恕

現在，讓我們看看如何在生活裡落實寬恕這個觀念。

請先試著想像以下的情況：

和你同一牢房的獄友最近很明顯愈來愈愛控制你，要求也愈來愈多，讓你難以應付。事實上，他並未完全失控，也不是全然不講理。雖然他不會因為你不順從而傷害你，不過有時候他的確無禮又自私。爲此，你向獄方提出申訴，但因目前實在看不出你有人身安全的顧慮，頂多是兩人錯身時對方故意擦撞一下，所以獄方不考慮幫你更換室友。然而，你發現你的怒氣已逐漸在消耗你的能量，腦海裡不斷浮現傷害對方的畫面，而且愈來愈頻繁。每當他頤指氣使或奚落你，表面上你相應不理，但內心卻怒火中燒，很想反嗆他或揍他兩拳。最後你還是忍住了這股衝動，讓事情平息下來，可是維持不了多久，類似的情境又再度上演了。

是的，你可以選擇不斷陷入這種互動模式，任由室友的操控、苛求的次人格挑起你的憤怒和批判的次人格。其結果，每衝撞一次，你就難過一回，你發現自己愈來愈容易被激怒，情緒已經完全受到室友的擺佈了。

還有另一種選擇，一樣請先想像以下的情況：

有人推介了一種叫做「寬恕」的觀念，內涵跟我在這兒說的完全一樣。現在，你要如何把「寬恕」實際帶入上面那個情境呢？

第一步，你要**下定決心**實踐寬恕，決心重新認識這個情境，用不同的角度看待整件事情。也就是說，你願意切斷被室友激出來的反應模式。

跨出熟悉的反應模式，是個勇敢的選擇。我在第五章曾經提到，憤怒的確能夠激發出力量，而且一個人如果總是處在被無理對待的情境，憤怒這種具有爆炸性的強烈情緒看起來好似一張保護網。但請牢記，如果你老是把憤怒視爲力量和保護的來源，你將無緣認知**真實的力量**。說穿了，憤怒只會讓你反覆產生恐懼和無力感，因爲你已不知不覺地將自己的力量拱

手讓給惹你生氣的對象了。

現在，我們回到現實環境，開始練習「落實寬恕」。

即使到目前這一刻爲止，室友在你心目中只不過是個＿＿＿＿＿（請塡入你對他的看法），但要寬恕他，你必須願意看見＿＿＿＿以外的他。你決定從現在起不再只看他的外在行爲，因爲他所有的麻木不仁或羞辱他人等等負面行爲，不過是代表他並沒有和眞正的自己同在。你願意誠心看見室友的恐懼、不安和創傷，甚至還能看出他的恐懼是在呼求幫助、認同、安全、尊重和愛。你很清楚，在他逐漸形成操控與苛求的次人格的期間，這些呼求從未得到正面的回應。

你願意越過肉眼看見的表相，全面而深入地了解室友，無論你看見他哪一部分，想要寬恕他，就必須肯定他的完整和圓滿。你已經**下定決心**，即使你用肉眼怎麼也看不出這個人的內在之光，你仍然樂於「無中生有」，願意

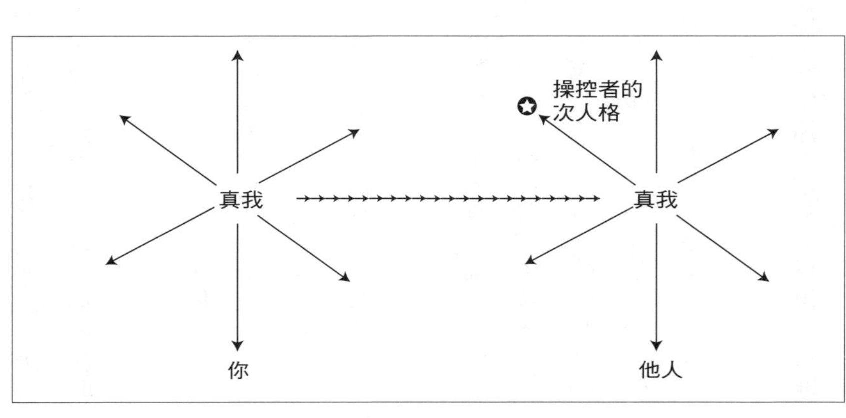

假定他的本質是睿智、明理，而且是善良的。你願意看見光明，而不只是看見那遮蔽光輝的燈罩。這種眼光不是出自於「高人一等」或「批判」的次人格，而是源自於眞實的你內在的平安、清明和慈悲。

我再強調一次，原諒室友不表示你一定要採取特別的行動，但如果懂得寬恕，你多半不會再用無謂的行動去強化恐懼和敵意。寬恕室友不代表你不能直接說出自己的看法和感受，也並非意味著你不能制止對方的作爲，不處理眼前的問題；更進一步說，寬恕是表示你願意超越他表面的作爲，不再緊盯著他的問題不放，而且願意以明智、專注、清晰的眞實自我去認識對方的眞我。

在你認眞練習之後，最可喜的結局就是：室友覺得你毫無攻擊性，也容易溝通了，他感受到此刻你跟以前不太一樣；就算你直話直說，他也會願意聆聽的，你能不帶譴責意味地告訴室友你對某事的看法。一旦他不覺得被批判，便會卸下心防，眞心相待，以他的眞我來回應你。這種眞我之間的交流，是建立穩固關係和誠摯友誼的基礎。多半的人際關係很少能時時維繫於這一完美狀態，不過，只要有覺察和寬恕的意願，我們與人互動的經驗由此清明狀態出發的機會必會與日俱增。

然而，還有另一種可能，即使你更加堅定地由眞實的自我去看待你的室友，日復一日地

試著跟他坦誠互動，也試著認識他更深更廣的生命價值，即使你的態度和上一段的情境完全一樣，可是對方仍然把自己深鎖於他根深柢固的「恐懼」次人格裡，始終心懷敵意，你該怎麼辦？

就內在心靈的層次而言，如果你眞想讓自己活得心平氣和，享有基本的寧靜，不受室友心情所擾或淪爲他憤怒情緒的受害者，那麼，你別無選擇，只能繼續寬恕下去。你每選擇與對方的眞我互動一次，你與自己眞我的認同就鞏固了一點。即使你的處境依舊艱困，然而，你每天學到的功夫，例如覺察和洞識、客觀的眼光，以及不受干擾的態度，每分每秒都會幫助你擺脫受害者的處境。

倘若你要面對的處境十分緊張，的確不容易提醒自己記得寬恕對方，此時，你的小我絕對會希望你捲入衝突，爲你的每一個負面反應找出合理的藉口。面對令人恐懼的「壞蛋」，我們著實很難避免陷入恐懼的負面反應。如果你面對的人不斷地挑戰你心靈的平安（顯然，監獄總是不乏這種挑戰），那麼，每天練習冥想、運動、放鬆、祈禱，或其他心靈功課就格外必要而且格外寶貴了，唯有如此，才能協助你盡量維持清明和自心的專注。在你持續專注於自心一段時日後，你甚至會發現，自己已經懂得同情其他獄友所經歷的苦難（無論他本人是否承認那些苦難）。

一天當中，不斷肯定：

我決心看見

寬恕能幫你跳脫憤怒、內疚、譴責和辯護等糾纏不清的場景，它陪伴你面對自己最關鍵的問題，鼓勵你正視恐懼的面目，培養清明的心智，與人建立健康的界線，必要時採取明確的行動；在此同時，你一刻都不會與眞實的自我失聯的。

在現有的人際關係裡，無論引發你憤怒的對方是獄友、伴侶、守衛或任何人，**寬恕絕不是一蹴可幾的事**。也許你能在瞥見眞相的片刻之間原諒對方，但不到幾分鐘怒氣旋即捲土重來。寬恕就像其他心靈狀態一樣，不會時刻不變，你只能一個片刻接著一個片刻，再接著另一個片刻的持續寬恕。每當你察覺自己又忘了寬恕，只需提醒自己，可以選擇更明智更深入的方式來看待眼前的情況，你會發現，之前的反應不過是「誤解」，而你還有重新了解這段關係的機會。有句話是這麼說的：「理解一切，就能原諒一切。」

寬恕讓我們明白，我們可以不同意別人的看法，但無需關起心門，懷恨在心。寬恕能幫

我們超越恐懼，不受生存機制的制約，以無畏的慧見打開新的選擇領域，享受新的自由，使我們掙扎與奮鬥的心得以安息。寬恕引領我們所至之地，平安成了常客，寬恕讓我們看到自己眞實的力量。

坦誠的言語溝通是寬恕的一部分

有許多情境，完全無需言語，就能達成眞正的寬恕。然而，在所有互助合作的關係當中（不論是與獄友、室友或同事），想要促進寬容的氛圍，清晰而坦誠的溝通是絕對必要的。無論成就一事，還是維持親密關係，都有賴於言語溝通。尤其是在密切的互動關係裡，雙方如果有未說清楚的誤會，偏偏又缺乏眞誠溝通的習慣，都只是憑空揣測彼此的想法和感受，可想而知的是，憤怒、怨恨和挫折就在所難免了。

爲了有效運用言語，促進寬容的氛圍，我們必須釐清一些關鍵：

1. 覺察你眞正的問題是什麼；
2. 觸及自己內心眞實的感受；
3. 分享哪些想法和感覺比較有益；

4. 盡可能用清晰、不帶批判的言詞說明這些想法和感受；

5. 溝通時，讓眞正的自己和對方的眞我一起探索眞相。

我的朋友傑克經常爲了他太太沒有分擔家務而生氣，後來他仔細探討自己，察看潛藏在憤怒下面的情緒，他發現原來自己是因爲沒有得到預期的支持，而感到很深的失望和悲傷。有了這份新體認後，等他再次生太太的氣時，他不再對她惡言相向，而是和她分享內心的失望和難過。這一次，他太太也不再像往常那般指控被他批評和誤解，她靜靜地聆聽傑克說話，並懇切地表示願意夫妻同心分擔家務。

倘若傑克不去察看自己深藏憤怒之下的痛苦和失望，也不敢冒著被拒絕或被誤解的風險，試著用不責備的語氣和妻子溝通，他們同床異夢的生活恐怕就無止無盡了。千眞萬確地，坦誠的言語溝通必能促進情感的連結，而不是造成情感的疏離。

日漸清明

如果你正處在令你煩惱不安的人際關係之中，下列問題能幫你釐清真正的感受，讓你面對真正的問題。即使你沒有或者無法跟對方談話，下面的練習也能幫助你更了解自己，看清當前的處境，而自我理解會讓人感覺更自由。

看完下列句子時，無論你內心浮現出什麼想法或感受，都請敞開心胸接納它，寫下每個問題的答案，完成後，請仔細思考你所填寫的內容，這樣做，你會受益無窮。

開始這項練習之前，請先輕輕閉上雙眼，深呼吸幾次。回想生活中經常讓你生氣或不安的狀況（或任何人）。把這個對象或情境牢記在心，然後完成下列問題：

事情是這樣的：＿＿＿＿＿＿＿＿。

事情其實是＿＿＿＿＿＿＿＿。

真正的問題是＿＿＿＿＿＿＿＿。

呃，真正的問題是＿＿＿＿＿＿＿＿。

可是，真正的問題是＿＿＿＿＿＿＿＿。

問題其實是＿＿＿＿＿＿＿＿。

利用每一個問句來填寫空格，空格可以無限延長，直到你再也寫不出答案為止。用同一問句反覆探問自己，這種方式，可以幫助你找到真正的問題。我的朋友傑克在寫下了五六個其他答案之後，才發現真正讓自己心煩的，其實是因為婚姻不如預期的緣故。

想到這個人、這件事，我就覺得＿＿＿＿。

我感受到的是＿＿＿＿。

我真正的感受是＿＿＿＿。

我還感覺到＿＿＿＿。

我也覺得＿＿＿＿。

這個感覺下面隱藏著＿＿＿＿。

這個感覺下還隱藏了＿＿＿＿。

這感覺背後還隱藏著＿＿＿＿。

再慢慢深呼吸幾次，向內探索，並完成以下的句子：

我害怕的是＿＿＿＿。

我擔心的是＿＿＿＿。

我害怕的是＿＿＿＿。

令我驚嚇的是＿＿＿＿。

我真正恐懼的是＿＿＿＿。

我真正害怕的是________。

在這同時，請記得溫柔、慈悲地對待自己。

我們前面談過，想要脫離負面的互動模式，我們必須仔細思考，人際關係當中自己的底線究竟在哪？現在，你既然已經體察到自己真實的感受，請仔細想一想，在這段關係裡，哪些是你能夠接受、哪些是你不能接受的？

繼續思考這段關係或這件事，完成以下的句子：

我無法接受的是________。

我無法接受的是________。

我不能處理的是________。

我不能處理的是________。

我無法處理是因為________。

我無法處理是因為________。

為了接受事實，我需要做（假如有我需要做的事）________。

為了接受事實，我需要做＿＿＿＿＿＿＿＿＿＿＿＿＿＿＿＿。

為了接受事實，我需要改變＿＿＿＿＿＿＿＿＿＿＿＿＿＿＿。

即使針對同一個人、同一件事，在不同的時間做同樣的練習，都不一定得到相同的答案。不管答案如何，如果那些都是你的真實感受，就安然接受這些變化。承認真相也許很痛苦，卻是邁向寬恕不可或缺的一步。

寬恕父母：情緒療癒的一大步

很多時候，父母是我們最難寬恕的對象，在漫長的人生當中，他們往往是頭一個傷害我們的重要關係人，更糟的是，傷害多半發生在我們還很弱小無助、需要仰賴他們的時候。

也因此，在療癒情緒創傷的過程中，寬恕父母是絕對必要的一步。跟任何情緒療癒的步驟一樣，當事人必須做好準備，並且要有清楚的意願才行。如果你仍然很氣父母，根本不想原諒他們，那就不必急於一時，最重要的是請溫柔地對待自己，尊重自己的感受。不過，即使你目前還不打算寬恕，我仍然建議你讀完「寬恕父母」這一節，或許你會從閱讀當中找到重新看待親子緣份的靈感，未來一旦派上用場，必能幫助你療癒內心傷痕。此外，就算你覺得父母並沒有特別需要你原諒的地方，也請不要跳過這一節，繼續閱讀下去會有意想不到的好處。

倘若你曾遭受父母虐待或遺棄，始終得不到你最需要也最依賴的人的愛和關懷，這些人性最基本的需求未獲得滿足，會讓你感到憤怒、懊惱和失望，可想而知的，即使你願意試著原諒父母，仍會感到遲疑不決，「我爸那樣對待我，我怎麼能不生氣！」「我媽那樣對我，我當然會生氣！」的確，你絕對有生氣的權利。我再次強調，只要是你眞實的感受，承認生氣是很重要的；承認並處理當下的感受，正是治癒的第一步。

＊　＊　＊

從與母親相連的臍帶被剪斷的那一刻開始，我們的肉身即已成爲一個獨立的個體。成年之後，儘管我們表面上看來已經獨立自主，不再依附於父母，但如果我們依舊對父母心懷憤怒、不滿，可以說，精神上的臍帶從來未曾斷過，那是一條用憤怒、怨恨、內疚、羞恥和責備糾結而成的臍帶。只要這條臍帶不斷，我們內心就會有一塊永遠「長不大」的地方，情緒和心靈的成長始終受到阻礙。抓著怨尤不放，我們成了童年經歷的俘虜。

也許你憤怒的原因跟童年無關，而是導因於目前的處境，比如父母在你入獄之後就十分冷淡，甚或不聞不問，別說親自探望，就連寫信、電話聯絡都沒有。或者從你入獄之後，你隱約覺得他們已經不要你這個親人了。不管是哪一種情況，此刻，原諒父母是你非經歷不可的過程；也唯有如此，這趟療癒之旅才會更安穩、更有力量。

有些人不敢寬恕父母，認爲寬恕會讓自己再度脆弱，再度被父母利用，而讓自己再度受傷。請牢記，寬恕父母，就像寬恕其他人一樣，並不代表你不能處理現在的不公，也不代表你不能談過去的不義，更不代表你必須咬緊牙關，明知心裡不舒坦，還要和他們保持熱絡往來。倘若父母有精神暴力傾向，或者還戒不了某個癮頭，遠離他們，才是關愛自己的作爲，因爲你自己也需要時間療癒自己的感受。重要的是，寬恕能賦予你全新的力量，使你不再認爲父母的負面作爲都是衝著你來的，因爲你已經不是當年那個只能默默承受的孩子了。

雖然父母年紀比你大很多，可能已經五六十，或七八十歲了，但他們內心或許仍然是個受傷的六歲孩童。想一想，一個受傷的六歲小孩，怎麼有能力給予你所需要也理當擁有的愛、尊重和安全感？

要寬恕自己的父母，獲得伴隨寬恕而來的療癒，你必須願意從「父母已經盡力了」這個角度來思量。一個小時候被遺棄的父親，必須卯足全力，才能跟兒女建立一段全然開放的關

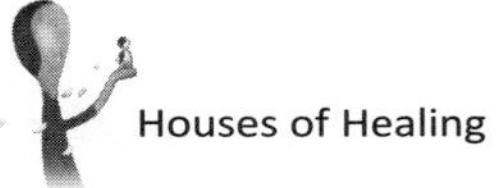

係；一個被憤世嫉俗的父母扶養長大的母親，必須費盡心思才能成爲有耐心又溫柔的家長。要知道，你的父母是否準備妥當、是否願意，或是否療癒內心傷痛，不是由你來決定的。只有當我們放下不切實際的期望，不再期盼父母能搖身一變，成爲我們所夢想的典型，我們才能眞正原諒自己的父母。

暫停與思考

現在，輕鬆地做個深呼吸。想像一下：你的母親回到了童年，推想一下塑造出她這種個性的因素，她的父母是否關心她、支持她呢？家人尊重她的感受嗎？還是不理不睬，輕蔑對待呢？她的童年充滿了驚恐還是幸福？對她的自我價値與安全感有何影響？她的父母是否爲她提供了如何爲人父母的榜樣？

現在，在心裡想像你父親還是小男孩的時候，重複上述練習。設身處地想一想，如果你生長在他的原生家庭裡，長大後你會變成什麼模樣？

現在再深入想一想：

思量你父母的童年經驗，以及他們目前的情感和心靈成熟程度。試著這麼想，或許，他們已經盡力了，並且還在持續努力中。你願意如此看待他們嗎？

爲了寬恕，你必須停止指望父母，明明白白地看清，眼前他們實在沒有能力「給」你一個好父親或好母親。唯有如此，你才能走出糾纏甚深的家庭戲碼，用更深厚的同理心看待他們，看見他們也只是個受了傷的人。

放下期待

我要再次強調，寬恕父母的過程中，最重要的一步是放下自己的期望，不再強求他們給出無法給你的一切。也許你希望父母改變，也許你願意積極協助他們轉變，但無論如何，若想擁有心靈的平安，你必須放下期許父母達到特定狀態的執著。倘若你還堅持父母應當給出他們根本無法給予的東西，哪怕是再小的要求，也會孳生出憤怒、怨恨和罪咎感。

暫停與思考

想一想，你希望從母親那裡獲得什麼，你可能期盼愛、接納、親情、認同、金錢等等。在心裡想像，你和媽媽在一起，同時請記得深呼吸。現在，你在心裡告訴母親，你希望從她那裡得到什麼，在心中跟她說：「媽（或用任何你習慣的稱謂），我希望妳給我＿＿＿＿＿＿＿＿和＿＿＿＿＿＿＿＿。」

寫下你想跟母親要的，愈多愈好，直到你再也想不出為止。再次深呼吸，感受你內在的完整與圓滿，在心裡跟母親說：「媽（或用任何你習慣的稱謂），我不再堅持妳必須給我＿＿＿＿＿＿＿＿（亦即你剛才列出的項目）。」

現在，在心裡想像你和父親在一起，重複這個練習。

是誰在照顧你？

你必須從父母那兒收回愛護自己的責任，你是否願意愛護自己、支持自己度此一生，這一抉擇操之於你。倘若父母依舊健在，卻無法給予你情感上的支持，你可以向其他人、你的眞我或靈性修持，汲取你原本想要從父母身上獲得的禮物和力量。

我必須再次強調，了解父母已經盡了力，並不表示你從此必須容忍他們的行爲，也不代表你只能壓抑著感受而不去處理問題。換句話說，心態上你要坦誠面對問題，但不必期盼父母能夠改變。也許他們對你試圖溝通的努力始終無動於衷，但請相信我，在療癒親子關係的路上，你已跨出了一大步。

假如他們對你的努力總是視而不見，你可能需要重新思考：有沒有必要繼續堅持分享你的眞實感受？你明明在設法突破現狀，情況卻愈來愈糟。這種時候，你反而要留意油然而生的挫折感，你必須懂得適時放棄嘗試，至少現階段先暫停一陣子。一般情況，你可以嘗試跟對方訴說一次你的想法和感受，若遭遇阻礙，就請先放手。假如機會再次出現，你可以換另一種方式分享。倘若你已設法溝通了三次，卻屢試屢敗，那麼請先擱在一邊。既然對方尚未準備妥當，而你已經盡了力，坦然放下對彼此互動的期待，無疑是更成熟的做法。另一種情

況是，對方的反應激烈，引起你更大的憤怒和痛苦，這種時候，請務必尋求你所需要的支持，或根據被挑起的負面感受進行自我療癒。只要你眞誠地溝通、積極地改變，就足以讓自己感覺更自由，也更圓滿。

寬恕父母的一封信

現在開始，我們要給父母親（或當年負責照顧你的人）各寫一封寬恕的信。藉著這封信，讓我們誠實面對傷害，接受療癒。請記得，寬恕之旅是從願意「承認自己的真實感受」開始的，因此，如果你現在只感受到憤怒，那就只需表達你的憤怒。

這封信不見得要寄出，寫信只是爲了讓你有機會表達自己眞實的想法和感受。把事實和眞正的感受攤開來，是療癒過程裡極重要的部分。但如果你打算寄出信，有一點很重要：請特別留意自己表達時的心態，千萬不要再次陷入衝突和憤怒的惡性循環裡。

＊ ＊ ＊

以下是參與「情緒覺察課程」的學員寫給父母的信。朗恩寫這封信時，他的父親已經不在人世了，然而寫下一系列的信，卻是他治癒過程中非常重要的一部分。

朗恩

親愛的爸爸：

大約一個星期以前，我寫了一封非常生氣的信給你，本來今天早上還要再寫一封的，想想也就算了。在我最需要你的時候，你這做父親的卻不在我身邊，這事的確令我傷心極了。我不知道你有沒有當爸爸的能耐。我所謂「當爸爸」的意思是給予我情感的支持、鼓勵、指導和關愛，提供我全天下當爸爸的人理應給予兒子的一切。我寧願這麼想——你對自己無法做到這一點也很失望吧。小時候，你不但拒我於千里之外，最後甚至遺棄我，以至於這些年來我總以爲自己一定有什麼不對的地方。可是，分明是你這個做爸爸的嚴重失職，我卻將過錯全部攬在自己身上。小時候我既漂亮、又討人喜歡，沒道理不被你疼愛的。爸爸，我覺得你好可憐，你明明

有九個漂亮的孩子，可是你卻不能也不讓我們陪伴你那乏味、悲慘的一生。你甚至沒留意過我們的存在。我猜想你一定遭受過可怕的折磨，可是跟你在一起，我們也飽受煎熬。

我知道酒癮奪走了你的一切。你死的時候非常孤獨，直到嚥下最後一口氣，仍然認定這世界虧待了你。我一直認爲自己對不起你，所以我不敢憤怒，也不願有痛苦、悲傷、迷惘和其他種種感受。但是，現在我必須碰觸內心的憤怒和失望，必須放下它們，我才能爲愛騰出心靈的空間。我不想跟你一樣，到最後一刻仍然痛苦，仍然心有不甘。我希望自己死的時候，所有的事情都已圓滿了結。

我不再把愛我、接納我、尊重我的責任放在你身上，我不再需要你給我這一切了，爸，現在我擁有我自己。我擁有自己耶！我說「擁有自己」，是因爲以前我從未眞正擁有過自己。以前的我，像你一樣愛喝酒，成了個酒鬼；像你一樣虐待女人；還像你一樣，遺棄了我唯一的孩子。

爸，我根本沒有一個可以讓我學習如何成爲男子漢的榜樣。沒有人教導我、指引我方向。我就這樣長大成人，應該說總算在街頭混大了。爸，我前大半輩子都在別的男人身上尋找愛，希望他們接納我、認同我。我依靠過一個老男人，他奪走我純眞的一切，但是我沒離開他，因爲至少他會關心我，給我「愛」。我學會用我唯一知道的方式跟他人接觸。我用肉體換取愛，結果只是更加困惑、更加孤獨和苦悶。在我深陷害怕、絕望和孤單時，我總是假裝自己擁有一切。可是，我再也不想爲愛出賣自己了。現在，我知道自己值得被你愛、被你接納，也明瞭我能夠給自己愛，我不再糊里糊塗地想從他人身上得到愛和接納。實際上，他們眞正感興趣的只是跟我上床而已。

你知道我心裡裝著多大的憤怒嗎？但是，我卻只能將怒氣發洩在無辜的人身上，我轟掉了別人的腦袋，連旁觀的人也嚴重受傷，所以我入獄了，這是我罪有應得。感謝上天，目前我正在療癒自己的暴怒。我已經不再酗酒了，現在的我頭腦清晰，不再逃避現實。我必須面對自己，學習用健康的方式求助。這是我有生以來，第一次覺得自己是個可愛、討人喜歡，卻容易受傷的人，只不過前半生坎坷了些。我當了大半輩子的受害者，我不想再像個該死的受害者那般過活。我有機會擺脫過去，我想要他媽的自由，我要快樂，不想再沉重度日，我想勇敢踏上我的生命旅程，好好的愛人，活出眞正的無畏和平安。

爸，如今就算沒有你的指導，我也能成爲一個男子漢。很遺憾你未曾擁有這樣的機會。無論如何，我都愛你，爸，我正努力原諒你和我自己。

再見了，爸

你可愛的兒子　朗恩

＊　＊　＊

雷伊寫這封信時，他的母親已經不在世上，他在信中和母親坦然說起一些難以啟齒的過去。難得的是，他還能設身處地去設想母親的難處，也沒忘卻她的撫育之恩。

雷伊

親愛的媽媽：

對於妳和我們之間，還有我們生活在一起的一切，我一直有好多想法。我祈禱你和爸現在可以團聚在一起，在另一個世界裡相愛。爸在世時一直好想妳。即使妳過世了，妳依然是他堅持活下來的原因。

回想昔日生活中的種種，我才發現自己跟妳有多像。看來我們許多的好惡愛憎都是相同的。不過令我困擾的是，其實妳有很多壞習慣傷害了我。我記得妳會因爲一些很瑣碎的事，譬如嚼東西太大聲而突然大發雷霆、歇斯底里地破口大罵，這種芝麻綠豆的事，根本不該引起妳那麼強烈的反應，因爲我還記得，大事臨頭時妳一向都很鎮定，譬如一九七一年那場大水災，就沒沖走妳半點冷靜。我發現自己也是這副德行，不過，我認爲這不是遺傳，而是從妳身上學來的，妳則是從外祖父那兒學來的。妳對我的影響好大，可是以前我對這點渾然不覺。這些道理我到現在才懂，我感覺自己成了全新的人，現在總算知道什麼是感受、什麼是愛，怎樣才是活著。

媽，我希望妳知道我愛妳。如果妳不知道的話，讓我現在告訴妳，我愛妳！此時此地對我最重要的事是，我已經原諒妳了。妳可能會說：「我做了什麼事情要勞駕你來原諒我？」也許我得舉幾個例子，雖然這樣做眞的很痛苦。妳還記得妳對我發過多大的脾氣嗎？妳曾經把我摔在地上，猛踢我的胸膛。我知道妳老早忘了這件事，因爲妳直到斷氣前都沒承認這件事，但我的確記得妳是怎麼把我當條狗一般用力猛踹的。還記得妳曾跟我說，妳多麼希望沒把我生出來嗎？這事妳可能早就沒印象了，但我還記得。還有我被車輾過的那次呢？媽，當時我才十八個月大！一個十八個月大的小娃兒怎麼會自己上大街？那些痛苦直到現在我都記得，唉，我記得的

事可多著呢。我想，妳現在應該能了解這些事對我的傷害有多大了吧，直到今天，它們還深深地影響著我。現在，我該是重新開始的時候了。眞希望妳就在這兒，聽我訴說這一切。不過妳已經不在了。就算如此，我還是能寬恕妳，重新看待妳。也許妳現在聽得見我的心在哭泣，也許妳現在能感受到我的痛苦。媽，我原諒妳了，如果我說這些會讓妳難過的話，也請原諒我。我只是覺得必須說出來。

媽，妳可能是從外婆或外公那兒學到了壞脾氣，而他們也是從他們的父母那裡學來的。愛孕育愛，恨孳生恨，暴力助長暴力，叫囂衍生叫囂，付出培育付出。你明白我想表達的嗎？那就是撫養我長大的模式，這個模式形塑了我，應該說它形塑了以前的我。媽，我正在進步，一天一天地變成一個嶄新的自己。我漸漸找到眞正的自己，眞正的雷伊，他不是那個被妳造出來的人子，他是上蒼賜與的孩子。

這段對話也許會讓我們倆心裡都難受，好像過去的什麼死了一樣。但死亡是重生的開始，而重生可以帶來平安。我祈禱現在所做的這一切能將痛苦和傷害拋到腦後，開啓新的生命。媽，新的生命已經展開了。

獻上我所有的愛

雷伊

＊ ＊ ＊

羅夫在寫給母親的信中，指出不論遭受什麼限制或阻礙，自己和母親都已「盡了力」，基於此，雙方於是都有療癒的可能，而這點正是寬恕的關鍵。

羅夫

親愛的媽媽：

我寫這封信是要告訴妳，我愛妳。我想讓妳知道我現在很平靜，還想告訴妳，這是我有生以來第一次「眞正看見妳」，我看見妳的痛苦，感覺到妳受的傷害，我知道妳一直盡力給我妳所能做的一切。我希望我們倆別再爲過去掌握不了的事內疚了。過去的二十六年，我們把大半的時間浪費在罪咎、怨恨、憤怒和悲痛裡頭。很抱歉，我曾憤怒地譴責妳。妳知道的，媽，我那時才七歲，根本搞不清楚到底是誰的錯。我只想和妳回家，可是卻不能回家。七歲的我，根本就不知道除了妳，我還能聽信誰。對我而言，妳就是老天爺，我以爲妳可以做任何妳想做的事，我不知道妳也有辦不到的時候，於是我緊抓著受到排斥的痛苦不放。就算我已經三十三歲了，情感上我卻仍舊停留在七歲。我爲妳感到難過，就如同我爲自己難過一樣。我不希望妳再愧疚了，這一切全都不是我們的錯，我們彼此都盡力做了所有我們能做的事，也都爲了彼此好才做那些事。我原諒妳了，媽，不過，對我來說，更重要的是妳要原諒妳自己，我希望妳心中也有平安。惟有寬恕，我們才能找到平安。

愛妳的　羅夫

當你回想自己和父母的關係時，也許你會覺得需要原諒的人其實是自己。但是請記住這點，無論你小時候做過什麼事，無論那時他人說你有多「壞」，最重要的是，你要記得那些打罵、冷漠或忽視並不是你的錯。如果你想獲得療癒，一定要記得，以你當時的認知能力，相對於那一刻所感受到的恐懼而言，你絕對已經盡力了。

很多父母把自己的不快樂怪罪在小孩身上。我就有個朋友從小到大不斷聽見媽媽抱怨，「要不是妳，我跟妳爸不知會有多快樂」，因此，她的療癒需要從原諒自己開始，她必須明白，自己不必爲母親的不快樂負責。在持續療癒的過程中，她不斷感受到對母親的憤怒，經過很長一段時間，她才能原諒母親這種讓她長年背負罪咎感的行爲。

還有另一種情況，你可能會因爲成長過程未聽從父母的善意提醒和建議，而自覺需要寬恕。你會覺得自己不成材，讓父母失望。但過去的已經過去了。當前的問題是你要從經驗裡汲取教訓，才不會辜負自己。如果你屬於這類情況，我鼓勵你寫封請求原諒的信，寫完之後，寄不寄都行。總之，父母是否原諒你是其次，重點在於你是否接納、喜歡和關愛自己。

傑斯

親愛的媽媽：

我眞誠地跟妳道歉，請妳原諒我犯的所有過錯，原諒我留給妳的一堆爛攤子，原諒所有我該做卻沒做的事，原諒我讓妳失望的一切，也原諒我沒聽進妳的苦口婆心。我現在回想這一切，才明白當初要是聽妳的，我就不會淪落到這個地步了。希望妳能看見我的眞心，了解我是眞心說這些話的。我愛妳，直到永遠。

妳的兒子　傑斯

塔德

親愛的媽媽：

我一直想告訴妳這件事，但理智和虛榮心卻不允許我這麼做。媽媽，對不起，

我不僅沒有變成妳期望中的模樣，甚至還走錯了方向。我誤入了歧途，很遺憾我帶給妳這麼多傷害和痛苦。只希望妳能原諒我的頑固，原諒我沒聽進妳的話。

我知道錯了。多希望妳會留在我身邊，繼續支持我往新的方向前進。

愛妳的　塔德

治癒與過世的父母之間的關係

假如你過去和雙親的關係糾糾結結，痛苦不堪，卻又來不及在他們過世前療癒彼此的關係，你一定非常遺憾錯失了與他們和解的機會。現在，請回頭看，就當時你們所處的狀況而言，要求你那時就懂得寬恕，未免太嚴苛了。請永遠記得，溫柔地對待自己，是寬恕絕不可或缺的要點。

換一個角度看，父母既已過世，在他們生前，你們的關係固然極爲痛苦，他們離開人世應該會讓你感到如釋重負。你可能會認爲：「這段痛苦的關係終於結束了，我再也不必應付他們了。」不過，話說回來，如果你們之間的「未竟之事」沒有了結，即使他們已經不在人世，那些事依然會影響你的人生。

不管你如何看待雙親的死亡，也不論他們在世時你們相處得如何，此時此刻，你都有機會重新療癒你們之間的關係。

你絕對能夠原諒他們。只要你願意，你就做得到。

根據我的經驗，我們確實能夠在心裡跟已過世的父母完成深度的療癒。每次我帶領寬恕工作坊，結束前都會引導大家做一段「寬恕觀想」。學員要選擇一個令他生氣或怨恨的對象，而且**必須**是他願意試著寬恕並療癒彼此關係的人。我鼓勵學員在觀想時邀請那個想要寬恕的對象，一同進入他在心裡準備好的一片安全之地。

在我帶領這個觀想時，常有學員開始時選擇了一位健在的親人作爲寬恕的對象，結果出現的竟是已過世的親人（通常是他過世的父親或母親）。這類會晤經驗爲寬恕帶來雙重的療效，學員聆聽已故親人的心聲，了解對方的感受，學到如何同理他人的經驗與觀點，這不只幫他了解自己的傷痛，也讓他知道如何去面對這一傷痛，使他在情感層面獲得很深的治療。

無論你的父母是否健在，倘若你願意敞開心胸，嘗試治癒雙方的關係，請練習以下的寬恕觀想。

練習

寬恕觀想

請先調整坐姿，讓自己覺得舒服自在，輕輕閉上雙眼，細長而深沉地呼吸幾次。吐氣時，感覺身體和頭腦的緊張隨之釋放。重複幾次這個步驟。

現在，想像自己在一個安全、舒適的地方，可以是你曾經去過的某處，也可以是你在心裡造出來的秘密花園。看看這裡的一景一物，感覺這裡多麼平靜、安詳。在這裡，你感到非常的舒服，非常的放鬆。吸氣時，感受內在寧靜的力量。現在，回想那個讓你憤恨難平的人，也許是你的父親、母親、某個舊識，或你現在每天都得見面的人。請在心中細細觀想出此人的影像。再深深吸一口氣，感受內在的力量，吐氣時，釋放所有恐懼和焦慮。

現在，邀請你剛才想到的對象，請他進入這個安全之地。吸氣時，感覺你自身的圓滿無缺，在心中抬起眼來，仔細看著這個人，現在想著他，傾訴你未曾說出口的想法和感受，帶著你的願心和勇氣，和他分享你真實的感受……。

當對方開口時，請仔細聆聽那些從來沒機會說過的話，所有來不及表達的感受，你的心是開放的，你有無窮的耐心，仔細聽對方的每一句話，聽聽他們真正要表達的，放下所有的譴責和批判，放下緊抓憎恨不放的傲慢。

深深吸一口氣，感覺你自身的圓滿無缺。抬起眼來，看著他們的眼睛，釋放你的恐懼，也超越他們的恐懼，真正的看見他們。放下憎恨的重擔，讓自己寬恕對方吧。放下批判，超越對方的過失與錯誤，以清明透澈的眼光，看到他們的完美和圓滿。

現在，緩緩抬起眼來，再看著他們的眼睛，讓梗在你們之間的問題慢慢模糊，慢慢消失不見。再次吸氣，感受自己內在的力量。如果你有話想對這個人說，現在是你說話的時候。

現在，放下過去，看著對方，就像剛剛認識他一樣。這一刻，你們認識彼此真實的自己，此刻，你們都自由了，輕輕道別，目送他離開……。

接著，將這份寬恕的心境延伸到自己，放下病態的罪咎、自責，放下自我批判，在心中騰出一片小天地，迎接自己，敞開心歡迎自己歸來。你值得愛，你的心是開放的，充滿愛的力量，充滿生機，你覺得愈來愈自由。

現在，準備張開雙眼，慢慢回到這裡。準備好時，張開雙眼，回到生活裡。

「寬恕觀想」可以幫助你療癒任何關係。在學習寬恕他人的過程中，我建議你經常練習這個觀想。

只要你越加深入愛的心境，你的寬恕就越顯得眞誠，而且習慣成自然，你會更常感受到圓滿和平安。

千萬記得，在練習之初，由於過去積怨太深，寬恕的心境並不會一直維持不變，你可能在前一分鐘原諒某人，後一分鐘又因爲突然想起某句話或某件事而再次勾動怒火。通常是這樣的，你越強壯，越是療癒得夠深，你就越有能力讓更深更隱晦的憤怒浮現上來。請記住，寬恕既不是成就，也不是拼命維持不墜的境界，而是持續不斷的過程。在這過程中，請溫柔地對待自己。你和父母之間尚未了卻的心事，或是生活中尚未化解的心結會不斷浮現，這些都是**為了你的療癒前來的**。

如同《奇蹟課程》〔譯註〕所言：「我的弟兄，重新作個選擇吧。」你是要繼續自囚於恐懼的黑牢，還是寧可離開這黑暗之鄉，走進寬恕帶來的光明？你知道，決定之權操之在你。

譯註　《奇蹟課程》（*A Course in Miracles*）以教材的方式寫成，分為〈正文〉、〈學員練習手冊〉、〈教師指南〉三冊，是一部轉化心靈的自修課程，藉由現代心理學的分析角度穿越人性的幽微，闡述一套完整嚴密的一體靈性思維體系，透過「每日一課」的練習，鼓勵讀者以「寬恕」活出人性的光輝。

要在憤怒當頭寬恕他人，談何容易？但如果我們眞心想釋放自己，眞心想要療癒內心的傷痛，讓生命不再如一灘死水，就必須學習寬恕。唯有眞正學會寬恕，清明、慈悲和智慧才有機會進入我們的生命。

一天當中，常常想一想：

我決心看見

14 靈性覺醒：找回更大的力量

亞尼的分享

我親眼見過無可救藥的毒蟲和冷血無情的惡人在找到上主的愛之後，竟然出現了奇蹟——他們不僅因此脫胎換骨，甚至願意開始去關心別人。如果連這樣罪大惡極的人都有重生的希望，我們這些人當然更有機會。這些現象讓我不得不相信，冥冥之中一定有一個「更大的力量」在引導我們。依我的理解，這股神祕力量的體驗與讀不讀聖經或上不上教堂並沒有直接關係，關鍵應當是我們的心靈願不願意和生命之源交流，進而融入更寬廣的生命藍圖之中。

我們每個人天生都是具備「靈性」的個體，因此，隨著身體、情感和心智能力日漸成長

茁壯，如果我們同時也能深入認識這與生俱來的靈性特質，這一生就一定活得更有意義。遺憾的是，社會上一般的現實生活，多半忽略了靈性層次的需求，只是一味追逐名利，「聲色犬馬，酒色財氣」成爲普遍追逐的另類偶像。事實上，我們來到這個娑婆世界，並不是爲了崇拜這些「僞神」，更不是爲了活出小我；生而爲人，我們是爲了發掘「全人」存在的眞正意義。誠如哲學家海德格〔譯註〕所說的：「人之所以爲人，不在於此身之爲物，也不在於此生之歷程；人的存在是一個機會，讓那不可知的絕對境界透過他而得以彰顯。」

全然開放的真我

爲了讓大家更了解人的存在價值，我再用下一頁那個大家練習過的圖表來作補充：仔細瞧瞧，圖中四分五裂的小我，四周圍有非常明顯的界線，這些界線不僅局限了小我本身，也封鎖了它對外的交流；而位於圖表正中央的眞我（也就是靈性眞我），則完全沒有疆界，超越了性格和肉體的種種限制，因爲全然開放，而得以與天地萬有相契相融。

譯註　馬丁・海德格（Martin Heidegger, 1889~1976）　德國哲學家，在現象學、存在主義、心理學及神學有舉足輕重的影響。認為現象學的意義就是設法讓事物替自己發言，唯有不套用我們現成的狹隘概念，事物才會向我們彰顯它自己。他放棄了西方哲學傳統嚴密的邏輯語言，用詩般的語言批判歐洲傳統的理性、主體性、人類中心論等思想，建立自己的「存在哲學」。

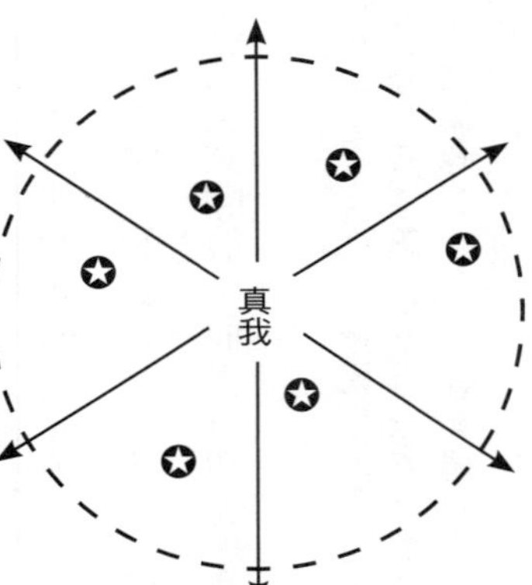

一旦與眞我產生連結，以心靈爲師的生命之旅便由此展開，立身處世有了一定的準則，對天地造化保持更開放的胸懷，因而也更懂得寬恕和體諒。從此，我們不再畏懼眞實生活的挑戰，即使必須在孤絕的監獄裡待上幾個月甚至好幾年，你再也不是孤零零地獨自一個人承受這一切。神學家田立克〔譯註一〕將這種心境形容得如此美妙，他說：「我想告訴那些對生命始終抱著敵意的人：生命總是接納你，把你當成它流離在外的骨肉一般愛著你；即使命運看似要摧毀你，其實它的本意是但願與你合而爲一。」

即使這一生的際遇風雨飄搖，陰晴不定，願我們仍然能心繫於眞我，並保有感受「造化有情」的能力。如果我們和眞實的自己失去連繫，感受不到造化的恩澤，必然會把自己看成

黑暗森林裡頭一隻迷途的羔羊，心中充滿了恐懼，分分秒秒處於備戰狀態。

針對「天生靈性」這個題旨，十三世紀的靈性導師魯米〔譯註二〕說過一段明確有力的話：「大師說，這個世界上有一件事是你絕對不能忘記的。就算其他事都忘光了，只要那件事沒被你拋在腦後，你就不用擔心；反之，即使看起來事事圓滿，你若忘了這件事，就等於你什麼都沒做。你就像國王派去外國執行特殊任務的使者，到達目的地後，即使做了一百件其他的事，但如果沒有完成國王指派的任務，就等於你什麼都沒做。每個人來到這世間，都有一項特定的任務待完成，這個任務就是生命的目的，沒有執行這項任務，無異於白白走了一遭。」

古往今來所有的靈性導師都告訴我們同一件事，來這世間的目的無他，純粹是爲了與我們的眞實自性結合。《西藏生死書》的作者索甲仁波切〔譯註三〕也有一段類似的話，他說：「國王派遣我們來到這個陌生、黑暗的國度，其任務就是證悟和體現我們的眞實本性。但我

譯註一　保羅・田立克（Paul Tillich, 1886~1965）　德國布雷斯勞大學哲學博士、哈雷大學神學博士，並在德國境內多所大學任教，一九三三年納粹上台後，受到政治庇護前往美國。一九四〇年入美國籍，曾任紐約協和神學院、哈佛大學、芝加哥大學教授。首先提出宗教是人的「終極關懷」，被認為是美國的存在主義代表人物。

譯註二　魯米（Rumi）　十三世紀波斯回教詩人，也是當代的法學家、神學家和蘇菲神秘教派代表人物。

譯註三　索甲仁波切（Sogyal Rinpoche）　出生於西藏，一九七一年至英國劍橋大學專研比較宗教學，一九七四年開始弘揚佛法。為繁複的現代世界發展出一套解說西藏佛法要義的方法。

們要如何找到靈性、上主和內在的聲音？我們究竟如何才能找到這些寶藏？我們要如何與轉化和療癒的力量銜接？很簡單，只有一個辦法，那就是親身去體驗這趟靈性之旅。」

靈性成長雖然是每一個人內在的需求，但這條心靈幽徑只會爲願意追尋它的人開放。找到這條路的方法有很多，比如參加宗教活動，閱讀心靈勵志典籍，或者是透過冥想、祈禱、服務他人，也可以跟隨靈性導師修持……等等，你可以選擇適合自己的方式，去親身經驗這趟心靈旅程。每一條路都能夠指引你發掘深藏內心的瑰寶，讓你覺察到愛、圓滿和心靈平安。就如靈性導師說的，只要我們全心全意尋找靈性的本質，就等於進入了國王指定的國度，圓滿完成被差遣的任務。

靈性與宗教

一般人聽到「靈性」這兩個字，十之八九會聯想到天主教、基督教、猶太教、回教、佛教或道教等等這些流傳已久，儼然有組織有紀律的宗教團體。不可諱言，這類宗教團體的確能幫助我們長養深刻的靈性生命，然而，宗教信仰並不等於靈性追求，即使引領出相同的體悟，兩者之間的差異，仍不可以道里計。也就是說，不一定要透過形式上的宗教信仰，才能體驗到靈性的深度。

針對這個議題，心理治療師娜歐米雷門博士〔譯註〕是這麼說的：「不同的宗教有不同的基本教條和一整套的靈性信念，以及由這一整套信念所衍生的修持方式。宗教門派往往因而相互排斥，並且堅持自身才是『靈性籌碼』獨一無二的所有人，認定自身那一套才稱得上『大道』。事實上，靈性無所不容，它具備了極爲深沉的歸屬感和交融感，無論你感受得到與否，我們的確時時刻刻都共沐在靈性之中。」又說：「靈性是無所不在的，它可說是全體人類都能經驗到的美好境界。宗教團體固然能夠藉教條和修練作爲通往靈性的橋樑，協助信眾到達此一境界，但是透過這種方式，成敗殊難預料，若干信徒有可能因爲執著於那座橋樑本身，遲遲無法『通行而過』，以至於根本到不了彼岸。所幸，這些宗教信仰可能產生的負面現象仍然無礙於靈性發展，因爲靈性原本就無所不在，它超越宗教的型態之上。」

譯註　娜歐米雷門博士（Dr. Naomi Rachel Remen）　美國全人照護運動 (holistic health) 的先鋒，投入醫療改革和教育工作，擔任美國加州大學舊金山分校家庭暨社區醫療臨床教授，著有《自然心藥》（*Kitchen table wisdom : stories that heal*）一書。

靈性的成長

「情緒療癒」和「靈性療癒」的關係極爲緊密。情緒的療癒能夠爲我們開啓一條通往內心深處的靈性之路，因此，倘若完全忽略情緒療癒層面的功課，而只是一味關注在宗教信仰及其帶來的靈性保證，縱然短期內有所轉變，也會像曇花一現，那是因爲「速成」的蛻變根本無法避免褊狹執著的弊害。缺乏了正向情緒的有力支撐，一旦面臨現實的挑戰，很快就會後繼無力。

嚴格說來，這種「獄中悔改」的修行模式，出獄後一定很快就被拋到九霄雲外。假如我們一心只想擁抱光明，卻不願老實面對黑暗，不願穿越痛苦、否認、憤怒和自我憎惡等等的負面情緒，也就是說，不願落實情緒療癒的功課，僅僅追求宗教層面的靈性撫慰，不可能爲我們帶來眞正的療癒，充其量不過是逃避現實的藉口。作家羅伯凱克是這麼說的：「我們自身就是我們該負責照顧的宇宙一角，只要守住這一角，用愛和肯定來澆灌它厚植它，我們自會發現，天堂就在此地。」

腳踏實地修復昔日傷痛的同時，請試著慢慢培養靈性生活，你就能夠把內在的光明帶到黑暗前，體驗那前所未有的自我理解、慈悲和安慰。

培養靈性生活

乍看之下，監獄像極了靈性的荒漠，然而，如果你緩下來仔細端詳四周，這些層層的關卡、高牆或圍欄，有哪一樣能阻擋你和靈性的連結？說眞的，靈性和你原本就緊緊相繫，就像呼吸和心跳，它們從來不曾與你分離。

過去你也許從未留意什麼是「靈性生活」，其實很簡單，只要敞開自己，誠心投入，你就能夠開啓通往深層療癒的心門。靈性一旦獲得某種程度的療癒，必能帶給你一種深沉的愛和安全感，足以支撐你度過最艱困、最黑暗的時光。

不管選擇哪一種方式來培養靈性，你可能仍會質疑它的成效。現在，試著假設一下：即使不曾預想舉重有哪些好處，只要持續練習，久而久之，肌力一定會增強。同樣的，就算一開始你並不相信禱告、冥想、閱讀、參加課程，或者心靈修練能帶來什麼轉變，但最後你會發現生活已在不知不覺中變得更美好了。

如前所說，培養靈性生活的方式很多，沒有一種方法適用於所有人，因此，你必須選擇最適合你自己的方式，只要誠心尋找，你必會找到符合自己需要的法門。我在此提出幾種方法，它們有助於你提升某一靈性層面，也就是你內心最深最好的一面。

不過，我必須聲明，我無意冒犯大家對宗教的感受，也不打算一一列舉各個宗教尊奉的聖名，因此，我改用「更大的力量」及「造化」來指稱我們祈禱的對象，當然，你還是可以選擇向上帝、耶穌、阿拉、佛陀、聖母瑪麗亞或聖靈等等的聖名來祈禱。倘若一時想不出來，戒酒無名會十二步驟之「相信有一個比我們本身更大的力量」，那一位「更大的力量」就是你可以祈禱的對象。

祈禱

每個人都用自己的語言禱告，但沒有一種語言是上帝聽不懂的。

——艾靈頓公爵〔譯註〕

祈禱和所有靈性法門一樣，只要虔心投入，就能帶給我們深度的變化，不論是環境的轉換、新信念的建立、療癒的奇蹟，或是平安的心境。祈禱可說是靈魂的特效藥。即便我們獨自祈禱，我們也不是一個個孤苦伶仃的人——我們原本即是融入整個造化的一體生命。

祈禱等於給我們一個機會，以自己的方式求助，或表達謝意，或坦承過失，聆聽安慰而

獲得鼓勵。從此，我們的生命不再屬於我一人，我們也不必逞能地獨闖天下。透過禱告，我們邀請「更大的力量」進入我們的生命，在它的指引下重新踏上正途。

宇宙當中蘊藏了支持你的巨大力量，不過，除非你「想要」這份更大的力量，否則你不可能領受到它的生生不息。邀請它吧！如果一次的叩問未能立即得到回覆，千萬別放棄，繼續叩問，你終會聽見的。

倘若我們久久才禱告一次，多數時候卻完全不記得有這回事，那就不足以體驗到祈禱的眞正力量。《我們都活在心牢裡》的作者羅佐夫說：「一次的冥想、禱告或與上帝交談，的確是偉大的第一步，不過，這就像你讀了世界名著第一頁大爲讚嘆：『對，這是本很棒的著作！』然後就束之高閣，如此做，無異於坐失深入修練的良機。我們必須時刻提醒自己，盡己所能地一次次加深這些信念，縱然獄中壓力重重，你依舊可以堅持這些信念，讓修持落實在日常生活當中。」

不同的宗教門派有不同的禱告方式，任何一種都有助於我們重建靈性力量，與萬有本源連結，其中，我特別推介下列四種。

譯註　艾靈頓公爵（Duke Ellington, 1899~1974）　美國作曲家、鋼琴家以及爵士樂隊首席領班，對美國音樂極富影響力，曾獲得普立茲（音樂類）獎。公爵是小時候的綽號，成名後，人們還是這樣稱呼他。

一、祈求

酗酒和吸毒一類的上癮症，其療癒的轉捩點在於承認「自己的確生病了」這個事實，並且承認無法只靠一己之力獲得痊癒，從而開始尋求協助。眞心祈請協助，需要謙卑和勇氣，因爲祈求意味著我們確實願意改變自己的生活，願意改變自己的心態。如此的虔誠祈禱，協助自然到來。

你當然可以祈求你想要的東西，但請記住，祈求外在世界改變的同時，也要祈求內心世界的轉化。一位靈性導師說過：「祈求，必須往內心深處求。」祈求祂（更大的力量）幫助你做正確的事，祈求祂給你全新的理解，祈求明白自己受苦的意義，祈求獲得治癒的勇氣，祈求領會最深刻的平安；祈求自己能洞察世事，穿透每一個人身不由己的僞裝面具，看到底下那純良神聖的內在；祈求自己在任何處境都能以至善爲目標，祈求我們的一念一行都能爲愛服事。

> 主啊！請幫助我們改變，改變我們自己，也改變世界，請讓我明白爲什麼需要改變；請幫助我面對過程中的痛苦，請幫助我感受改變所帶來的喜悅，幫助我勇於

踏上這未知終點的旅程。阿們。

——麥克陸尼〔譯註〕的《祈禱樹》

主啊！求祢賜我安靜的心，泰然接納我所不能改變的事物；
賜我無限勇氣，毅然改變那有可能改變的東西；
並賜我智慧去分辨這兩者的差異。

——寧靜禱文

你們祈求，就給你們；尋找，就尋見；叩門，就給你們開門。
因爲凡祈求的，就得著；尋求的，就尋見。

——馬太福音

譯註 麥克陸尼(Michael Leunig) 澳洲著名漫畫家。個性內向、溫和，作品卻展現出銳利、詼諧、敏感、深邃的風格。於一九六〇年左右開始漫畫創作，作品散見各類媒體。除了《祈禱樹》（*The Prayer Tree*）之外，另著有《祈禱文》（*When I talk to you*）。

暫停與思考

*外頭的世界，你想要什麼？

*內心世界裡，你想要什麼？

試著列出清單，然後向上天祈求。

二、與「更大的力量」交談

祈禱能夠賜予我們與內在「更大的力量」一個交談的機會。靜靜地坐下來吧，認眞的和這個「更大的力量」談一談，特別爲祂挪出時間，敞開心房，接受指引。打開渴望改變的願心，邀請靈性的力量進入生活，讓我們有機會煥然重生。祈求祂指引我們如何成爲更好的人，如何成爲更有愛心的丈夫、妻子、朋友或父母。祈求祂的指引，讓我們懂得什麼才是最好的生活方式，如何活得既尊嚴又有智慧。祈求祂的指引，讓我們明白如何讓服刑的日子發揮大用。慢慢來，腳踏實地真心與「祂」交流。這項內在工作遠比外在任何事物更重要。

想一想，有一位睿智慈愛的長者準備來探訪你，他不僅欣賞你，而且愛你。他就要來了，你會拒絕這位貴客，自顧自地看電視打發時間嗎？這樣的愛，此刻就在你身邊，去找，你會找著。花一點時間回訪，向祂傾訴心底的話語，提出你的困惑，坦白說出你的想法。然後，仔細聆聽祂的回答。

暫停與思考

接下來的一天，請試著撥出時間禱告，與內心「更大的力量」交談。如果你不相信「更大的力量」這回事，可以想像自己在一個絕對安全的地方，遇見一位充滿愛心、慈悲又睿智的長者，他非常高興見到你，並且樂於指引你，解答你的疑惑。時時刻刻都請記得要緩緩地呼吸，全然敞開自己，接受他的愛和仁慈，讓他知道你的想法，仔細聆聽他的指引。想像他會隨時隨地幫助你。不要忘了，你越仔細聆聽，就會收到越多的指引。

三、感恩

目前的你，經歷了那麼多的失落，弄不清楚還有多少痛苦要處理，不僅這些，每天還有一堆不斷發生的倒楣事擺在眼前，現在，竟然要練習「感恩」，這會不會太過份了？是的，看起來的確過份。但話說回來，即使需要我們絞盡腦汁才想得出三兩樁值得感謝的事，我們依舊不能放棄，只因爲感恩我們所擁有的事物，乃是深入靈性最強最有力的禱告方式。有位聖者說過，感恩是我們唯一需要的祈禱，它能提升生命，帶來轉變，高舉我們，讓我們離開黑暗的泥沼，看見生命的光輝。喜樂也好、痛苦也罷，都值得感恩。要知道，感恩是一種慷慨的姿態，需要一定的成熟和寬容才做得到。感恩能吸引更多恩典進入我們的生命，讓我們更清明，可以發現更多值得感激的事。

暫停與思考

你想感謝的人事物有哪些？

試著列出清單，表達你的謝意。

四、心輪呼吸祈禱

一般人所知的「祈禱」，多半是在特定的場所和時間進行，比如教堂和睡前禱告，現在，你不妨嘗試無需特定時間地點的「心輪呼吸祈禱」。這是一個能夠充分融入日常生活的有效修持方式，你所選定的禱詞可以和手邊正在做的事情完全合而爲一。也因此，即使忙得像陀螺，完全抽不出時間專程祈禱，你仍然可以在一呼一吸間隨時祈禱。練習時間因人而異，一個整天或一天當中的某些時段都可以。

方法很簡單，我分成三個步驟說明：

1. 首先，選一個簡短而有靈性觀念的句子作爲禱詞，禱詞內容可以包含一個或數個觀念，但長度不要超過十個字，以便能夠在呼氣或吸氣間默唸完成，無需刻意控制呼吸的速度，自然地呼吸即可。

2. 在心中默唸禱詞，同時，想像吸入的氣進入心輪（心輪在心臟附近，位於胸腔的正中心，你可以把它當作「靈性的心臟」）。呼吸時，禱詞隨著氣息緩緩進入心輪，然後，隨著氣息慢慢吐出。

祈禱的重點是愛、療癒、你的信仰對象，或者就是「更大的力量」。你可以直接引用你最熟悉的禱詞，當然也可以自己撰寫。舉例來說：

（吸氣時）主啊，祈求祢讓我成爲
（吐氣時）祢締造和平的工具
（氣息隨著呼吸進出心輪，同時，重複這句話）

或者

（吸氣時）願眾生平安
（吐氣時）願眾生喜樂
（氣息隨著呼吸進出心輪，同時，重複這句話）

或者

（吸氣時）願我明白本性的
（吐氣時）力量和善良
（氣息隨著呼吸進出心輪，同時，重複這句話）

3. 練習心輪呼吸祈禱的那一天，請記得配合呼吸的節奏，在心中反覆默唸禱詞。練習一段時日後，呼吸禱詞自然會浸潤到更深層的意識裡頭，隨時在心中浮現。久而久之，無論是在排隊或只是四處走走，你都可以下意識進行心輪呼吸祈禱。

威利的分享

我經常參加禮拜，而且每天早晨起床後都會禱告。我祈求祂幫助我所愛的人，祈求祂指引我，並在禱告中感謝祂爲我所做的一切。每當我因爲跟別人衝突而感到生氣或沮喪時，我就向上主禱告，請祂透過我承行祂的旨意。這麼做往往能給我靈感，啓發我找出解決衝突的辦法。這些靈感和啓示有時會從我腦海中自然浮現，有時則是他人的一句話，有時候是在當天所閱讀的聖經經文中發現解答。無論哪一種方式，我的祈禱總是得到回應，雖然不見得是我預期的答案，但的確是我需要的方向。

冥想

第十章已經介紹過「觀照的冥想」，現在之所以再多談一些，是因爲冥想的益處實在很大，它開發了我們沉定內在的能力，使我們因而聆聽到「內在寂靜的微小聲音」，那也正是你我內在的智慧和慈悲。請記得，無論哪一種冥想，重點都在集中心靈的注意力，放下慣有的思維方式。

冥想能夠幫助我們釋放內在的衝突，因而得以和當下的一切同在。康菲爾德在《踏上心靈幽徑》裡提到：「只要我們願意停止戰爭，打開心房，面對事情的本來面目，我們就能安住在當下。這是靈性修行的起點，也是終點。只有在此刻，我們才能發現什麼是永恆；只有在這裡，我們才能發現所追求的愛。過去的愛只是回憶，未來的愛也只是幻想，只有在當下的眞實裡，我們才能愛，才能覺醒，才能在自己和世界之間找到和平、了解和連結。」

如果你練習了第十章介紹的冥想，覺得頗有益處，當然要持續下去，無需刻意改變。這裡我再介紹另外兩種冥想方式，不過，無論是哪一種，都以熟練爲前提，因爲深刻的體驗絕對有賴於持續的修持。

一、歸心祈禱冥想

雖名為「祈禱」，但實際上是一種冥想的技巧。我是在基汀神父主持的研習課程中學到的。神父強調，歸心祈禱的對象是「神聖的存有」。

進行的步驟如下：

1. 調整舒服的姿勢，輕輕閉上眼睛，接著做幾次深呼吸，每次呼氣時釋放一切。
2. 選擇一個「神聖的字眼」，例如平安、愛、耶穌、阿拉、信任、祝福……等，這個字眼可以讓自己安頓，進入內在寂靜的世界。選定字眼後，重複在心中默唸，默唸時要配合呼吸，和前面「心輪呼吸祈禱」的做法完全一樣。

專注於神聖的字眼，是為了能夠全然回歸自己的內在，慢慢地釋放自己，然後進入超乎言語聲音的靜默之中，讓自己停留在靜默裡頭。練習的過程，心思飄走是自然不過的事；一旦有雜念，只需回到這神聖的字眼即可。如基汀神父說的：「藉著這個神聖字眼，提醒自己『放下一切念頭』，回到靜默裡，與眞我合一。」

二、鬆靜反應冥想

你可以像「歸心祈禱冥想」一樣選擇一個神聖字眼，或僅僅選擇一個你熟悉的字眼，例如「一」，或只是一個音，如「唵」。這個字音就是進行鬆靜反應冥想所持的「咒語」。

方法如下：

1. 調整舒服的姿勢，做幾次深呼吸，釋放一切。
2. 呼吸時，反覆默誦自選的咒語（字音）。
3. 心思如果飄移不定，將注意力輕輕帶回，繼續默誦咒語，讓注意力留在咒語上頭。

根據我的經驗，一天冥想二十分鐘最理想，獲益也最大，短短二十分鐘，足夠我們擺脫所有紛擾的事情，整個心神完全進入深湛的平安裡頭，內心世界因而有了開展的機會。此外，希望你們沒有忘記我說過的，在固定時段冥想，久之，冥想會自然而然成爲你生活中的一部分。

無論選擇哪一種冥想，都有可能不時回到舊有的思維模式，比如在冥想時，你覺察到正在批判自己，或者根本質疑自己正在做的事情。如同前面我一再強調的，不論心思飄到哪

裡，只需輕輕放開它，而後回到當下，回到呼吸，回到所持誦的神聖字眼，回到冥想的焦點上。如果因為心思總是飄移不定，不確定冥想是否有效，也不要輕言放棄，因為不少研究都指出，即便情況如此，冥想者仍然能夠透過冥想減輕壓力，從而改善他的自制力。

心思本來就會飄移到各種念頭和感覺上面，這是冥想中不可避免的現象。要記得的是，不論心思飄走多少次，都請不要批判自己，輕輕地放開它，再回到當下這一刻即可。心靈平安與否真的和外在環境完全無關，沒有任何人事物能奪走你內在眞實的力量，堅持和耐心終究會支持你走進最深層的療癒。

靈性的本來面目

全然向靈性敞開，可以減輕內心沉重無比的負荷，你會愈來愈明白靈性的本來面目。

你是被愛的

愛是靈性最重要也是最基本的面目。這裡所說的愛並非男女間的浪漫情懷，也不是隨一時好惡而生的淺表情感。唯有超越了世俗情感和對身體的眷戀，我們才會了解，靈性之愛是生命的基本要素。凱克在《神聖之眼》裡提到：「愛是生命最核心的要素。……這麼說，並不是要我們把愛看成一切，或把愛看得多高多重要，更不是要我們打造一個『以愛爲本』的理想世界。這句話只是要表達：愛是宇宙的基本能量，只可惜我們一直不明白。」

你值得尊重與接納

作家瑪麗安威廉森〔譯註〕說：「我們不能指望世界補足我們的價值；……這世界無法爲我們加冕，只有上主能爲我們戴上冠冕，而且祂已經這麼做了。……不要指望從外在世界找到支持和認同，因爲在那兒，一定找不到。」不管別人怎麼看你，「上主深愛你。」

你的本性就是善就是美

即使你的某些行爲和選擇並不美善，你的本性依舊美善。

世界的治癒，需要你的協助

療癒自己，就是爲療癒世界盡一份心力。我們最重大的責任、最了不起的工作，就是療癒自己並培養靈性生活。讓自己有機會認識這個可愛的、充滿愛心且被珍愛的眞我，活出上主所創造的眞我，那正是祂的旨意所在。

威利的體驗

我打從心裡認爲，一個人如果明明不願意親自接受轉化，卻口口聲聲說自己有多愛上主，都不過是空談。被「救贖」並不是推卸責任，相反的，我認爲那才是眞正爲自己負責。我絕對不會再回到過去那種吸毒犯罪的生活，因爲我很清楚，那樣做只會使我和上主漸行漸遠。在我最糟的時候，祂仍然愛我，當我覺得自己不值得憐憫時，祂寬容。認清這一點後，我再也不會任由自己像當年那般懵懂無知、推卸責任了。我現在知道，在這世上，我如何待人接物，如何尊重自己，就是我對上主愛的表達。

譯註　瑪麗安威廉森（Marianne Williamson）　國際知名作家、演說家，一九七八年開始學習《奇蹟課程》，一九九二年完成《發現真愛》（*A Return to Love*）一書，教導人們以愛取代恐懼的信念體系，力行寬恕以獲得內心平安，著作常高居紐約時報暢銷榜首位，台灣譯有《發現真愛》、《女性自覺》、《回歸心靈本質》、《改變的禮物》，此處引文出自《女性自覺》（*A Woman's Worth*）一書。

靈性的特質

禱告、冥想、參加禮拜、閱讀心靈勵志書籍，都是我們可以「做」的事，「做」這些事不為別的，而是為了「活出」本來面目。當我們投入靈性生活，某些人格特質便會自然而然地流露，我們也漸漸能夠隨心所欲而不逾矩，日子過得踏踏實實、心滿意足，充滿了無限的希望。

一、眞誠

眞誠不只限於你所說的話，它是一種表裡如一、前後一致的人生態度。眞誠意味著你不能玩弄、討好，或賄賂他人，也不能把自己內心隱藏的動機投射在任何人事物上。秉持眞誠的態度生活，我們無需與自我交戰，內心自能眞正平安。

二、信賴和信仰

也許你從來都自認為沒有信仰，事實不然，每個人其實都有非常堅定的信仰，只是不自知而已。有人信奉小我自保的心態，也有人信仰開放的眞我、內在更大的力量；有人相信

「否認到底」才能保護自己，也有人相信自己有能力面對眞相；有人信奉「暴力」，也有人信奉「不傷害他人」；我們或許信仰「恐懼」，當然也可能相信「愛」。

隨著靈性逐漸成熟，我們漸漸能夠信任眞我，相信自己能作出適當的選擇，相信生活會朝著正面的方向開展，而且不再爲小我狹隘的觀點所限，愈來愈能看見生命存在的更多面向。只要誠心接受，便會明白眞正支持、引導自己的是靈性，心靈越是向靈性開放，就會越明白眼前的一切都是我們需要的。

即使外在世界看似瘋狂無常，你的生活依舊能保有一分清明，你可以感受到生命的靈性層次，而你就是生命的核心。

三、包容

信賴可以讓人放下批判，而放下批判，我們才能對世間萬物一視同仁，這就是包容。包容並不意味我們必須任人糟蹋，也不代表我們應該對自己的改變和行動視而不見。包容意指我們仍然能夠改變或採取必要的行動，但無需再抱著挑釁、仇視的心態。只要愈來愈懂得傾聽內在眞我的聲音，逐漸地，我們無需操控他人，也不必再活在他人的指指點點當中。懂得包容，我們自然會明白，每個人有每個人要走的路；如果看到別人和你不同，記得包容尊重他，因爲你是過來人。

四、溫和與仁慈

我們的靈性一旦有了進展，自然能夠更溫和、更懂得關心他人。溫和仁慈不代表性格懦弱膽怯，相反的，擁有足夠的力量並且隨時保持神志清明的人，才可能仁慈溫和待人。溫和是心靈的內在狀態，不一定要用特別的方式表現；當我們學會信任內心溫和仁慈的聲音，就會發現自己不可能在傷人之後還可以心安理得若無其事。不安，是因爲我們清楚自己明明沒有受到威脅卻任意傷害他人，這是一種對自己不誠實的行爲。即使在獄中，我們也能夠在仁慈裡發掘力量。有些時候，你也許會情不自禁地想要「練練筋骨」，然而更多時候你已懂得自制，不會想再重複那些老把戲了。

五、慷慨

慷慨就是把眞我推恩出去，這樣做，可以不斷擴大心量，開闊胸襟。付出了愛、仁慈和耐心，你會體驗到更深的愛、更多的仁慈和耐心。想一想，你慷慨地付出愛那當兒，是不是反而感受到心中湧出更多的愛，擁有更多的愛？你仁慈對待他人那個時候，是不是感覺棒透

了？耐心待人時，是否心裡更舒坦更平安？眞正的慷慨能夠幫助我們了解「眞正的擁有是給出去，而不是獲得」。

付出的愛越多，擁有的愛就越多；給出越多的耐心，就越能領受平安。付出是明智而慈愛的行爲，給出越多的身外之物，越覺得自己富裕無缺。

六、耐心

有些人的確天生比別人有耐心，不過，耐心並不是與生俱來的，它是後天培養的特質。推敲起來，冥想是培養耐心非常有利的工具，只要有耐心，時間自然會成爲我們的朋友，而不再是敵人。打心底希望情況可以好轉乃是人之常情，但如果眼前的事情一時半刻實在無法改變，耐心一定能協助我們感受平安，重新面對事情。耐心能幫助我們舒緩焦躁的情緒，不再老是盤算「該」花多少時間去處理事情，而是更自在地接受事物本來的狀態。耐心還能幫助我們在獄中（或任何其他地方）充分利用時間。請牢記：沒有耐心，就沒有平安。

七、寬恕

前幾章我們已經詳細說明，沒有寬恕，我們的人生註定充滿衝突。寬恕使我們卸下沉重的包袱，人生旅途從此不再顛仆難行。毫無疑問地，寬恕是獲得平安、內在力量和自由的關鍵。

八、正義

靈性成熟的人會致力維護正義，眞正的正義能夠促成療癒，使錯誤獲得修正。

譬如審理刑事案件，眞正的正義一定要同時顧及犯罪者和被害人雙方的眞正需求，偏袒任何一方，司法裁判就等於失去正義，成爲不公不義的幫兇。如果有人受到傷害，當然要尊重並照顧受害人的需求，但是，眞正的正義絕對不是一味懲罰罪犯，而是要求罪犯承擔責任、採取行動，盡可能補償損失。情況允許的話，如本書第十一章提過的，最好促成雙方的和解。眞正的正義是讓涉入其中的所有人皆能復原，這樣的正義才是我們未來的希望。提倡「修復式正義」的薩爾在《改變觀點》一書中就提到：「人類首要的責任是挽回愛，而不是懲罰。」

九、愛

即使感受不到內心的愛，感受不到自身與神性的連結，並不代表它們不存在。愛是靈性

的核心，愛能讓我們痊癒、解脫、擁有力量。只要全心領受愛，所有的宗教和靈性教誨都將殊途同歸，引領我們通往「心」。沒有了心，所有的愛和同情全都無所依憑，無論外在行爲如何展現，這樣的人也只是個空殼子而已。愛是我們內在靈性的核心，就像太陽一樣，即使被層層烏雲遮掩住，它的光輝一點也不會因此失色半分。

更高的目的

還記得國王派遣的任務嗎？我們也有一項共同的任務，只不過我們太容易心有旁騖，以至於遺忘了這個本來的任務。比如用盡心思形塑討人喜愛的性格，或把時間花在健身房裡，塑造完美的體態，或是努力取得大學文憑，以便必要時能夠口若懸河引人注目。分心的例子實在不勝枚舉。

不可否認，這些成就有它們自身的價值，但如果我們並沒有變得更有愛心、更願意付出愛，仍然不算完成此世的眞正任務。追根究柢，我們的生命還有更高的目的，那就是在這個美得令人激賞卻又苦難得令人驚心動魄的世界，活出靈性眞我的光明。譬如一位大藥廠的老闆，他提供了藥品給有需要的人，拯救了無數人命，但如果他全部心思就是在「獲利」，那麼他根本就錯失了生命更高的目的。又譬如身在獄中的你，如果能夠用愛和仁慈對待自己和他人，就在當下，你就已經在實踐你的人生任務了。

此時此刻，你就在這兒，聆聽並回應內心的召喚，你活在當下。不論身在何處，請切切記得，「你」就是正面的能量，是這世界的解藥。

圓熟的靈性開啓了通往寬廣心識的那道門，這一路上處處驚喜。無論置身何處，你仍然有所選擇，請記得，打造戰場或聖境，看成地獄還是天堂，都由你自己決定。

聖方濟的禱詞

主啊，祈求祢讓我成爲祢締造和平的工具
在有仇恨的地方，散播友愛
在有冒犯的地方，給予寬恕
在有疑慮的地方，激發信心
在有失望的地方，喚起希望
在有黑暗的地方，放射光明
在有憂傷的地方，散佈喜樂
神聖的導師啊，

願我不多求安慰，只求安慰他人
不多求他人了解，只求了解他人
不多求他人愛護，只求愛護他人
因爲藉著給予，我們得著
藉著寬恕，我們得蒙赦免
經由死亡，我們才得永生

15 活在當下：發掘上天的禮物

活在當下，簡單地說，就是：實實在在、老老實實地把握現在，過好此時此刻的每一分每一秒。就這麼言簡意賅，而我們卻常常忘記，滿腦子只是想像出獄後的生活可以如何又如何——「只要我出獄，找到工作，有了錢，交了女朋友，我就可以……」，一味把精神灌注於未來，必會忽略了我們當下就可以做的事。獄中生活固然不易，但如果懂得善用時間，必將獲益無窮。只要牢記「活在當下」，在獄中，因爲你拓展了洞察力，內心因而更平靜，愈來愈清明，愈來愈有智慧，身心都可以隨處安頓自在。

即使根本沒有出獄的一天，你依舊能夠一直與自己同在，這點是不容置疑的。因爲你已經知道，不管外在環境如何演變，內心的狀態決定你的感覺，它更是你每天如何面對生活最重要的因素。

把握現在，為出獄做好準備

出獄後如何面對實際生活的問題，雖然不是本書所要探討的主要議題，不過，談一談這方面的事，對大家也會有相當的益處。

最近我跟一位朋友裘伊聊天，裘伊多年前曾參加「情緒覺察課程」，已出獄一年了。我問他過得好不好，他說，他很好，一個人住，完全擺脫毒品，不但非常享受目前的生活，對未來也充滿了希望。他現在是個廚師，工作時間很長，前不久剛由服務餐館的管理培訓課程結業。我問他，這一年來是什麼原因讓他感到混得還不錯？以下就是裘伊的回應，很開心和你們分享。

> 回想當初我還在服刑時，就已經對渾渾噩噩有如行屍走肉的生活感到十分厭倦。我很想改過自新，希望有重新開始的機會，因此，我把握了每一次教育和諮詢的課程，我不但在獄中找到協助，並且打算在出獄後繼續參加聚會。在獄中，我不僅僅思索人生而已，我還利用時間規畫實際的行動，我知道，唯有如此，才應付得了出獄後的生活。我想像自己擁有光明的未來，盡力爲實現夢想做準備。

然而，我發現有很多人寧可把時間虛耗在回憶往事，就算過去那段日子實在糟糕透頂，他們仍舊有本事把它回想成美好時光。也有很多人認爲：「反正還得關上三五年，事實已經這樣了，過一天算一天吧。」有太多獄友對自己的未來感到茫然，出獄後究竟要做什麼也都只是些含含糊糊的想法。他們花了過多的時間關注在「出獄的那一天」，卻沒有花任何心思去具體規畫出獄後的生活，也因而出獄後他們往往先狂歡幾日夜，隨後不久便再度迷失了。我覺得，他們眞正需要的是花點時間徹底搞清楚自己失敗的原因，而不能老想著「出獄的那一天」。他們實在需要弄清楚自己到底是個什麼樣的人，以及自己到底要什麼樣的生活。

如果出獄後不想再回鍋，要在外頭立足，就必須在獄中做好充分的準備，不論背負怎樣的過去或多麼沉重的包袱，你都要堅守「面對自己」的承諾。從很多角度來看，不管你是在「外面」還是「裡面」，其實沒有多大不同，到處有各種樣子的態度和臉色需要你去應付。不管你有多想盡快達成目標，也總會有障礙阻撓你。既然無法避開這些困難，我們就必須學習接受「障礙是生命的一部分」，有一些人比較容易感到挫折，沒辦法把障礙當成是必然的，以至於他們常常爲這些障礙所困。我以前就是這樣，只要感情不順，馬上會影響所有我正在做的事，情緒、身體還有

工作無一倖免，生活步調完全亂了套。

如今，我已學會把生活的各個不同層面區隔開來，試著個別處理。要做到這樣，相當不容易，有時候一不小心我仍會被情勢控制，然而，和過去相比，我現在處理這些情況時，已經能夠清楚意識到自己的反應，會退一步檢討自己，重新評估，再重新出發。

現在就開始爲出獄做準備吧，切實擬定計畫，打好穩固的基礎，提升自我的覺察能力，「比賽只是重複練習的動作」，這句運動場上的名言，可以用來時時提醒你自己。

裘伊提供了非常好的建議，他所說的話有很多值得我們再三回味：

*爲出獄所能做的最好準備，就是把握現在。

*了解自己究竟是誰。

*了解自己入獄的眞正原因。

*培養自我覺察力。

*雖然犯了錯，但那些過錯並不等於你這個人。

*盡量參加諮商團體，接受輔導；出獄後，尋找正向的支持系統。

*明瞭生命中各式各樣的遭遇，既非黑也非白，只不過是深淺不同的灰。

*學習接受挫折是生活的一部分，觀想自己克服了障礙，觀想自己擁有光明的未來。

*儘管實際協助獄友爲出獄做準備的機構並不多，但你自己可以試著擬定具體可行的計畫，而且越詳細越好。

倘若你依循裘伊的建議，踏踏實實地去做，你對你的眞我所紮下的根會愈來愈深，就像樹根因爲深入大地，獲得土壤的滋養而得以穩固成長。也就是說，只要找到支持你向上提升的靈性本源（眞我），你會益發堅強穩定，面對劇烈的生活風暴，必然懂得順著風勢擺盪，不被摧折，風暴過後再挺起胸膛，勇敢迎向未來。

五年後的我

現在，先緩緩地做幾次深呼吸，釋放所有負面情緒，讓自己完全放鬆。然後，想像

你看到了「五年後的自己」。慢慢來，讓腦海裡的畫面夠清楚具體。請仔細瞧，那是哪一年？你在哪裡？那時你在做什麼？

你感覺如何？是平靜呢，還是生氣？你對那樣的自己滿意嗎？還是感到很失望？你感到怨恨不平，還是寬容堅強？

那時候，你有關心照顧到他人嗎？或者是成天渾渾噩噩，不是嗑藥玩鬧就是睡覺？你有沒有冥想、禱告，試著與真我連結呢？或者是你已把所有的時間全花在期待他人和外在世界帶給你安全快樂上頭？

過去五年，你做了些什麼？當你「回顧」這五年時，你感覺如何，還好嗎？

此後五年，無論依舊在服刑或業已出獄，有關未來的種種，答案都需要從你當下的選擇來尋找。回顧過去這五年，究竟是感到憤恨無趣，還是已療癒了內心的傷痛，能以積極又美好的態度面對人生？現在，你就可以決定五年後要如何回答這些問題，如何投注心力，如何利用時間。要知道，當你開始認眞思考時，你已經開始在作答，準備繳交人生問卷，爲自己的內在負起全責。

通向你內在生命的大門永遠是敞開的，千萬不要等待你的伴侶、兒女、獄友或教官改變，也千萬別寄望監所管理員哪天放你遠走高飛，改變並不是諮商師或教誨師才有的點石成金法力，一切都是你自己的決定。

路的盡頭，也是起點

這本書已到了最後一頁，然而，這並不是結束。誠懇盼望你反覆閱讀，把它當作人生的提醒、指引和啓發。讓它提醒你，你可以選擇如何跟自己、跟他人以及周遭世界相處，幫助你治療你所有的創傷，認識覺醒和愛的力量，把它當成你的療癒指南，協助你持續成長。現在，你已經「讀完了一本書」，同時你也回到了深度療癒和開展自我力量的起點，一旦踏上這段療癒之旅，它將會綿延不絕，延續一生。

監獄是老天所賜的禮物

參加過「情緒覺察課程」的獄友羅夫寫過一首詩，我以它作爲本書的結尾。對很多人來說，入監服刑絕對是殘酷的經驗，不過對羅夫而言卻是個「恩典」，是他漫長人生的第二次機會。入獄讓他有機會擺脫毒品，大大翻轉了他的生命歷程。

羅夫

在一無所有當中，
你尋尋覓覓重生的希望，
怎樣的一份大禮啊，
才足夠消弭不堪的過往？
你拼命逃離苦痛，
苦痛卻彷彿沒有盡頭，
所謂最棒的禮物，
原來是把自己當成自己最眞摯的老友。

上主引領你回家，
祂說，監獄就是回家的路；
祂用生命、平安和希望療癒你最深的創傷，

你可以領受上主恩典並與天使齊聲歡呼，
也可以轉身逃開，拒絕上主的愛。

我的弟兄啊，
且聽上主殷殷的呼喚，
祂已幫你褪下傲慢愚昧的衣衫，
沒有了塵世各式各樣的藉口，
你再也無處躲藏。

你已經得到了寬恕，
請你再給自己一個機會，
讓心靈得到鼓舞，
知道上主與你同在，
知道監獄是老天所賜的禮物。

附錄一——一位前獄友的心聲

編者按：一位曾因案入獄的中國朋友，出獄後近三十年，有緣讀到本書的中譯初稿，觸動頗深，遂藉著日誌，記錄他在閱讀全書過程中周遭發生的事件，以及操練書中觀念的點滴感悟。日誌曾經陸續刊載在「奇蹟課程中文網站」，現在附錄於此，讓讀者有機會觸碰到一位「曾」是天涯淪落人的心靈刻劃。

如果時光倒流三十年，在獄中有緣接觸這本書，今天，我會怎樣？會成為一個什麼樣的人？會有如何不同的生命光景？……

而今光陰已不可逆轉，但有一點可以肯定：即使現在閱讀它，我仍深深受益。

四月一日

中午。收到嘉華的郵包。《療癒之鄉》一至五章列印稿。

下午。抽空略讀一遍。心想，又是「關注內在孩童」之類書籍（雖然我從未參加過此類工作坊），小兒科罷了；我不是已出獄快三十年了嗎，這本寫給受刑人的書於我何關？漫不經心將它擱置一旁。

五月十一日

上午。媽媽來電，說少芸（我的姐姐）近來情緒不太穩定，常自言自語，高聲唱歌。我不以爲然安慰了媽媽幾句。

下午。心有所牽，重新翻閱《療癒之鄉》。直到第三章〈從童年到監獄的滄桑〉才有所警覺：「嘿，還眞不是一本容易讀的書哩！」每到書中「暫停與思考」，我不是叼根煙，就是喝啤酒，再不就是上廁所或乾脆溜到電視旁。我在逃避什麼？

夜晚。總有一念在腦海盤旋：「願意繼續下去嗎？」於是，硬著頭皮執起筆，不大情願地做起書中作業。

夜夢。整夜噩夢連連，「監獄風雲」一幕幕重演。一個法官當庭宣判我無期徒刑（那種絕望無法描述……），我忽然對手捧判決書的法官急著說：「等一等，等一等，我還有選擇的機會嗎？」

（隨即醒來）

五月十二日

上午。腦海還飄浮著昨夜的夢。看來，監獄所經歷的一切還壓抑在下面，並非過去了。

下午。閱讀《療癒之鄉》第四章〈由童年創傷走上療癒之路〉。這下我更不願執筆做作業。誰願一次又一次面對那張受苦的臉？但當我勉力寫完我平生第一次與內在孩童對話時，我哭了。

嗨，我想重新認識你，如此，我才會把你照顧得更好，願意嗎？

願意。此刻，我正被銬在警察局，剛經歷完幾小時的審問，我無法向你述說那種驚恐與絕望，急需有人救我出去。

你叫什麼名字？

梁少強。

多大了？

剛滿二十歲。

此刻你感覺如何？

只想掙脫那該死的手銬，逃得遠遠的。你幫我，你幫幫我好嗎？我眞的害怕極了。

我沒辦法做那些事，事情已經發生。但你願意讓我陪伴你嗎？

願意！抱著我，伴我度過這漫長的一夜。

孩子，我會的。無論你做了什麼，我都會與你同在！記住，這不是你的錯。只是，你把事情搞砸了……。

那麼，往後怎麼辦？我好害怕。

不論事情怎樣發展，我都會與你同在。你願意嗎？

願意。

我愛你。

我也愛你。

夜晚。對著書中提示，做了幾遍「療癒你的內在孩童」觀想，再次寫信給內在小孩。我察覺自己有些願意開始這項練習了。

夜夢。我獨自走在陰風陰雨陰森的大街上，路上佈滿了落葉。害怕之中，隱約見對面有幾個穿黑衣服的小矮人，我趕緊悄悄跟著以便壯膽。迎面走來一個穿灰白衣服的小矮人，看不清面孔。開始我還鼓起勇氣迎向前去，怎知大街中間冒出兩個同樣的小矮人，對面街幾個小矮人也同時向我逼近過來。驚悚間，我忙收腰抓拳立馬步，捲舌翹牙地念了句：「我還是上主創造的我。」

醒來一念：我爲什麼害怕那些小矮人？爲什麼不讓他們靠近我身邊？看來，還得在「療癒你的內在孩童」上頭下功夫。

五月十四日

上午。少堅（我的哥哥）來電，說少芸的言行已影響到左鄰右舍。我說無需大驚小怪，她只是唱歌、大聲高叫幾聲而已。

下午。學習《療癒之鄉》第五章〈憤怒與怨恨：力量的迷思〉。

夜晚。爽快！我做「暫停與思考」（把你的憤怒寫出來）作業，竟然足足寫了一小時，幾乎停不下來。再回頭看看寫下的怨恨，倒有點心虛，覺得大部分都毫無理由，只是一種發洩而已。感覺疲累。上床，睡覺。

夜夢。一條細長、滑溜的蚯蚓鑽了一半入我的腳背，我恐慌地往外扯。幾經糾纏，我才把它繞在手掌中往外拉。拉呀，拉呀。我心驚起來，哪有這麼長的蚯蚓？隨即橫下心：即使它竄到我喉嚨，我也要把它扯出來。忽然，手中一大團蚯蚓竟變成我肚子裡的小腸，聽說人體內的小腸很長很長。我害怕之際停止拉扯。心想，先問問醫生吧？

在恐懼疑惑中醒來。好在只是個夢！想起白天的「暫停與思考」，似有所悟。

五月十七日

中午收到嘉華的郵包，《療癒之鄉》六至十章。下午略讀一遍，沒特別的觸動。但也有些經驗了，重讀時會在「暫停與思考」中深入。

五月十八日

深夜。正翻閱《療癒之鄉》。少芸來電：「少強，媽媽和少堅要送我去精神醫院。你告訴他們，我只是大聲表達心聲而已，我沒有傻。你一定要幫我阻止他們……。」

我當時已抓狂了，也不記得在電話中說什麼。一邊聆聽，一邊承諾，又怕惹麻煩上身，說了一句：「只有你才能幫自己。」只聽「咔」一聲，對方掛線了。

我說錯了什麼？沒有人願意聽到「有權利下決定的是我」？對方向你求助，要的只是找人幫忙「幹掉」問題？我暗自思量。隨手翻翻《療癒之鄉》。心不在焉。睡覺。

夜夢。夢中無他人，只看到一行行白色符號，認不出是什麼字體，卻感到極度恐懼。驚醒。

五月十九日

中午。翻閱《療癒之鄉》，難得我還能靜下來。

下午。少堅叫我速去姐姐家，說她發瘋了。情況是：媽媽因她昨日整天大唱大叫，胡言亂語，便悄悄把藥溶在開水裡，勸（騙）她喝水，被她發覺了，（少芸的嗅覺挺敏感的）在辯解爭執中，她掐住媽媽的脖子，最終兩人一起倒在地上，聽媽說，差點丟了命。

我趕到後，少堅和我商量，是否將姐姐送到精神病院。我馬上回答：「問問海波。」隨

後海波回電，說等他明天趕回來再決定。（海波是少芸的兒子。外地工作，教師）

少芸躺在床上不停說唱，我在床邊默默聆聽。呵，那可不是胡言亂語，是在訴說她一生的辛酸史，童年受到的傷害，少年未實現的夢想，成年的挫敗與迷惘，夾雜著這二十幾年來追尋眞理的知見和體驗。那麼多法門的知見詞句，也難怪媽媽和哥哥聽不明白。可聽出一點頭緒的我，又如何幫助她？聽她說到怨恨若水、嘉華把少強奪走時，我心中一陣唏噓：我已成了她防衛措施裡的一塊重要磚頭，自己還不知道。也想起日本宮崎駿《地海傳說》那部動畫片。

有時，她會停下來，叫我隨意跟她說些話。說什麼？我將學習《療癒之鄉》一至五章，以及四月份出行的感受說給她聽，並盡量留意自己是否有教人心態。說著說著，我哭了，也說累了，不知她有否在聽。

抽空與嘉華通話，略說少芸的狀況與心情，問她有否類似經驗，嘉華答覆：

甲：把她當作一個小孩，在不危及彼此身體安全的情況下，看她玩耍；

乙：以後有機會可做心理個案；

丙：你可嘗試跟她對話；

丁：能夠少涉入夢境就少涉入。

不知我有否記錯或漏掉了什麼，乙那一塊我負擔不起。嘗試在甲丙丁三項運作吧。

傍晚。少芸要求外出散步（當時只有我一個人陪她，媽媽和哥哥臨行時，叮囑我不要放她外出）。我一向心軟，更害怕她發怒，就帶她出屋了。

闖大禍啦，她在馬路狂奔，看著汽車在她前後呼嘯而過，追在後面的我幾乎窒息。只求聖靈，千萬別讓她被車撞了，否則內疚終生。同時責怪自己，剛才爲何不堅決阻止她外出？

終於，她回到人行道上，尖叫亂舞，不停逗我追她、抱她。我趕緊叫少堅過來幫忙，哄她回家。折騰了一個多小時，我感覺是在地獄度過的。

這一鬧劇過後，少堅即把情況電告海波。海波說可以馬上將少芸送去精神病院。而我，卻用各種理由說服了海波「留待明天再看看」，並承諾今晚通宵看護她。是五月十八日深夜那個諾言在作怪嗎？我思考著。

夜晚。我和少堅把少芸反鎖在屋內，任憑她大叫大唱大罵。鄰居投訴，員警趕來，想要破門而入，強行將她送往精神病院。我將困境向員警陳述，他們蠻有同情心，也不管鄰居的再次投訴，撤離現場。深夜兩點多，屋內聲音停了下來，我感覺十分疲憊，回家睡覺。

夜夢。夢中無他人，我站在一堆骷髏頭上面，感覺它們要強行把我扯進去，驚嚇而醒。

夜夢。地球災難即至。人們湧進一塊空曠之地……。

五月二十日

白天沒有過問少芸的狀況，只知道媽媽和少堅忙著照顧她，下午，海波回來了。

晚上八點多。少堅來電說，他們決定明天送少芸到醫院。我無言，也不想信守那晚的諾言而阻止他們，昨天「馬路狂奔」一幕還在腦海揮之不去。

少強：「明天家人要送少芸到精神病院，好心疼哦。」

嘉華：「是啊。」

（明知嘉華會如此答覆，我在跟她希求什麼？）

少強：「剛才少堅和海波在銀行櫃員機取錢時，又被呑卡了，正忙得一團糟。」

嘉華：「都是內疚惹的禍。」

這一刻，我若有所思，更多是指我自身的內疚吧？她是我的姐姐，是曾經幫助我許多的姐姐，如果我不守那個諾言會怎樣？如果我教導一下她，會怎樣？

晚上九點，讀書會開始。我將自己的困境描述出來，徵求學員意見。每個學員各有一套辦法，都對自己的方法信心十足，並且也都引用成功的個案來證實。我越聽越亂，腦子飛快運作……。

「停止那個輪！」一念閃過。勉力靜下來。與學員一起進入當天共修課題：

再過一會兒，
你就會看見我了，
因為我從未隱藏過自己，
是你把自己隱藏起來的。
我一定會喚醒你的，
如我喚醒了自己那般必然，
因為我是為你而覺醒的。
我的復活乃是你的解脫。
我們的使命不是逃避救贖，
而是由十字架上脫身。
信賴我的救援力量吧，
因為我從不獨行；
我必然與你同在，
只因天父與我同行。

你既已知道我一度與祂同行於平安之境，
這不正保證了平安也會一路伴隨我們？

——《奇蹟課程》

我嗚咽著，好不容易才讀完這一小節，也不知我在哭什麼？是那種反差的心境吧？隱約感到是少芸的內在聲音在對我說這段話。其他學員默默陪伴我。事後，一學員悄悄對我說，其實在沉默的那段時間，他心有同感。

五月二十一日

上午。到姐姐家。家人和醫生忙忙碌碌，左哄右騙少芸到醫院。我在旁默默幫手，再也不敢出謀獻策了。

到了醫院，醫生會診後問我們親屬：「綜合住院部和精神住院部，你們安排她到哪一個？綜合部必須二十四小時有親屬陪伴；精神部是一大群傻佬傻婆住在一起，只有醫護人員。」我不敢回答，前者犧牲太大，後者又覺得很殘忍。

「綜合部吧。」少堅回答了。

下午，少芸吊點滴。我在旁照顧著，想起一句話：

祂的聖愛始終環繞著你，
這一點你可以肯定
我絕不會讓你在世上活得孤苦無依的。

——《奇蹟課程》

忍不住，默默落淚。

夜晚，心事重重。哦，兩天沒有閱讀《療癒之鄉》，有些內疚。

五月二十二日

海波今日整天照顧他媽媽，我沒有到醫院看望梁少芸。開始重讀《療癒之鄉》第六章〈失落之痛：說不出口的痛〉。

五月二十三日

下午。媽媽來電說，海波明天要送父親（少芸早已跟他離婚）到廣州治療癌症，然後有急事趕回工作單位。她負責白天照顧少芸，我和少堅晚上輪流值班。時間是晚上六點到次日早上八點。

傍晚。我與海波一起到醫院。途中他訴說：「媽媽精神病，爸爸癌症，學校又催著回去上課，天啊……。」

我無言，勉強擠出幾句安慰話，也知道毫無作用。暗中與他一起呼救：「天啊，教我如何看待此事？」

夜晚。海波臨行前負責照顧他媽媽。我留在家中讀《療癒之鄉》，魂不守「書」，抄得一頁是一頁。

五月二十四日

傍晚。攜帶《療癒之鄉》，憂心忡忡到了精神病院。

醫院離我家約半小時車程。兩棟主樓，主樓後面是籃球場。一片空地，有花有草有樹木，幾張石凳。設有飯堂、停車場、醫護人員宿舍，空間寬敞。

綜合部在四樓，只接受輕度精神病患者，病區中間是走廊，長約五十米，寬三米，兩邊按等級分佈病房。有單人、雙人、多人套房。單雙人套房近似旅館，大床、電視、空調一應俱全。五十來個床位，也差不多住滿了。連同陪伴親屬、醫護人員，一百來號人就在裡邊混日子。

少芸入住的病房靠東邊，光線充足，空氣暢通，窗外視線良好，寬敞的房間只設三張病床。感覺不錯。不過，令我心悸的是病區那扇日夜上鎖的鐵門，出入需經醫生同意，簡直就是監獄的翻版。

晚上八點多。少芸躺在床上休息，我在讀《療癒之鄉》，忽聽敲門聲。（門半掩著）「您好，可以進來嗎？」我心一驚，還未回話，人已飄到跟前，是個小伙子。略看一眼他的眼神和面部表情，我知他是個患者。

小伙子：「你好，請問你在看什麼書？」

少強：「你自己看吧。」

（我將《療癒之鄉》列印稿遞給他，他看了幾眼，我懷疑他是否看著那些文字）

小伙子：「又是心理學書。」

小伙子：「你是病人？」

（我沉默）

少強：「我是陪同家屬，她是患者。」

（我指指少芸，繼續沉默，等待他反應）

小伙子：「哦，不妨礙你看書，我只是四處溜躂一下而已。」

少強：「再見。」

（小伙子走後，少芸叫我立即把門關上）

整個過程只有害怕，也記不起《療癒之鄉》任何一句。小伙子外在文質彬彬的言行，與我內在的驚恐形成了極大反差。

晚上九點多，前幾小時還虛弱躺在床上的少芸精神來了。先向我檢討她自己前段時間沒有認眞修行，接著說要下決心從頭再來，叫我教她如何開展。

咦，奇蹟發生了？半信半疑的我，有板有眼說起我練習《療癒之鄉》的知見和體驗，看她似乎也聽得進去，約半小時，她說睏了，要睡覺。

望著旁邊睡得香噴噴的姐姐。我暗罵：「眞他X的奇蹟，修行居然修到精神病院。幹嘛不趕快出院回家修去？累人累己累街坊。」毫無信心之際，又私底下盼望眞有奇蹟。掙扎。

對應剛才幾小時發生的事，練習《療癒之鄉》。深夜一點多，睡覺。

夜夢。一條大蛇纏著我手臂，欲鑽入我身體內，我驚恐地用另一手抓住它的尾巴往外拉……。

五月二十五日

早上。呆板而又無奈的歌聲把我吵醒。看看時間，才五點多鐘。再也無法入睡了，冥想一會兒，行出走廊。

走廊堆滿了人，坐著、走著、跑著、擺手踢腿、打乒乓球，什麼姿態都有，是鍛鍊身體？無言沉默、小聲閑談、大聲喧嘩、高聲唱歌，就像市集一般。分不清誰是患者，誰是陪伴家屬。一高個子在走廊來回踱步唱歌。剛才是他把我吵醒的吧？

站在走廊一角，自認爲比較清醒的我，突生一種被排斥的孤獨感。昨晚教過少芸的一句話自然浮上來——有另一種看待世界的方式。

七點左右。排隊等候早餐。我身後有一女孩在用力敲打手中鐵飯盒，還不停自言自語：「爲什麼沒有人跟我一齊敲？你們爲什麼不敢敲？」我瞥了她幾眼，約二十多歲，衣著性感，充滿活力，哪像有精神病的人？後來知道她叫圓圓，挺好聽的名字。提著早餐回病房，少芸忘了昨夜說的「要下決心從頭再來」，我沒有提及，是幾天下來學乖了吧？

下午。媽媽來電，說少堅因她的身體狀況，不同意她白天照顧少芸，改由少堅白天照顧，我負責晚上。直到六月十號海波回來爲止。

傍晚。照例到醫院。整晚極少跟少芸互動。我神經兮兮的，一頭栽進《療癒之鄉》第七章〈無分別心的寬恕：學會「眞正看見」〉，對著當下心念操練。似有一絲光明閃過封閉的心間：我願意看見→我決心看見→我要看見。

夜夢。來到一個室內游泳館，人很多，空間窄迫，猶如大廈夾層的通風槽……。

五月二十六日

早上。還是那單調呆板的歌聲喚醒我，高個子熟悉的身影在窗邊閃過，感覺沒那麼煩躁了。站在走廊一角，望著熙熙攘攘的人群，昨晚的一課浮出來——我願意看見。圓圓敲著飯盒自言自語。監獄排隊取飯的情景一幕幕浮現……。

上午。回家睡了兩小時，樓下裝修轟隆隆的噪音，倒也影響不了我的睡眠。醒來後不覺疲憊，挺有精神的。

傍晚。照例。少芸忽然重提舊事，叫我談些修行的話題。我像前天晚上一樣，跟她嘮叨了半個小時，似乎她也聽得進去。

可惜錯了，大錯特錯。半個小時後，她到我跟前（我正在讀《療癒之鄉》第八章〈重新詮釋：另一種看待世間的眼光〉），大談她那一套養生學及其他法門的知見體驗，與我剛才說的完全相反。我覺得她凶巴巴的，幾次用手指頭貼近我後腦勺和額頭前指指戳戳。剛才聆聽我發言時那種謙虛都到哪裡去了？難道先前跟她分享時，她亦是我此刻的感覺？我嗯嗯哦哦應付著，眼睛不時瞥一下《療癒之鄉》，希望能找到一言半句來化解自己的情緒。

終於，現世報的半個小時停下來了。

夜晚十點。臨睡前少芸鄭重其事對我說：「今晚天下能量集中在我身上，不知會發生什麼事？你要看守好我。」

聽她那自傲又帶命令的口吻，我也不再「哦」了，沒好氣的答道：「我也要睡覺，怎麼看你？」

看著病床上熟睡的姐姐，對著《療癒之鄉》的「暫停與思考」，覺察著此刻萬千思緒……。

甲：度日如年那種感覺又回來了。何時捱到海波回來？六月十日就自由了，解脫了，快樂了？

乙：沒有行動的自由，出入要經醫生同意；抽煙要到陽臺抽，啤酒更是不敢喝；起床時間掌控不了，連吹風扇的權利也被剝奪了。（梁少芸怕風）

丙：置身在隨時會遭受攻擊的環境裡，逃也逃不掉，一切都因爲這個梁少芸。

丁：學到《療癒之鄉》第八章。厲害，這才叫實修！身邊人的一舉一動都令我恐懼不安，迫使我回到「暫停與思考」→覺察你的情緒反應動態→然後擺脫它。

《療癒之鄉》一至五章僅是熱身而已。那段時間天下太平，我正喜滋滋計畫著外出溜躂，總是不願在「暫停與思考」中逗留。算是有點明白什麼是「逆增上緣」。

戊：此刻場景似曾相識。哦，想起《療癒之鄉》一至五章讀後感，現在不就是那幾個「夜夢」的白天版嗎？

夜夢＝白日夢；監獄＝精神醫院；獄友＝患者、陪伴家屬；無期徒刑＝不知多少天……。

深夜一點多，整個病區沉寂下來，我也上床睡覺了。

迷糊中，少芸過來幫我蓋好被子。我在裝睡同時十分緊張害怕，會不會對我做出什麼傷害的行爲？還好，沒事。

（哦，過了十幾天的一個晚上，同樣情景在夜夢中出現，只感覺到她的溫柔，只感覺到被愛）

恍恍惚惚，感到自己正在家裡睡覺，一念閃過：「我賦予人們和環境呈現給我的意義。」不覺怔了一下：「我賦予了這精神病院多大意義？封鎖心靈那扇門在監獄、家裡、病區、還是在身體內，硬是打不開？」

夜夢。圍著木欄柵的空地裡，我和王志剛夫人站在裡面不知在等候什麼。王志剛在欄柵外邊，要強行闖進來。一塊木板被他扳倒，我看見他身後的木板散發著白光。

（王志剛，我的同齡朋友。一年前，他兒子在大學讀書期間因精神失常，入住在精神病院。我和王志剛到醫院探看過他兒子）

五月二十七日

早上。忘了怎樣度過，只記得回家睡了一覺。

下午。店鋪。學員小琴來買東西，順便跟我閒聊。她長相漂亮，我察覺自己不時收攏上唇，舔舔舌頭。哦，原來想遮掩兩隻兔子牙。想起來了，這下意識動作跟了我幾十年，在陌生人特別是漂亮女孩面前會頻繁些，在夫人面前從來沒有。唉，遮掩什麼，誰人不知？察覺到就好辦了，以後只要嘴唇微動，就有一念閃過：「你不是身體。」我猜，操練下去會心念先動，嘴唇動否也就無關緊要了。

傍晚。照例。忘了帶《療癒之鄉》，幸好書包還有「奇蹟課程導讀」這根救命草。

少芸在病區樓下空地散步，我坐在石凳看護她。望著那群患者與陪伴家屬在籃球場笑呵呵打球，不禁疑惑：如此慘境，虧他們還笑得那麼開心？我能從中學習些什麼？吸取什麼？

一個多小時後，少芸來到我身邊。

少芸：「你獨坐這兒煩惱嗎？」

少強：「煩啊。」

少芸：「那我們回病房吧。」

終於，不用傻乎乎坐在石凳上了，也不用擔心她突然走失。不對呀，病房不正是我最不願回去的地方？我心一怔一怔的。或者，這叫人生的「不得不」。

在病區走廊碰到圓圓，她張開手臂邊向我撲來，邊說：「來，叔叔，擁抱一下吧，我們成功了，謝謝你哦。」就在我既害怕又猶豫是否跟她擁抱之際，建華（圓圓的丈夫）跑過來攔開了。隨後聽圓圓大聲叫：「奧巴馬叔叔，我們成功了，謝謝你救我出去，謝謝你的幫助，我們終於成功了，我可以出院了。」也見不少人跟她擁抱，不知是陪伴家屬還是患者。我鬆了一口氣，要是剛才擁抱上了，不知會是什麼滋味？

入夜七點多。少芸坐在床上不停自言自語，唱著自編的歌詞。我正在翻閱「奇蹟課程導讀」，也看不進什麼。只是隨著她的言行覺察自己的心念反應。

少芸（唱）：「奧修呀，奧修呀，奧修……。」

（我想起曾見到的奧修靜心營，送她到那裡或許有幫助？但想到將要耗費的人力、財力，也不敢往下想了）

少芸（唱）：「耶穌呀，耶穌呀，耶穌……。」

（這下我苦笑了：「梁少強啊，就算你有足夠的精力，財力，你把她送到哪裡去呢？」）

少芸（唱）：「蓮花生大士就是奧修，耶穌就是梁少強，耶穌是每一個人，梁少芸是聖母……。」

（亂套了，誰是誰呀？我想。不過，知見上也說得過去，只是忘了「這一切都不是眞的」）。聽她唱的還是奧修的多。

少芸不停唱，我的心不停轉。

甲：聖靈啊，教我如何聽出她歌聲裡呼求愛的渴望？

乙：我把她看作是個精神失常之人，只是嗯嗯哦哦應付著，還是盡力勸導她？大部分時間看她蠻「清醒」的。

丙：是否該把自己對她的「認爲」告訴她：你的知見已足夠了，經驗也很多，需要清理一下潛意識的怨恨和內疚，否則會混亂下去。

或者直接跟她說：那麼多宗教法門的知見和體驗在腦海折騰，而內在批判聲音又未清理，會引起極大衝突，所以你才會在「是佛是魔」中掙扎。當心靈承受不了時，會轉到身體層面……傻了。

還是提醒她：別整天呆在家裡「乾修」，到人群堆裡打滾打滾。試試，也許一年半載就會確立修行方向了……。

一個多小時，歌聲停下來。

「奇怪，我這樣唱法，你竟然沒有任何反應，還定得下心來讀書，爲什麼？」她問。

「哦，你唱的和我想的一樣，都在呼求愛。」我答。

沉默。唉，修行修到精神失常，何解？無解？今晚原是讀書會，有些失落。每天晚上陪人，已打亂了我原有的一切想法和計畫。想起《療癒之鄉》第一章〈鋃鐺入獄〉那句話——不論你的境遇有多糟，你都可以掌握自己的命運，感受那無可剝奪的力量與自由。

晚上九點。下一幕開鑼。少芸突然又叫我談談修行的知見和體驗。我小心翼翼講了半小時，同樣避免不了幾句爭辯。察覺情況不妙時，我會溜到一旁看書。我想自己不知傻了沒有，居然和一個精神病人討論「修行」。

不出所料。沉默一陣子後，她來到我身邊，滔滔不絕地講她的那一套。還具體安排這段時間我和其他親人應如何輪班照顧她。理由是她現在精神失常，是爲梁家整個家族消業。同樣劇情昨晚已演過一幕。幸好溜得快，不再有手指頭指指戳戳。看來，自己「好爲人師」那個小我要多些照料，你不戳到人家痛處，她會故意轉過頭來教導你嗎？

快晚上十點了。稍歇一會兒的連續劇又開始。她在我面前嘮嘮叨叨中提到，她的兩次精神病發作皆因胃經絡阻塞，還有兩位養生學大師寫的書證明了這一點。這幾天她的胃就不舒

服。並打電話叫王志剛來印證。我沒有阻止。

王志剛來了，他們開始對話。

梁少芸：「我介紹的《如何醫治精神病》一書你看了嗎？你兒子現況如何？」

王志剛：「書看了，兒子好得差不多，只是行動有點遲鈍。我是送兒子到最好的醫院，選擇最好的醫生，用最好的西藥治療的。」

梁少芸：「你兒子發病前肯定有腸胃炎。」

王志剛：「沒有，從來沒有。」

梁少芸：「沒理由呀，書是這麼寫的，我也是這麼經歷過來的。那本書說用中醫治療胃經絡阻塞，對精神患者特別有效……。」

王志剛：「西藥最有療效，我兒子就是一個很好的例子……。」

梁少芸：「中醫最有療效……（引經據典）。」

王志剛：「你先停下來，聽我講西醫如何有效……（旁徵博引）。」

梁少芸：「你聽我說……（重複先前觀點）。」

火藥味愈來愈濃。他們兩人此刻這種模式我並不陌生，讀書會不也是經常如此運作嗎——在我分享時，你不能反駁，因我只是表達觀點而已，所以你一定要聽我的，要尊重我；在你分享時，我可以指正你，因我對你錯。我是爲你好。

我坐在一旁看戲，好緊張哦。少不了批判，少不了覺察，也不知哪一章哪一句說的：「→覺察你的情緒反應動態→然後擺脫它。」兩人翻來覆去爭吵了一個多小時，其中一個還是「正常人」哩。鬧劇在少芸暴發的憤怒中結束。我送王志剛離開病區時，忍不住教訓他幾句。覺察。煞車。

（外：八月十五日，王志剛跟我訴苦：醫院騙人，醫生騙人，騙了家屬又騙患者。說什麼堅持服兩年西藥就會完全恢復正常，全是廢話。原來，他發覺之前認爲自己兒子已治癒泰半，根本就是一廂情願。這段時間，他兒子常將他整得焦頭爛額，看不到有什麼出路）

深夜十一點多。圓圓登臺唱戲。她和一孕婦（患者）在走廊不停歇斯底里地大聲高叫：「放我們出去，我沒有精神病。每個病人都是被家屬強捆進來的。我們團結起來，衝出去。今晚一定要出院……。」

接著輪流拍打鐵門。

走廊站滿了圍觀的患者和親屬，幾個醫護人員和親屬在旁哄勸，建華因此被圓圓狠狠摑了一記耳光。直到醫生發狠威脅要把她們捆綁起來，她們才稍微收斂了點。

我回病房，見少芸正在「打坐」。外面聲息漸漸停下來，隱約傳來哭泣聲。眼睛盯著「奇蹟課程導讀」，腦海卻飄浮著今晚的一幕幕鬧劇。

哦，我記得少芸跟王志剛對話時，會引用我這幾天跟她提過的一些修行知見來駁斥王志剛。看來是提醒我，小我什麼都能利用為己撐腰。

還有昨晚的夢，王志剛→欄柵→白光→正知見→體驗。

也不知幾點了，沒完沒了的大戲高潮迭起。圓圓爬到陽臺鐵網上，高聲大叫。醫生和建華在顧忌彼此安全的情況下，一時也奈何不了她。夾著嗚咽的聲音呼叫，句句揪緊我的心：「奧巴馬叔叔，來救我，只有你才能救我；奧巴馬叔叔，我相信你，今晚你一定會來。他們都在迫害我啊，我要出去……。」也想起十幾天前，我跟內在孩童對話時的心態。

不知鬧了多久，醫生將她騙下來捆綁在床上，哭叫聲不斷。唉，白天就是場噩夢。

聽著，聽著，我入睡了。也不知睡夢裡演什麼戲。

五月二十八日

早上。少芸自言自語的聲音喚醒我。取早餐回來途中，孕婦（患者）跟我索要肉包子，我搪塞著同時加快腳步回病房。她追著進入病房，就在我被纏得沒法子之際，她家人趕到了，帶她出病房，這才鬆了口氣。

早點後，少芸問我如何修行。昨天我已計畫好了，忙將列印好的《療癒之鄉》一至五章遞給她：「你自己看吧。我沒辦法講得比它更好。」她接過去放在床墊底下，我不再作聲。

下午。我與夫人閒談少芸一事。

夫人：「我看少芸太孤獨了，等他兒子回來日夜陪著她，可能會好些。」

少強：「哦，不知會否這樣。這段時間我就裝傻扮懵，聽候少堅和媽媽的安排。」

夫人：「你是一家之主，怎能聽候他們的安排？你家中有大有小，還有店鋪要照顧。」

我嗅到火藥味。沉默。也聽出夫人的話中話：你只能聽我安排，不能聽他們的。想起《告別娑婆》的提醒：不要蠢得跟別人說「我寬恕了你」，這跟別人說「我聽到了你內在呼求愛的聲音」、「我對你有無限耐心與愛心」、「無關緊要的是，弟兄叫我做什麼就做什麼」如此之類的知見是同樣的愚蠢吧？

傍晚。飯後肚子不舒服，也不覺吃錯什麼。想起王敬偉老師提到拉肚子的象徵：「裝不下，受夠了，快溜，把它拉出來。」看來，我已受夠了這個瘋人院，跑得掉嗎？擦點藥油，上趟廁所，照例去到醫院病房。

學習《療癒之鄉》第九章〈放鬆：騰出空間，迎接新的可能〉。「監獄」、「獄友」這些詞在我腦海裡，已自動轉換爲「精神醫院」、「精神病患」、「陪伴家屬」。

夜晚八點。少芸還是叫我跟她聊下「修行」。這回我可乖了，幾乎都是她發言。後來還是忍不住提醒一句，立即招來一大堆反駁，趕緊溜。

臨結束前，她問：「我不明白，你爲什麼那麼多問題，左又恐懼，右又內疚？我覺得自己一點問題也沒有，全然活在喜悅寧靜中。」

「好呀，感覺良好就可以了。」我答。

我苦笑。都精神病了，還說沒問題？既然寧靜，問我幹嘛？把問題都推到「胃經絡」去，那個「我」當然沒問題了。趕緊溜回書本裡。

夜晚九點多。少芸來到我身邊，奏出一段令人無奈的插曲。

少芸：「你很想知道童年發生什麼事？」

少強：「嗯。」

少芸：「剛才我想了一下，我不是什麼問題也沒有，我整個人生只有一個內疚。」

少強：「哦。」

少芸：「你小時候是由我照顧的。那時，我因牙齒暴出而經常被人嘲笑。於是，我經常教你用舌頭出力把牙齒往外推，這是你今天暴牙的原因。」

（沉默好一會兒。無奈。怨尤）

少芸：「你寬恕我嗎？」

少強：「我已記不起當時的情節場景和感受。」

少芸：「我那時候常教你穿衣服和跳舞。」

（沉默。隱約想起童年時因穿女人衣服而被人嘲笑。心裡有股怨氣在竄動。有點體會什麼叫「不得不」。小我可不管你是成年人還是兒童，一個也不放過。也想起剛出獄時，她帶我四處去看牙醫，但因我患有牙周炎而放棄了的整牙計畫，原來是別有居心……）

也許少芸感應到我此刻的心念，不再往下說，回床休息了。

深夜。放下書本，到陽臺使勁抽煙，剛才一幕還在心裡隱隱作痛。走廊站著一個手舞足蹈、不停說話的中年婦女，兩個多小時前她已經這樣了。

睡覺。有夢，記不清。感覺凝滯、阻塞、澀。

五月二十九日

早上。站在走廊一角，望著那群患者與家屬，忽想起研習班的穿越遊戲。於是，慢慢在走廊踱步，覺察著念頭：我怕什麼？他們怎樣評斷我？會突然撲上來傷害我？我該如何看待他們？在這瘋人院裡如何度過漫長的十幾天？

傍晚。照例。陪同少芸到球場散步。天空下著細雨，兩人一把傘，肩並肩慢慢走。

少芸：「你看，這兒像鳳凰山風景區一般美麗。這棟民房空無一人，多靜呀。你家住的地方安靜嗎？」

少強：「不，火車經過時轟隆隆的。」

少芸：「你看，小鳥吱吱，芒果樹結果了，靜靜的樓房。你對這些有興趣嗎？」

少強：「沒興趣。過一段時間，沒鳥沒樹沒樓房，一切都在無常中。」

少芸：「沒興趣，你還跟著我幹嘛？」

少強：「這是陪伴者的責任，怕你走失。」

少芸：「你當我傻？坐到一邊，別打擾我靜心。」

（沉默。心裡罵開了：居然跑來精神醫院看風景，求靜心。誰傻？不可理喻）

一個小時後。回病房途中，她不停述說無常與永恆是同時存在的，還問我贊同否。我不停「是啊」「對呀」應付著，看自己十足一個「小敬偉」。

夜晚九點。我正學習《療癒之鄉》第十章〈往內觀照：看清事物的真相〉。忽見圓圓殺到。看著她低腰褲露臍性感裝，我下意識收斂目光。

圓圓：「叔叔，這間病房是你們包了？」

少強：「不知道，辦入院手續時我不在場。」（實際上我們只包了兩張床位，還空餘一個床位）

圓圓：「我住的病房有個老太婆不停自言自語，吵得我好煩喲。我想搬來這裡，這兒很安靜。」

少強：「你問醫生。」（我此時猜她不會當眞下去）

圓圓：「你是病人還是家屬？」

少強：「家屬。」（我奇怪，患者爲何喜歡分辨誰是家屬，誰是病人？即使傻了，「拉同盟」這類小我模式還在運作？）

圓圓：「誰病了？」

少強：「她。」（我指指少芸）

少芸：「少強，不要跟她說話。」（口氣嚴厲）

（我即沉默，看書。圓圓也靜靜地走了）

過了十幾分鐘，圓圓竟然徵得醫生同意，搬床鋪用品過來。我忙著清理空病床上的雜物，圓圓不停說：「對不起，對不起……。」

昨天我還認爲是聖靈安排這麼一個清淨、寬敞的病房讓我在此好好學習《療癒之鄉》，等我適應了，再安排其他患者進來（這是遲早的事）。沒想到這麼快，一切都不在掌控中。圓圓要搬進來，是我招惹來的？爲什麼她不搬到別的病房？是因她原來的病房剛好就在隔壁，還是這病房確實太清靜了？或是早幾天我因她穿著性感而多看了幾眼？

夜晚十點，我上公廁出來正準備沖洗廁所，一個小伙子搶過我的水勺，不停幫我沖洗，不停說：「做人要互相幫助，互相關心，你說對嗎？」我感到難爲情，猜他是個新來的病患。哦，我曾見孕婦摟著醫生肩膀不停說：「做人要快樂，做人心胸要廣闊一點……。」即使傻了，「好爲人師」這類小我模式還在運作？

晚上十一點多。少芸對我說：「來了新客人，你不要看書了，早點睡。以免影響他人休息。」我覺察自己的不情願。不過，值得我反省的是「來了新客人」這一句，勾起我剛才與圓圓互動時的防衛措施。才住下幾天，已將這病房視爲我與少芸所共有的地盤，別人「不應該」搬進來，醫生「不應該」再安排其他患者進來。

走廊宣傳欄寫到：「精神病患者，文靜下面隱藏著一股煩躁怒氣，隨時會爆發出來。」聯想到《療癒之鄉》說的火藥包與導火線的比喻。唉，誰又不是精神病人呢？日常生活小心爲是，別成爲他人的導火線。

夜夢。「我」和兩個朋友裸身光屁股蹲在一大壩，壩下人頭擁擁，正在開演唱會……。

醒來。想起《療癒之鄉》第十章的「意念種子」——我是我自己生命經驗的參與者，同時也是觀察者。

五月三十日

早上。少芸和圓圓的談話把我喚醒。（我睡的床位在中間）我說「喚」醒，是因醒的一刻，比早幾日稍安了，可以靜下心來冥想一會兒。

少芸：「嗨，你好嗎？」

圓圓：「你好，你是陪這位叔叔吧？」（圓圓指指我）

少芸：「不是，我是病人，他是我弟弟，來陪我的。」

圓圓：「但我看你沒什麼問題呀。」

少芸：「我打媽媽，在家裡大喊大叫……。」

圓圓：「我也是。我在丈夫工作單位大吵大鬧，傷害了他。我比你更傻，我常常認為我是林黛玉……。」

少芸：「我比你傻，我經常大聲高叫我是神。」

圓圓：「我常常發脾氣，因為懷疑丈夫有第三者。」

少芸：「我已經第二次精神病發作了，因有兩個小鬼經常找我。唉，都是因為我胃經絡

不通。」

圓圓：「我第五次發作了，可能是我經常吃炒瓜子，火氣太大了。」

接下來，梁少芸開始以過來人身分教育圓圓如何做人，講述她那一套養生學，時不時問我意見，我會忍不住回答：「不好意思，我的觀點和你不同。」也不作進一步解釋。心裡嘀咕著：看啊，那偉大的投射。無可救藥了。即使傻了，「比較」這類小我模式還在運作。

溜出走廊在人群裡散步，只問自己：害怕什麼？

中午。我跟少堅因著少芸病情交換看法。他說少芸病情很輕，沒有其他病患那些大吵大鬧之類粗魯言行。我說她跟其他患者一樣，或者藏得更深。原因是她學的那一套「自發動功」（練了十幾年，不知是什麼功法？）還有一大堆哲學、宗教及各種法門的知見和體驗，全部炒到一碟，混成一團。兄弟間的交流很快轉變成爭辯，直到《療癒之鄉》那幾個「意念種子」的方格浮上腦海，才沉默下來。

我願意真正看見
我的處境對我所具的意義，完全是我自己賦予的

有另一種看待世界的方式
我的內在具備不受攪擾的平安

下午。學員李明、張靜約我吃晚飯，然後一起去探望少芸。我思量很久：

甲：吃飯時間倉促，享受不到美酒佳餚？

乙：遲到醫院怎麼辦，少堅會怨怪我？

丙：少芸會怎麼想，會傷她自尊心嗎？

丁：我該如何面對探病時的場景？

最後，我把問題丟給少芸，徵求她意見。她回電：「未是時候，叫他們不要來。」這好，上述防衛措施全廢了。

傍晚。照例。陪同少芸到球場散步，然後坐下來對話。

少芸：「媽媽和少堅叮囑我少跟圓圓說話，我贊成。你也要注意。哦，你要常常提醒我。」

少強：「對不起，我不會提醒你。」

少芸：「爲什麼？彼此提醒不是更好嗎？」

少強：「提醒別人就是攻擊別人。」

少芸：「爲什麼？」

（沉默了一會兒）

少芸：「講些有關修行話題。」

我感覺自己幾天下來精乖多了，講的也頗爲暢順。只要她駁嘴抗拒我就即停。等她講完叫我發言時，我才開聲。如此模式，運作數次。不過，我覺得厭倦，一直想辦法開溜。唉，小我何時放自己一馬？一會兒，少芸開腔了。

少芸：「圓圓想找你談話，她見你昨天看的書提及到『寬恕』。」

少強：「哦。」（別蒙我了，昨天圓圓拿起《療癒之鄉》時，眼光散亂呆滯。你搞什麼鬼？小心爲妙！）

少芸：「圓圓與建華相戀多年，未婚但有一子。他們出身貧窮。建華努力讀書完成大學學業，考入警局任文職員。圓圓發現建華與警局一女同事有曖昧關係，於是大鬧警局，被他們強行送進來。警局長官火了，責令建華處理好這一家庭糾紛，否則辭退工作。圓圓後悔極了，想學習寬恕。」

少強：「哦。」（表面不作聲的我，下面想法多多，還心有期待打個電話給學員李明，

叫他先幫我訂購一本《寬恕就是愛》﹝編註﹞）

晚上八點多。回到病房。少芸將圓圓、建華和我「請」到一塊。

少芸：「現在，我們請少強講講寬恕。我和圓圓患有精神病，這不僅是我們兩人的事，也牽連到親人。我的病情是這樣……。」

圓圓：「我的病情是這樣……。」

這一刻，我腦海裡只有「拔腿就溜」這四個字。如何溜法還眞不容易。我盡量用最婉轉的語氣，小心翼翼述說一些知見以及自己的體驗。幸好，還未說上幾句，少芸就迫不及待搶過話題，開始批評、教育圓圓了。口氣十分嚴厲，眞不忍心在旁聆聽。呵呵，原來只要你想溜，就會有人接手頂上你的位置？溜出來也不好受，因接手的人竟然是「我的姐姐」。

劇情愈演愈烈，這也是我最擔心的。圓圓提問，少芸批評指正，甚至斥責。如此模式反覆運作。我嗯嗯哦哦想法開溜之際，心裡也罵開了：「他XX，祢是這樣在前引路的嗎？都把讀書會開到精神病院了，讓我跟精神病人學習祢的寬恕課程？他們呆在這裡吵什麼，念頭一轉不就出院了嗎？」

又一念浮現：「你呆在她們的表相幹嘛？念頭一轉，不就和我在一起了嗎？」這才稍安

勿躁，繼續演戲。

期間，我將《寬恕就是愛》一書介紹給圓圓，而她根本沒有反應。這下我可自責了：梁少強，你也太天眞了，剛才還忙著叫李明幫忙訂購書本。

終於，少芸把圓圓「修」哭了，「讀書會」隨之收鑼。

深夜。站在陽臺點根煙，默默反省剛才一幕戲，一些內疚，幾聲喝采，都隨煙而散吧。

小伙子（患者）在走廊邊敲打鐵門邊大叫：「放我出去，放我出去。」醫生和家屬勸他靜下，他反而哀求：「綁起我啦，綁起我啦。」什麼心態，管它呢。睡覺。

夜夢。一大群人擺酒席吃大餐，我與沖沖趕到時，桌面連剩菜都沒有了。我強行搶奪一位朋友手中的飯盒，（他準備拿給老婆吃的）揭開裡邊只是滿滿的白粥，尷尬之餘勉強喝了一點……。

五月三十一日

早上。醒來。聽不到高個子的呆板歌調，見他正在打乒乓球。站在走廊盡頭，一陣悲哀

編註　《寬恕就是愛》是繁體版《寬恕十二招》及《無條件的愛》二書的簡體合訂本。作者保羅．費里尼，有鑒於人們的想法與情緒反應模式，早已定型僵化，成了一種「癮」，不是一朝一夕可以化解得掉的，因此把整套自我寬恕過程編寫成十二個步驟，開啟那已被遺忘的智慧與我們心中永恆不滅的愛。

湧上心頭，對快些逃離瘋人院失去了信心，對他們失去了信心，對期待周邊環境的改變失去了信心，有種停頓靜止的感覺。靜靜在走廊散步，還是自問：怕什麼？

回到病房，突然聽到圓圓惡狠狠地說：「我就是不寬恕自己，我就是不寬恕他。」我心一驚，不是衝著我來吧？昨晚談話得罪她什麼？還是衝著少芸吧，把她修理得那麼慘？

孕婦（患者）拿一個紙簍衝進來，說要幫我們清潔衛生。只見她將桌面上有用沒用的東西通通塞進紙簍裡。正在床上看書的我也不知如何反應，幸好建華過來勸阻她。但她死賴不肯離去。桌面上有幾角零錢，她說一定要將這幾角零錢作為工錢給她。孕婦親屬也趕來了，胡鬧好一陣子才結束。

孕婦離去後，圓圓安撫我：「孕婦她就是這樣，肚子裡有個孩子，親屬和醫生都不敢碰她。有次她還當眾在鐵門旁撒屎尿，沒人敢管。你就看開些，將就一下。」唉，反覆無常的女孩。

天啊，這是人逗留的地方？我是如何招惹孕婦的？早幾天好幾次笑眯眯跟她點頭？既然分不清患者與家屬，就裝出不卑不亢的樣子，少跟他們打招呼算了。

下午。少堅來電。問我是不是害怕晚上陪少芸，是否需要他頂替，改由我負責白天。我說怕是有點怕，但還撐得下去。

唉，白天值班時間會更難熬，晚上至少有覺睡，雖然常在噩夢中度過。或許這幾天與少

芸討論的課題都是內疚恐懼之類，我猜她也會跟少堅說。

少芸每天都給我一些操練課題，一點也不好玩，心有戚戚的。抓緊時間學習爲妙，免得「臨急抱佛腳」時不見腳。

傍晚。照例。散步，坐下與少芸對話。

少芸：「少強，我今日對著圓圓、建華感到十分恐懼。不知爲什麼？」

少強：「嗯。」（我沒有回應她，心想是昨晚「讀書會」的現世報吧？）

少芸：「聽建華說，過幾天還不見圓圓好轉，就送她到精神病區，不再陪她了。」

少強：「哦。」（這個想法和我一樣，恐懼之物越快送出去越好）

沒有下文了。她又叫我談談「修行」，我發覺自己滔滔不絕的比昨晚講得更多，她抗拒時我收聲更快。奇怪，今晚她很少打斷我的話，兩個多小時很快過去了。

晚上九點。回病房。圓圓翻直白眼跟我說：「叔叔，你看天空。」醫生趕來安慰幾句，她又恢復回原來呆滯的目光。

一會兒，我行出病房，見建華陪圓圓在走廊散步，她兩隻眼睛還是白白的盯著上方。我倒想起若水說的那句話：「眼睛一翻，祂就來了。」看來，我也該翻翻「白眼」了，叫祂陪我看待此事。

少強啊，對著癡呆呆的身體有什麼好批判的？而它又是被一堆念頭掌控著，攻擊那些念頭？回去讀書吧。

不知過了多久，圓圓回到病房。少芸忙著安慰她，招呼她吃蘋果，你推我讓，客客氣氣折騰了一番。

「傻了，傻了，她們都傻了。一個好爲人師，死性不改；一個只會翻白眼……，她們都傻了。」我在聆聽內在批判聲音時嗅到一股怪味，似曾相識又陌生。哦，就像有個人拉我站在他這一邊。想起《魔戒》咕嚕的內在對話，似有所悟。

睡夢。一業務員向一顧客推銷產品。（也不知是什麼）顧客左推右辭，業務員還是不停遊說……。

六月一日

早上。少芸滔滔不絕的話喚醒我。她正向圓圓推銷她那一套養生學與人生觀。我既反感又反思，裡裡外外皆忙得不可開交。

回家睡覺，樓下裝修噪音震耳欲聾，試著操練一下《療癒之鄉》第十章的問題：在嘈雜不堪的環境之中要如何進行冥想？「無需分辨那是『說話』、『敲打』或『音樂』，讓聲音就只是聲音。」倒也用得上，睡了兩個小時。

下午。到張靜公司閒聊。她說與合作夥伴鄧力在業務上關係很僵，幾乎形同陌路。她也分享她的小我如何運作。奇怪，她這麼快「上路」？不過她倒提醒我，注意小我要弄「我已認清小我如何運作」這一招。

哦，我發覺自己有早點回醫院陪少芸的想法，「痛苦的魅力」？

傍晚。照例。散步，坐下與少芸對話。

九點。回到病房。見建華頭上纏著帶血的紗布。原來圓圓「炸藥包」爆炸，用杯子砸破他的頭。看著建華還在溫聲細氣哄著圓圓。唉，我想到人生那種無奈。否則，他難保警局那份差事。整個病房籠罩著恐怖陰森的鬼氣。

一小伙子（患者）衝進來問我要煙，我遞了一支煙給他並幫他點著。隨後還得跟著他出走廊，等他把煙抽完了，我撿起煙頭才稍安。這回倒容易認出這是我招惹來的。如果我不是個「吸煙蟲」，這一幕也就不會發生了。回到病房。

少芸：「剛才小伙子問你要煙時，你恐懼嗎？」

少強：「害怕。」

少芸：「那你爲什麼還給他煙？」

少強：「不得不。」

少芸：「哦。」

（我見她若有所思的沉默了好一陣子）

少芸：「我明天要出院。」

少強：「好呀，準備一下。」

（期待已久的「奇蹟」終於來臨了。我想）

夜夢，有夢記不清。感覺滯澀。

六月二日

早上。起床後感覺十分疲憊，很少有這狀況。匆匆忙忙在走廊來回踱步，記取一些資料。準備寫《療癒之鄉》五至十章讀後感的素材。

圓圓起床了，兇狠狠對建華說：「告訴你，我完全知道你在警局的姦情。我寬恕不了你。這次是用杯子敲你的頭。下次我會用鐵棍摳跛你的腳。你可以馬上跟那淫婦走，不用假惺惺對我。我爲你墮了兩次胎，生了一個兒子，爲你流了那麼多的血，你當然也要嘗嘗流血的滋味。」

上午。少芸醒來後，說要立即出院。任何人都不能阻攔她（那語氣像極圓圓發瘋的那一晚：「我要不惜一切衝出去！」）

少堅、媽媽和醫生都不同意。我可焦急了，叫少堅想辦法說服醫生。最後確定上午留院觀察，下午晚上回家休息。

這廂我們幾個商量著，那邊少芸卻轉頭教育圓圓：「寬恕別人，寬恕自己，是你唯一的出路。圓圓，只有你才能救自己啊。」眞不可救藥了。管她是瘋是傻，先讓她出院再說。我可受夠了。那還聽得出這是「人間救主」的提醒。

下午四點。我清楚聽到少堅叫我：「少強。」轉個身，四處不見他的影蹤。一分鐘後，少堅來電：「少芸出不了院。叫她坐計程車，她說受不了汽油味。叫她坐摩托車，她身體卻軟綿綿的。你晚上若害怕就不要過來醫院了。」

「害怕也只好這樣，還是我值夜班吧。」我答。

完了。一切都完了。我就像被打入十八層地獄。這一瞬間，我才體會到「每個情況對我的意義都是由我自己賦予的」是什麼滋味；也體會到我對少芸的期待原來藏得那麼深。原本計畫今晚喝它幾瓶啤酒，安心動筆寫《療癒之鄉》讀後感……。不過，當我想到她出院後要面對的究竟是什麼時，有些體諒她的出爾反爾。

傍晚。照例。到醫院，散步，與少芸對話。

少芸：「我明天一定要出院。」

少強：「哦。」（這次我真的哦了）

少芸：「有你在我身邊，我感到寧靜與力量。你呢？」

少強：「焦慮。」

少芸：「其他人在我身邊時，我沒有此刻寧靜的感覺。」

少強：「那寧靜與力量來自你內在，與我無關。」

（沉默。我察覺此刻自己心態是賭氣，恨不得即時跟她一刀兩斷）

夜。看書，睡覺。

夜夢。一群身穿白色制服的人追趕我，我不停跑啊，跑啊。鄉村小路、城市大道、高山平原、小溪大河，景色轉個不停。沿途總有相識與不相識的人教我如何躲藏……。

六月三日

早上。無精打采撐下去。

床頭視窗那塊玻璃破裂了，我懷疑是不是圓圓敲爛的。醫生護士進來查房，見少芸正使用水果刀削蘋果，便問：「這水果刀哪來的？」

「一直在這兒啊。我只是用它削水果。」少芸答。

「醫院規定家屬和患者均不能攜帶刀具，你把它放在值班室，要用時問我取就行了。」

醫生勸少芸。

幾經周折，少芸終於交出水果刀。天哪，這水果刀陪了我十天我也不知道，不知是怎樣落在她手中的。想想也害怕。

中午，少堅來電再次問我：「你若害怕今晚就不要到醫院了。」我答：「哦，那你今晚陪少芸，我休息一下。」結束了，解脫同時有種敗下陣來的感覺，對少堅的內疚也隨即浮上心頭。

晚上。讀書會。

我把這十幾天吞下去的怨氣全罵出來了。包括弟兄、自己，還有那個不知是什麼東東的聖靈。學員們靜靜的聽我訴說，也不知誰堪稱爲「上主之師」？

六月六日

上午。收到嘉華寄來的郵包，《療癒之鄉》十一至十五章列印稿。

中午。碰到少堅，他說建華願意晚上幫忙照顧少芸。他晚上也沒有去醫院值夜班了。幾天沒有過問少芸情況，聽少堅這麼一說，心中內疚似乎減輕了一些，同時默默感恩建華。

下午。「什麼？都是別人逼我幹那些事，我是個受害者啊！我何時迫害過別人？」剛讀完一遍《療癒之鄉》十一章〈找回尊嚴：正視罪行和愧疚〉。我就開罵了。很快又回到學習一至三章時的模式——不是叼根煙，就是喝啤酒，再不就是上廁所或乾脆溜到電視旁。就是不願回到書中的「暫停與思考」。

夜晚。還是那一念：願意繼續下去嗎？於是拖拖拉拉，不大情願地做起作業題「濫用權力與控制」。

「無論貧富貴賤，如果你以尊崇和敬重的態度對待每一個人，會有什麼感覺呢？」我隨第一反應寫下：對不起，我錯待你們！原諒我。以後我會學習善待你們。

這才長長舒了一口氣。如釋重負。

上床，睡覺。有夢也不會記。

六月七日

同樣心有戚戚地進行「寬恕自我的步驟」的練習，但感覺阻力比昨天少些。也許是前期的工作，已使潛意識裡的東西有所鬆動吧？我計畫每天一封信（給一位親朋）——對自己的行爲負責。

夜夢。我見到以前在黑道混時，一個我既仰慕又害怕更憎恨的大哥，我將他雙腳提起，在空中出力甩了幾圈。眞過癮。

夜夢。我回到監獄，找到一位曾在獄中關心我的教官，流著眼淚對他說：「我來無他，只想眞誠和你說聲謝謝。」他微笑著點頭。

醒來一刻很輕鬆。同時思考：這就是《療癒之鄉》第十二章〈寬恕自我：療癒的核心〉中提到「圓滿與了結」的象徵？

六月八日

下午。認眞又艱難地做完第十三章「寬恕父母：情緒療癒的一大步」的練習。分別寫信給父母雙親，有怨，有恨，有期待，有內疚，有感恩。

夜晚十一點。王志剛連續來電，約我外出宵夜：「是不是兄弟？是兄弟就出來陪我喝幾杯！」聽他那捲喉翹舌的聲音，我知他又喝多了，我可不想半夜去陪個酒鬼。目光停留在桌面上《療癒之鄉》十三章〈寬恕他人：勇敢選擇平安〉的方格內。

> 一天當中，請想想這句話：
>
> 今天，我願把眼見的憤怒、遲鈍、挑釁、敵意、愚蠢……等等，看作是對認可、尊重、安全、協助和愛的呼求。

這一刻，對他少了許多批判。婉言謝絕，同時意識到他背後那片白光。

夜夢。整晚被一隻老虎追。我很輕鬆擊倒牠，但牠沒死，跳起來又撲向我。我只好邊打邊逃，邊逃邊打。沿途都有人幫我指引路線或躲藏地點。後來，很多人跟我一起跑……。

醒來迷思：爲何作這樣的夢？也想起六月二日逃跑的夜夢。

六月九日

上午。行走在人來人往車水馬龍的街道上，感覺特別寧靜。也許是因這大街沒有老虎吧？想起昨夜的夢，不禁莞爾一笑。

下午。開始學習《療癒之鄉》第十四章〈靈性覺醒：找回更大的力量〉。

夜晚。做「列出清單，表達你的謝意」習題。咦，奇怪。這工作跟「列出清單，寫出你的憤怒、怨恨」一樣，同樣可以寫啊寫啊，寫個不停。直到眼睛濕漉漉爲止。

內在的怨恨清理多少，感恩情懷就會自然浮現多少。我想。

夜夢連連，都是監獄裡的場景：

早上。回到監獄。監獄大門敞開，人很多。獄友們、教官們、社會的親戚朋友，相識與

不相識的都混在一起。裡裡外外，熱熱鬧鬧。

上午。開工了，才工作一會兒，教官就關心地問我們：累不累？工作環境舒適嗎？是否太多灰塵了？

中午。開飯了。我四處尋找飯盒和湯碗。見到我所羨慕的獄友阿民（他家可好了，三五天就有人拎一大堆食品來探監）正在開小灶，煲裡炆著是我特別喜歡吃的鼓汁白鱔，香噴噴、熱騰騰的。他邀我一塊吃。我謝完之後又忙著找飯盒。途經伙房，見到掌管伙房的獄友泉哥，他說等會兒會撈多一勺菜給我，還問我是否需要長期開病號照顧餐。我謝後與其他獄友一塊進餐。

午飯後。教官安排我與女朋友見面，親熱了一番。

下午。「法律常識」考試，一大群獄友圍著我桌子，幫我完成試題。

傍晚。飯後到田野散步，空氣清新，景色怡人。天色漸暗，糟糕，要收倉點名了。我心一驚，忙飛跑回監獄。見到獄友龍仔。「咦，你不是在禁閉室嗎，誰允許你出來？」他答：「哦，教官允許我出來散步，天黑自覺回禁閉室就是了。」

跑著，跑著，我迷失在教官的家屬區內。問路邊小姑娘知否監獄第八中隊在哪裡？她說不知道。我心急地敲開一教官的家門，他們正在吃晚飯。還未開口，只見我大嫂從屋內衝出來，急忽忽對我說：「我剛從八中隊出來，為你辦點事。來，我們一起回去。」她拉著我的手，抄近道一塊兒朝八中隊奔去……。

醒來一念：圓滿了？結束了？事情似乎是這樣——圓熟的靈性開啓了通往寬廣心識的那道門，這一路上處處驚喜。無論置身何處，你仍然有所選擇，請記得，打造戰場或聖境，看成地獄還是天堂，都由你自己決定。

六月十日

上午。沉浸在昨夜的美夢中。就感覺而言，昨夜一夢比起我二十多年前的監獄生涯要鮮明得多，所不同的是，監獄大門敞開了。醒後走在大街上，身邊忽忽走過的人都顯得和藹可親。對著他們只想哭，只想笑，只想祝福。

中午。海波回來，聽他說過兩天就和媽媽（少芸）出院。我也鬆了一口氣。

下午。終於，來到最後一章〈活在當下：發掘上天的禮物〉。

回顧這段時間的學習和經歷，似走了一趟艱難而又驚奇的旅程，在「痛苦→釋放→痛苦→釋放」的迴圈中，體驗到一絲絲平安。絕妙！

感謝書中參與分享的獄友，從他們的心聲裡我得到力量，一次又一次去面對自己的過去。從他們的改變成長中，我漸漸意識到自己內在的光明。

感謝推薦此書給我的若水、嘉華，感謝參與此書翻譯的弟兄，感謝作者羅賓．葛薩姜——所有這些人，一直在默默陪伴我走這趟《療癒之鄉》的旅程。

八月初，聽少堅說少芸病情像是加重了，他開始失去信心。

十月底。少芸第一次參加讀書會。

即使傻了，那堅定的修行心仍在她內運作！誰更堪稱爲「人間救主」？是誰虧欠誰？

想想。汗顏。忍不住，熱淚盈眶。

你如何看待弟兄，你就如何看自己。

釋放他們吧。遲早你會體驗到：這究竟是失落，還是解脫？

十一月初，少芸第二次參加讀書會。

心靈好輕，好輕……
陰影好長，好長……
是時候，該上路了。
不要讓路上的藤
纏住你和弟兄的腳步。

少強於二〇一一年三月十五日

附錄二——戒酒無名會十二步驟

戒酒無名會（Alcoholics Anonymous，簡稱AA）是一個國際性的互助戒酒組織，其宗旨是由酗酒者互相幫助戒除酒癮，回到人生的正軌。戒酒無名會不對外透露成員的身分，參與者在活動中分享各自的經歷，保證自己不再嗜酒，也幫助其他人戒酒。十二步驟是AA發展的心靈成長和人格發展課程，爲後來各種戒癮及支持團體紛紛仿效，本書《療癒之鄉：推開心靈的鐵窗》內文多次引述。

戒酒無名會十二步驟

1. 我們承認我們毫無能力對付酒精，而我們的生活因酒精之害，早已變得不可收拾。
2. 我們相信有一個比我們本身更大的力量，這個力量能幫助我們恢復心智健康和神志清明。

3. 下定決心，把我們的意志和我們的生活，託付給我們所認識的上蒼。
4. 作一次徹底而無懼的自我品格檢討。
5. 向上蒼、向自己、向他人承認自己過錯的本質。
6. 要全心準備讓上蒼除去自己人格上的一切缺點。
7. 並且謙遜地祈求上蒼除去我們的缺點。
8. 列出一份所有我們所傷害過的人的名單，並使自己甘願對這些人作出補償。
9. 盡最大的可能，直接補償他們，除非這樣做會傷害他們或其他人。
10. 繼續經常自我檢討，若有過失，要馬上承認。
11. 透過祈禱與默想，增進我們跟上蒼有意識的連結，只祈求認識祂的旨意，並祈求讓我們有力量去奉行這個旨意。
12. 實行這些步驟，讓我們擁有精神上的覺醒，並且將這個音訊帶給所有酒癮患者，在日常生活徹底實踐這些原則。

義）。此書可說是肯恩留給奇蹟資深學員最珍貴的禮物。**（全書413頁）**

《奇蹟課程誕生》

《奇蹟課程》的來歷究竟有何玄虛？為什麼它選擇經由海倫・舒曼博士來到人間？它的記錄方式及成書過程，與它傳給人類的訊息有何內在關係？有幸親炙此書的我們，又該如何延續奇蹟精神的傳承？

不論你只是好奇《奇蹟課程》的精采傳奇，還是有心以「史」為鑒，窮究奇蹟的傳承精神，本書都提供了最可靠的第一手資料。作者因與茱麗、海倫與比爾等人交往密切，故受這些開山元老之託，冷靜而客觀地梳理《奇蹟課程》的記錄及成書經過，佐以三位奇蹟元老的親筆自白，融鑄成一部信實可徵的《奇蹟課程》誕生史，帶領讀者重新走過五十年前那段精采神奇的心靈歷程。**（全書195頁）**

《飛越死亡的夢境》

本書榮獲美國出版界著名的「活在當下書籍獎」（Living Now Book Awards），全書以嶄新的視角詮釋曠世靈修經典《奇蹟課程》的教誨，為讀者剴切指出「起死回生」的著力點。

作者特別選取在人間每個角落不時作祟的「死亡陰影」入手，揭露小我抵制永恆生命的伎倆。作者以親身的經歷為奇蹟作證，並且提供了極其實用的反省練習，解除我們潛意識中對死亡的恐懼，為百害不侵的生命本質開啟了一扇門，真愛與喜悅得以流過人間，讓奇蹟成為日常生活裡「最自然的事」。**（全書524頁）**

《告別娑婆》

宇宙從哪兒來的？目的何在？我究竟是什麼？為什麼會在這裡？我要往哪裡去？我該怎麼活在這個世界裡？當你讀完本書，會有一種「千年暗室，一燈即亮」的領悟。

全書以睿智而風趣的對話談當今世局、原子彈爆炸，一直說到真愛、疾病、電視新聞、性問題與股價指數等等，讓我們對複雜詭異的人生百態，頓時生出「原來如此」的會心一笑。它說的雖全是真理，讀起來卻像讀小說一樣精彩有趣，難怪一問世便成了西方出版界的新寵。**（全書 527 頁）**

《一念之轉》

作者拜倫．凱蒂曾受十餘年的憂鬱症所苦，一天早上，她突然覺悟了痛苦是如何形成又如何結束的。由此經驗中，她發明了四句問話的「轉念作業」(The Work)，引導你由作繭自縛中徹底脫身，是一本足以扭轉你人生的好書。**（全書 448 頁，附贈轉念作業個案 VCD）**

《斷輪迴》 阿頓與白莎回來了！

繼《告別娑婆》走紅之後，葛瑞的生活形態發生重大的轉變，也面臨了更多的挑戰。葛瑞仍是口無遮攔地談八卦、論是非、臧否名流，阿頓和白莎兩位上師在笑談棒喝中，繼續指點葛瑞如何在現實挑戰下發揮真寬恕的化解（undo）功能，徹底瓦解我執，切斷輪迴之根。**（全書 304 頁）**

《人生畢業禮》

本書是保羅與 Raj 在 1991 年的對話記錄。對話日期雖有先後，內涵卻處處玄機，不論由哪一篇起讀，都會將你導入人類意識覺醒的洪流。

Raj 借用保羅的處境，提醒所有在人間孤軍奮鬥的人，唯有放下自己打造的防衛措施，才可能在自己的心靈內找到那位愛的導師。也唯有從這個核心出發，我們才會與所有弟兄相通，悟出我們其實是一個生命。**（全書 288 頁）**

《療癒之鄉》

《療癒之鄉》中文版由美國「獅子心基金會」委託台灣「奇蹟資訊中心」出版。

作者羅賓．葛薩姜把《奇蹟課程》深奧又慈悲的教誨化為一套具體的情緒啟蒙和心靈復健課程，協助犯罪和毒癮的獄友破除心理障礙，學習處理人與人之間的衝突，調整情緒，建立自信，切斷「憤怒→攻擊→憤怒」的惡性循環。《療癒之鄉》陪伴無數受刑人度過獄中歲月。

《療癒之鄉》也是為所有困在自己心牢裡的讀者而寫的。世間幾乎沒有一人不曾經歷童年的創傷、外境的壓迫，以及為了生存而形成種種不健康的自衛模式。獄友的心路歷程給予我們極大的啟發，鼓舞我們步上心靈療癒之路。**（全書 440 頁）**

《我要活下去》

這本書不只是一本鼓舞信心的療癒指南，還是一個女人把自己從鬼門關前拉回來的真實故事。

作者朱蒂．艾倫博士（Judy Edwards Allen, Ph.D.） 原本是成功的專業顧問、大學教授、大學教科書作者，四十歲那年獲知罹患乳癌的「噩耗」，反而成為她生命的轉捩點，以清晰、熱情的文筆，記錄了她奮力將原始的求生意念成功地轉化為「康復五部曲」的歷程。讀者會看到她如何軟硬兼施地與醫生打交道，如何背水一戰克服無助感，又如何透過寬恕，喚醒內心沉睡已久的愛與生命力。最後，她終於超越自己對生死的執著，在這一場疾病與療癒的拔河大賽中，獲得了靈性的凱旋。**（全書 280 頁）**

《時間大幻劇》

人們對於時間，存在著種種截然不同的看法，比如：時間是良藥，可以癒合一切創傷；善惡終有報，只等時候到；時間是無情的殺手，終將剝奪我們的一切……。人類早已視時間的存在為天經地義，戰戰兢兢地活在過去的懊悔、現在的焦慮和對未來的恐懼中。我們好似活在一座無形的牢籠裡，苟延殘喘，等待大限的到來。

《奇蹟課程》的泰斗肯恩博士曾說：「不了解時間，不可能讀懂《奇蹟課程》的。」他引經據典，將散落全書有關時間的解說，梳理出一個完整的思想座標，猶如點睛之龍，又如劃破文字叢林的一道靈光，讓我們一窺《奇蹟課程》的究竟堂奧（究竟奇蹟學員常有的現象，例如以奇蹟之名攻擊他人，或以善意為由掩蓋自己批判的心態；下篇探討如何用仁慈的眼光來看待自己與他人的缺陷，教我們將自身的限制或缺陷轉為此生的「特殊任務」，在人間活出寬恕的見證，成為聖靈推恩的管道。**（全書251頁）**

《逃避真愛》

本書是針對道理全懂卻難以突破的資深學員而寫的，它一針見血地指出，綑綁我們修行腳步的，不是世界的黑暗，也非人間的牽絆，而是自己打造出來的一道心牆。

只因我們深怕真愛會消融了自己的特殊性，故把心靈最深的渴望隱藏到心牆之後，與之「解離」，在人間展開一場虛虛實實又自相矛盾的追尋。一邊痛恨小我的束縛，一邊又忙著為小我說項；以至於內心有一部分奮力向前，另一部分則寧可原地觀望。藉著裝傻、扭曲、辯駁，把回歸真愛的單純選擇渲染成複雜又艱深的學問。

《逃避真愛》溫柔地解除了人心無需有的恐懼，讓我們明白心牆的「不必要」，陪伴我們無咎無懼地跨越過去。**（全書156頁）**

《假如二二得五》

從古至今，多少人心懷救苦救難的大志，傾注一生之力貫徹自身理想，卻往往受現實所囿而終不能及。我們這些凡夫俗子，亦不乏拼搏自救之心，然而在現實面前，還是屢屢敗陣，活得憋屈而無奈。問題究竟出在哪裡？

對此，本書剴切提出：整個世界其實一直按照 2＋2＝4 的「鐵律」來運作，萬物循著固定的軌跡盈虧盛衰，一切可謂「命中註定」，無怪乎歷史上的種種救世之舉皆以失敗告終。然而，《奇蹟課程》識破世界的詭計，小我既然使出 2＋2＝4 的苦肉計，它便祭出 2＋2＝5 的救贖原則，破解小我編織的羅網，溫柔地引領我們走出世界的幻境。本書即是教導我們，如何在貌似 2＋2＝4 的世界活出 2＋2＝5 的生命氣象，而且更進一步，迎向天地間唯一真實的等式 1＋1＝1。**（全書171頁）**

肯恩《奇蹟課程釋義》系列

《學員練習手冊行旅》（陸續出版中）

整套《奇蹟課程釋義》的問世，可說是無心插柳。1998年起，肯恩應學生之請，為〈學員練習手冊〉做了一系列的講解，基金會將研習錄音增編彙整為逐句詮釋的〈練習手冊行旅〉。此案既定，〈正文行旅〉以及〈教師指南行旅〉應運而生，為奇蹟學員提供了最完整且精闢的修行指針，訂名為《奇蹟課程釋義》，幫助學員將〈正文〉理念架構所引伸出來的教誨，運用到現實生活中。這三部《行旅》，可說是所有踏上奇蹟旅程的學員最貼心的夥伴。

《學員練習手冊行旅》的宗旨，乃是幫助奇蹟學員了解三百六十五課的深意，以及它們在整部課程中的作用。更重要的是，幫助學員將每日一課運用於現實生活中，否則《奇蹟課程》那些震古鑠今之言可謂枉費唇舌，徒然淪為一套了無生命的學說。**（第一冊346頁）（第二冊292頁）（第三冊234頁）**

其他出版品

《寬恕十二招》

《寬恕十二招》的作者保羅．費里尼，有鑒於人們的想法與情緒反應模式，早已定型僵化，成了一種「癮」，不是一朝一夕可以化解得掉的。因此，他將《奇蹟課程》的寬恕理念，分解為十二步驟，一步一步地引導我們超越自卑、自責以及過去的創痛，透過自我寬恕而領受天地的大愛。這是所有準備好負起自我治癒之責的人必讀的靈修教材，也是曠世靈修經典《奇蹟課程》的輔讀書籍。**（全書 110 頁）**

《無條件的愛》

作者保羅．費里尼繼《寬恕十二招》之後，另以老莊的散文筆法，細細描述我們每一個人心中都擁有的「無條件的愛」。他由大我的心境出發，以第一人稱的對話方式，直接與讀者進行心與心的交流，喚醒我們心中沉睡已久的愛，開啟那已被遺忘的智慧。此書充滿了「醒人」的能量，是陪伴你走過人生挑戰的最好伙伴。**（全書 215 頁）**

形式，系統化且階段式地解說整部課程的思想架構，將寬恕理念落實於現實生活。本套 DVD 為 2005 年在台北舉辦的「第一階理論基礎班」的現場錄影精心剪輯而成，共八講八個小時的教學 DVD，並附上講義及 MP3 光碟，中文字幕並具簡繁兩體。

二階自我療癒班

本套 DVD 取自 2006 年若水在台北舉辦的「自我療癒班」現場錄影精心剪輯而成，若水以《奇蹟課程》為經，以你我個人的生活經歷為緯，佐以電影《魔戒三部曲》的比喻解說，透過天人關係的宏觀視野與潛意識的微觀徹照，切入錯綜複雜的人際關係，徹底清理人類作繭自縛的心障。

奇蹟課程其他有聲教學教材

奇蹟資訊中心歷年發行《奇蹟課程》譯者若水的演講錄音或錄影光碟，將《奇蹟課程》的抽象理念與現實生活銜接起來，幫助讀者了解《奇蹟課程》的精髓所在，是奇蹟學員不可或缺的有聲輔讀教材，由於教材內容每年不盡相同，欲知詳情，請上網查詢。

www.acimtaiwan.info 奇蹟課程中文網站
www.qikc.org 奇蹟課程中文部簡体網

肯恩實修系列

《奇蹟原則50》

許多讀者久仰《奇蹟課程》之盛名，興沖沖地讀完短短的導言後，就怔忡在一條一條有如天書的「奇蹟原則」之前。讀了後句忘前句，「奇蹟」的概念好似漂浮在字裡行間，始終無法在腦海中落腳，以至於閱讀了一兩頁之後便後繼無力，難以終篇，竟至棄書而逃。

「奇蹟原則」前後五十條，其實是整部課程的濃縮，若無明師指點，讀者通常都不得其門而入。於今多虧奇蹟泰斗肯尼斯旁徵博引，以深入淺出而又幽默的答問形式，將寬恕與奇蹟的精神落實於生活中，為初學者乃至資深學員提供了一個實修的指標。**（全書209頁）**

《終結對愛的抗拒》

追尋心靈成長的人，學到某個階段往往面臨一個瓶頸：儘管修習多年，一遇到某種挑戰，就不自覺地掉回原地，因而自責不已。問題到底出在哪裡？

佛洛依德在他的臨床經驗中，驚異地發現，病人的潛意識中有「拒絕療癒」的本能，肯尼斯根據《奇蹟課程》的觀點，犀利地剖析人們「拒絕療癒或轉變」的原因，又仁慈地為讀者指出穿越小我迷霧的關鍵，由停滯不前的窘境中突圍。對於追尋心靈成長和平安的人而言，本書不但有提點指授的功效，更有當頭棒喝的力道。**（全書109頁）**

《親子關係》

坊間論及親子問題的書籍可謂汗牛充棟，泰半繞在親子關係複雜且微妙的糾結情懷，唯獨肯尼斯・霍布尼克不受表象所惑，借用《奇蹟課程》的透視鏡，澈照出親子之間愛恨交織的真正關鍵。

本書表面上好似在答覆「如何教養子女」、「如何對待成年子女」以及「如何照顧年邁雙親」等具體問題，它其實是為每一個人點出我們在由「身為兒女」，到「照顧兒女」，繼而「照顧雙親」的艱苦過程，以及我們轉變知見時必然經歷的脫胎換骨之痛。**（全書238頁）**

《性・金錢・暴食症》

在紛紜萬象的世界裡，性、金錢與食物可說是人生問題的「重頭戲」，最易牽動小我的防衛機制，故也最具爭議性。作者肯恩沿用《奇蹟課程》中「形式與內涵」的層次觀念，針對性、金錢等等所引發的光怪陸離現象（形式），揭露它們背後一貫的目的（內涵）—— 小我企圖藉無止盡的生理需求，抹滅心靈的存在，加深孤立、匱乏、分裂等受害感，最後連吃飯、賺錢與性交都可能變成一種攻擊的武器。

肯恩與學員的趣味問答，反映出我們日常是如何受制於這些生理需求的；然而，我們也能藉聖靈之助，將現實挑戰化為人生教室，將小我怨天尤人的陰謀，轉為寬恕與結合的工具。**（全書196頁）**

《仁慈——療癒的力量》

這是一部針對奇蹟教師及資深奇蹟學員的實修指南。全書分上下兩篇，上篇列舉

奇蹟資訊中心出版系列：

《奇蹟課程》
（A Course in Miracles）——新譯本

《奇蹟課程》是二十一世紀的心靈學寶典，更是近年來各種心理工作坊或勵志學派的靈感泉源。中文版已在 1999 年由若水譯出，並由作者海倫・舒曼博士所委託的「心靈平安基金會」出版。

新譯本乃是根據「心靈平安基金會」2007年所出版的「全集」，也是原譯者若水在「教」「學」本課程十年之後再次出發的精心譯作。全書分為三冊：第一冊：〈正文〉；第二冊：〈學員練習手冊〉；第三冊：〈教師指南〉、〈詞彙解析〉以及〈補編〉的「心理治療」與「頌禱」二文。新譯本網羅了《奇蹟課程》所有的正式文獻，使奇蹟讀者從此再無滄海遺珠之憾。**（全書三冊長達 1385 頁）**

《奇蹟課程》
〈學員練習手冊〉新譯本隨身卡

《奇蹟課程》第二冊〈學員練習手冊〉共三百六十五課，一日一課地，在力求具體的操練中，轉變讀者看事情的眼光，解開鬱積的心結。

若水由十餘年的奇蹟課程教學譯審經驗出發，全面重譯這部曠世經典。新譯版一本經典原文的精確度，語意更為清晰，文句更加流暢。精煉再三的新譯文，吟誦之，琅琅上口，饒富深意，猶如親聆J兄溫柔明晰的論述，每天化解一個心結，同享奇蹟。

為方便現代人在忙碌生活中操練每日一課，經三修三校的重譯版，首度以隨身卡形式發行，以頂級銅西卡精印，紙版尺寸 8.5 × 12.6 公分，另有壓克力卡片座供選購。**（全套卡片共 250 張）**

奇蹟課程導讀與教學系列

《奇蹟課程》雖是一部自修性的課程，只因它的理論架構博大精深，讀者常易斷章取義而錯失精髓，故奇蹟資訊中心陸續推出若水的導讀系列、米勒導讀，以及一階理論基礎及二階自我療癒DVD、其他演講錄音或錄影教材，幫助讀者逐漸深入這部自成一家之言的思想體系。

若水導讀系列

(一)《創造奇蹟的課程》**（全書 272 頁）**
(二)《生命的另類對話》**（全書 272 頁）**
(三)《從佛陀到耶穌》**（全書 224 頁）**

若水在這三冊中，解說《奇蹟課程》的來龍去脈與理論架構，透過問答的形式，說明崇高的寬恕理念如何落實於生活中；最後透過《奇蹟課程》的理念，闡釋佛陀和耶穌這兩位東西方信仰系統的象徵，在實相裡並無境界之別，而只有人心的「小我分裂」與「大我一體」的天壤之隔。

米勒導讀

《奇蹟半生緣》

一位慧心獨具卻不得志的記者，三十多歲便受盡「慢性疲勞症候群」的折磨，群醫束手無策，他在走投無路之下，不禁自問：「究竟是誰把我這一生搞得這麼慘?」

《奇蹟課程》讓他看到，自己竟是一切問題的始作俑者。他對這一答覆百般抗拒，直到有位心理治療師對他說：「恭喜你！你若讀得下這本書，大概就不需要心理治療了！」

《奇蹟半生緣》全書穿插作者派屈克・米勒浮沉人生苦海的經歷，但他並不因此獨尊自身的經驗和詮釋，而以記者客觀實証的精神，遍訪散居全美各地的奇蹟講師與學員，甚至傾聽圈外人的質疑。本書可說是一部美國奇蹟團體的成長紀實。**（全書 319 頁）**

教學研習 DVD（一、二階）

一階理論基礎班

《奇蹟課程》的博大精深，常讓讀者不得其門而入，有鑒於此，若水以三日研習的

國家圖書館出版品預行編目資料

療癒之鄉：推開心靈的鐵窗／羅賓．葛薩姜 (Robin Casarjian)
著；祝家康譯 -- 初版 -- 臺中市 ：奇蹟資訊中心，奇蹟課
程，民100.06
440 面：14.8 x 21 公分
譯自： Houses of healing : a prisoner's guide to inner
power and freedom
ISBN 978-957-30522-7-2(平裝)

1.情緒 2.心理復建 3.靈修 4.受刑人

176.52　　100010061

療癒之鄉：推開心靈的鐵窗
Houses of Healing - A Prisoner's Guide to Inner Power and Freedom

作　　者：羅賓．葛薩姜 (Robin Casarjian)
譯　　者：祝家康
校　　譯：奇蹟翻譯小組
編　　輯：李安生、鄧維華、黃真真、陳夢怡
責任編輯：李安生、陳夢怡
校　　對：李安生、黃真真、陳夢怡、吳曼慈
封面設計：花布丸工作室
封面插畫：蔡佳芳
美術編輯：浩瀚電腦排版股份有限公司
出　　版：奇蹟資訊中心．奇蹟課程有限公司
桃園市光興里縣府路 76-1 號
聯絡電話：04-2536-4991
劃撥訂購：帳號 19362531　戶名　劉巧玲
網　　址：www.acimtaiwan.info
電子信箱：acimtaiwan@gmail.com
印　　刷：世和印製企業 (02) 2223-3866
經銷代理：聯合發行公司
電話 (02) 2917-8022 # 162
(03) 212-8000 # 335

定　價：新台幣 380 元
中華民國　100 年 6 月初版
中華民國　107 年 7 月三刷

ISBN　978-957-30522-7-2